新興国投資戦略

THE INVESTMENT STRATEGIES FOR THE EMERGING COUNTRIES:
HOW TO VIEW CHINA RISK AND ASIAN POTENTIAL GROWTH

中国リスクとアジアの潜在成長力を読むヒント

みずほ証券投資情報部
MIZUHO SECURITIES CO., LTD.

東洋経済新報社

まえがき

２０１６年11月、米国大統領選挙にて共和党の大統領候補ドナルド・トランプ氏が勝利した。トランプ氏はオバマ政権時代の経済政策、通商政策、外交・安全保障政策を見直し、強い米国を復活させるべく「米国第一主義」を掲げている。就任初日から取り組む「１００日行動計画」では通商政策について、未批准の環太平洋経済連携協定（ＴＰＰ）からの撤退、北米自由貿易協定（ＮＡＦＴＡ）との再交渉、もしくは撤退を発表するとしており、過激な保護主義政策を表明している。

世界の株式市場はトランプ氏の勝利を肯定的に捉え、懸念された混乱もなく２０１６年末まで上昇をたどった。「トランプノミクス」のなかで、法人税や所得税の減税策やインフラ強化策、規制緩和等、親ビジネス的な政策が景気を押し上げることを期待したからである。通商政策、移民政策等はいったん、脇に置いた形だが、市場が最も注意しているのは、トランプ氏が本当に過激な通商政策を推し進めるのかどうかであり、固唾（かたず）を飲んで見守っている。

ＴＰＰの大筋合意により広域経済連携の元年になることが期待された２０１６年であったが、トランプ氏の勝利もありＴＰＰは停滞、各国が批准するという目標は叶わなかった。この結果、貿易自由化に関する米国のリーダーシップは期待し難くなる一方、中国が中心となる東アジア地域包括的経済連携（ＲＣＥＰ）に対する期待が高まったほか、米国抜きでも各国・各地域がＦＴＡ等を推進していこうとする動きを活性化させる可能性がある。米国でも共和党主流派は保護貿易には距離を置いており、地政学の観点からも、トランプ氏の保護主義的な政策を現実的なものに押しとどめようとするだろう。また、他の政策も含め共和党主流派や保守派との軋轢（あつれき）が強まり、政策進展が滞る場合、トランプ氏は求心力を失う可能性もある。

２０１６年は、トランプ氏の勝利の直前までは、新興国への資金流入が久しぶりに強まり、新興国投資見直しの機運が高まっていた。その背景には、石油輸出国機構（ＯＰＥＣ）とロシアの原油生産量凍結合意による原油価格の底打ち、新興国からの資本流出を加速しかねない米金利上昇に対する国際通貨基金（ＩＭＦ）のけん制、日欧のマイナス金利がもたらす通貨安競争への警鐘、中国経済の回復が背景にあった。

新興国には本書で解説するようにさまざまな課題があるが、長期的にみれば、人口動態、社会インフラの拡充、広域経済連携、技術革新等による生産性の引き上げにより、新興国経済を中心とした世界経済の拡大は続くとみられる。どの国にとっても新興国の成長を取り込むことは重要と考えられるほか、各国が協調し自由貿易体制を拡充していくことが世界経済の回復にとって不可欠であろう。当面、反グローバルな動きが各国で続こうが、内政重視に振れ過ぎれば、再度振り子は戻ってこよう。

みずほ証券投資情報部では、こうしたタイミングを捉え、あらためて新興国について、成長への道筋、必要な政策対応、リスク要因を総合的に整理するとともに、有望な投資先はどこであるのかを示すことを目的として本書を執筆した。

第1章では、新興国経済の現状と課題を俯瞰（ふかん）するとともに、なぜ、今、新興国に注目するのか等、本書のアウトラインを提供する。

第2章では大国、中国経済について、主に構造的な側面を中心に課題と今後の見通しを提示するとともに、人民元改革・国際化の可能性と限界について解説する。

第3章では中国以外のアジア諸国が、今後、「中所得国の罠」を越え飛躍していけるのか、広域ＦＴＡや各国の成長モデル等、さまざまな角度から論じる。

第4章では、各国の政治・経済の現状や将来展望をふまえ、為替市場の見通しを紹介。

最終章の第5章では、新興国投資に欠かせない基礎情報の収集の仕方や為替市場の決定理論、投資戦略の立て方等を紹介するとともに、有望な投資国を抽出した。

今後も変動の激しいマーケット環境が想定されるが、新興国経済、市場への理解を深めることで、資産運用の選択肢が広がるだろう。これから国際分散投資を始めようと考えている読者やすでに新興国資産を保有されている読者に、新興国市場の総合的なガイドブックとして、少しでもお役に立てれば幸いである。

倉持靖彦

目次——新興国投資戦略

第2章　中国経済と人民元の行方

②人民元の行方――人民元の改革・国際化の限界　70

第3章　成長のダイナミズムが続くＡＳＥＡＮとインド

第4章 新興国・地域別の投資戦略

第5章 新興国投資の魅力と実践

序章

アジアをハブとした新興国経済の潜在力に再注目

倉持靖彦

世界的な景気減速の一因となった新興国経済の鈍化

世界経済の実質ＧＤＰ成長率は２０１０年の５％台の成長を境に鈍化、２０１５年は約３％まで低下した。これは２００８年のリーマンショックに対する各国の金融・財政政策による押し上げ効果が剥落するとともに、中国の成長率が２０１０年、２０１１年の10％前後の成長から２０１２年には７％台へと減速が顕著になったことが背景にある。さらに、２０１４年以降は、資源価格が需給関係の悪化から大幅な下落に転じたことも追い打ちをかけ、２０１５年には同年の世界経済成長率が２％台前半まで減速するのではないかとの懸念も生じた。

リーマンショック後の成長率を先進国、新興国で分けてみると、新興国は２０１０年の７・４％をピークに２０１５年には約４％まで鈍化した。世界経済の減速は新興国の影響が相対的に大きかったと言える。

実際、新興国経済の減速は、主要な資産価格のパフォーマンスをみても分かる。２０１２年から２０１６年８月までの期間で計測すると、先進国株式は約５割の上昇となった一方、新興国株式は約２％の下落となっている（現地通貨建て、ないしは指数の表示通貨ベース）。特に、先進国では米国の株式やＲＥＩＴ（不動産投資信託）が堅調なパフォーマンスとなり、米国一人勝ちの様相を示した。

他方、債券は世界的な成長の鈍化と先進国の極めて強い金融緩和策から、先進国、新興国ともに同期間は堅調なパフォーマンスとなっており、かつ新興国が先進国を上回っている。

国際分散投資では投資している資産の価格変動のみならず、為替市場の動向も重要である。同期間の円の対米ドル相場は約３割の円安・ドル高となっているものの、新興国通貨指数の対米ドル相場も約３割の新興国通貨安・ドル高となっており、円の対新興国通貨相場はほぼ横ばいにとどまっている。ただし、管理変動相場制で米ドルに連動してきた中国人民元等、米ドルとの連動性が高い通貨を除けば、同期間、円は主要新興国通貨に対して１割程度の円高になっており、新興国資産のパフォーマンスの重しとなっている。

結果、米ドル資産はアベノミクスによる米ドル高・円安の恩恵を受けたものの、新興国資産は米利上げ懸念や政治情勢の不透明感を背景にした新興国通貨安により、目減りを強いられた。このように国際分散投資では、原証券の動きのみならず、米ドルと円、米ドルと新興国通貨の関係がパフォーマンスに影響することから、やや複雑である。

我が国の家計金融資産に占める新興国資産の比率は、２０１０年頃をピークに低下し、足元の水準はごくわずかに過ぎない。個人投資家は、金利低下が続くなかで、リスクに留意しながらも高いリターンを求めて新興国へ一定の投資を継続してきた。しかし、特に２０１１～２０１２年を境に悪化した株式や通貨のパフォーマンスが、新興国投資への警戒感を強めさせ、関心を薄れさせてしまった可能性が指摘できよう。

何故、新興国株式や通貨のパフォーマンスが、２０１２～２０１４年頃を契機に悪化したのだろうか。我々はこの要因として、米利上げ観測や政治情勢のみならず、世界経済に構造的な変化があったことが大きいと考えている。では、何が変わったのか。それは複合的な要因により世界のＧＤＰ成長率が低下するとともに、世界貿易量の伸び率がＧＤＰの伸びを下回る、「スロートレード」の状態に陥ったことが挙げられる。その具体的な要因を以下に指摘したい。

第一には、米国のサブプライムバブル、欧州の統合バブルが崩壊して以降、先進国において民間部門、公的部門、金融部門の過剰債務の整理、つまりバランスシート調整の後遺症がなお残っていることが指摘できる。また人口動態のトレンドの低下もあり、長期停滞感が強まるなか、企業行動は委縮し、それが生産性の低下につながる悪循環に陥っている。

第二には、中国が「世界の工場」としての地位を維持できなくなったことが指摘できる。都市化にともなう農村部から都市部への安価な労働力移転により工業化が進展したが、この農村部の余剰労働力も吸収され、賃金が上昇する「ルイスの転換」を迎えた。加えて、生産年齢人口がピークアウトするトレンドにあり、中国の立地競争力の低下や潜在成長率の鈍化も顕在化している。中国はこれに対応すべく、投資主導から消費主導へ経済構造の移行を図っている。また、各国企業がグローバルなサプライチェーンを確立、現地の生産体制が拡充されたことで、資本財や中間財の貿易量が低迷している。第三には、世界景気の減速に加え、米国のシェール革命や資源国における資源開発の強化から供給力が大幅に向上したことにより、コモディティスーパーサイクルが終焉したことが挙げられる。急激な商品市況の悪化は一次産品の輸出国に痛手となっている。

第四には、先進国の潜在成長率の低下をカバーしてきた新興国のレバレッジ拡大が過大となり、新興国においてもバランスシート調整圧力が高まってきたことが挙げられる。

そして第五には、各国における生産性向上策の歩みが遅いことが挙げられる。先進国の超金融緩和も徐々に限界に達し、新興国も「中所得国の罠《わな》」に直面しているにもかかわらず、2016年9月の20カ国財務大臣・中央銀行総裁会議（G20）において指摘された通り、潜在GDPを引き上げるための各国の構造改革の歩みは計画を下回っている。

第六には、地政学リスクの高まりや所得格差の拡大により、反グローバリズムや保護主義が高まり国際情勢の先行きが不透明なことが指摘できよう。実際、国際通貨基金（IMF）のラガルド専務理事は2016年9月のG20サミットを前にして、「政治の振り子は、経済の開放と反対に振れる可能性があり、強力な政策を講じなければ、世界は長期にわたり期待未満の成長に苦しむことになるかもしれない」と述べている。

新興国経済のカギを握る構造改革と広域FTA

もっとも、こうした状況はグローバルに所与のものであり、政府も企業も十分に認識している。また2016年2月のG20の声明文に記されたように、バランスの取れた経済成長には、いわば世界版「3本の矢」、つまり金融政策、財政政策、構造改革の3点セットが必要である。特に金融政策に限界が生じ始めている可能性があるなかでは、柔軟な財政政策とともに、構造改革、成長戦略に軸足が移らざるを得ない。これは先進国、新興国とも同様である。米国の大統領選挙ではトランプ氏が勝利したが、その政策は減税やインフラ投資等の財政政策と規制緩和等の成長戦略が軸になっている。

こうした環境からすれば、先進国も新興国もある種、原点回帰が求められている。先進国では、従来の金融に強く依存した需要創出や株主資本主義の徹底のみでは、必ずしも生産性の向上や経済・市場の安定性の確保にはつながらなかった。今、必要な政策は、適正な政府の関与による需要創造と新産業の育成や規制緩和による企業のアニマルスピリッツの喚起であり、それにより経済全体の底上げを狙うということだろう。

主要な新興国では、ここ数年、インド、インドネシア、ブラジル等で政権交代が起こり、新政府のもと財政改革等、構造改革が進められており、一定の進展をみせている。勿論、改革推進には政権の安定が重要であり、現在でもテロの頻発や独裁的な色彩を強める国が散見されるなかでは、国ごとに精査していく必要はある。しかし、「中所得国の罠」を超えていくために構造改革が必要であることは不可逆的と思われ、一進一退的にでも改革が進んでいくことが期待される。

また、世界的に保護主義の芽生え等、反グローバル主義が渦巻いているようにみえるが、底流では各地域間で広域の自由貿易協定（FTA）や経済連携協定（EPA）の拡充を目指す動きは継続している。各国とも自由貿易の強化や経済連携のルールをテコにして、構造改革を行おうとしている。こうしたなか、トランプ米大統領は国内産業保護を目指し、保護主義的な政策を全面に出しており、広域ＦＴＡやメガＦＴＡに向かおうとする動きに水を差した。

広域ＦＴＡや大国の覇権主義の拡大は新重商主義として、地政学の観点からブロック化的な動きとも捉えられる。オバマ政権のもとで環太平洋経済連携協定（ＴＰＰ）の推進が進められたことは、中国が参加する東アジア地域包括的経済連携（ＲＣＥＰ）への対抗の意味合いもある。仮にトランプ米大統領が保護主義的な政策を強めれば、ＴＰＰは米国を除く一部の参加国による広域ＦＴＡとして発効する可能性があるほか、米国は相手国から報復的に関税率を引き上げられることになるリスクも抱えることになる。「米国第一主義」の名のもと、個別国との交渉で貿易関係を再構築するのだろうが、地政学的観点から核心的な利益は守るのではないか。トランプ米大統領や政策ブレーンの外交・安全保障策に関する理念に不透明感はあるが、保護主義的な政策は徐々にその輪郭が見え、現実的な対応をしているとの評価に変化してくることに期待したい。

我々はグローバル経済全体を管理する政策フレームワークやその方向性、為替市場について先進国と新興国の協調は欠かせないと考えている。今後、ＴＰＰやＲＣＥＰ、ＡＳＥＡＮ経済共同体（ＡＥＣ）等の広域経済連携、世界銀行やアジア開発銀行（ＡＤＢ）、アジアインフラ投資銀行（ＡＩＩＢ）によるインフラ開発等で、アジアが経済における国際協調のハブ的な地域となる可能性に注目したい。また、南米でも広域ＦＴＡの再構築が摸索される可能性も出てきている。

新興国には本書で解説するようにさまざまな課題があるが、長期的にみれば、人口動態、社会インフラの拡充、広域経済連携、技術革新等による生産性の引き上げにより、新興国経済を中心とした世界経済の拡大は続くとみられる。

折しも、２０１６年は、新興国市場の債券、株式は現地通貨建てベースで年初来堅調であり、かつ新興国通貨はトランプ氏の勝利による混乱はみられるものの、総じて対米ドル相場で持ち直し始めている。２０１６年は新興国資産を再評価する転機の年になった可能性があろう。

本書の目的は、かかるグローバルな経済環境のもと、我が国の家計の資産運用において国際分散投資の重要性が高まっていることに鑑み、その重要な投資先の一つと考えられる新興国の可能性とリスクを今一度精査し、今後の有望な投資先を探ることにある。２０１５年年央にドル円相場の高値１２５円を付けたが、２０１６年に入ると急速に円高に反転し円の割安感が是正されたことや、多少の上下はあろうが低金利環境自体は継続する可能性が高いことからすれば、その意義は大きいだろう。

第1章では、新興国経済の現状と課題を俯瞰するとともに、何故、今、新興国に注目するのか、我が国の個人投資家の新興国投資の現状等をふまえたうえで新興国投資に対するガイドラインを提供する。第2章では大国、中国経済について、主に構造的な側面を中心に課題と今後の見通しを提示するとともに、人民元改革・国際化の可能性と限界について解説。第3章では中国以外のアジア諸国が、今後、「中所得国の罠」を越え飛躍していけるのか、２０１５年にインド、マレーシア、ブラジル等に出張した際に得た知見もふまえ、広域ＦＴＡや各国の成長モデル等、さまざまな角度から論じる。第4章では、各国の政治・経済の現状や将来展望、為替市場の見通しを紹介。最終の第5章では、新興国投資に欠かせない基礎情報の収集方法や為替市場の決定理論、投資戦略の立て方等を紹介するとともに、有望な投資国を抽出する。

第1章

再評価される新興国資産

倉持靖彦

①新興国経済の現状と今後の課題

成長モメンタムの鈍化は一服した可能性

第1章では、最初に足元の新興国経済の現状を確認する。次に、1990年以降からの経済発展についてアジア諸国を中心に振り返りつつ、今後の課題を整理する。最後に、新興国市場への見方が改善してきている理由や、ポートフォリオに新興国エクスポージャーを一定程度持つことの重要性について述べたい。

新興国の経済成長率は国際通貨基金（ＩＭＦ）の世界経済見通し（２０１６年７月）によれば、新興国の実質ＧＤＰの成長率は２０１６年が４・１％、２０１７年が４・６％と予想されている。前回２０１６年４月調査と比較して、両年とも変わらずとなっている。ロシアとブラジルが上方修正され、両国はともに２０１７年にはプラス成長への復帰が見込まれている。一方、サブサハラアフリカ（サハラ砂漠以南のアフリカ）の下方修正が、これを相殺した形となっている。

以下、主要新興国の当面の経済動向に対する我々の見方を紹介したい。まず最大ウエイトの中国の景気モメンタムは幾分持ち直しつつある。これは、２０１４、２０１５年に実施された金融緩和や住宅ローン頭金規制の緩和、企業減税、自動車取得減税、大型インフラプロジェクトの推進を受け、個人消費や住宅投資、公的資本投資が回復しているためである。今後についても、２０１７年は第19期共産党全国代表大会を控えていることや２０２０年までの所得倍増計画をふまえれば、景気の急減速を回避する必要性は強いであろう。もっとも、世界経済の回復が緩やかにとどまることや民間投資の低迷、過剰設備、過剰債務の解消、一部バブル化している不動産投資への抑制等もあり、当面の実質ＧＤＰ成長率は６％台で推移すると考えている。構造改革では投資主導から消費主導へ、製造業主導からサービス業主導へ経済構造をシフトさせることが重要であり、そのためには戸籍制度の改革、社会保障政策、人口政策、産業高度化政策、国有企業改革、内陸部のインフラ整備、金融市場改革等の推進が欠かせない。また、中国の民間債務問題のコントローラビリティの確保と人民元の国際化も重要であり、この辺りについては第2章において詳述する。

インドでは、ラジャン中央銀行総裁が事実上更迭されたものの、新たに前副総裁のウルジット・パテル氏が中央銀行総裁に繰り上がった。パテル氏は副総裁時にインフレターゲット導入へ貢献したほか、ＩＭＦでの勤務、インドの各種経済政策に携わる等、経験は豊富であり、インド中銀の金融政策や管理体制が大きく後退する可能性は低いであろう。また、２０１６年8月上旬には長年の懸案であった物品サービス税（ＧＳＴ）導入のための憲法改正案が上院、下院で可決され、２０１７年4月以降導入の可能性が高まった。２０１６年5月には倒産・破産法が成立しており、財政安定化や生産性向上に向けた構造改革が着実に進展していると言える。こうした状況をふまえれば、内需主導で７％台の成長が続く見込みである。

東南アジア諸国連合（ＡＳＥＡＮ）は、国によりばらつきはあるが、消費刺激策の打ち止め等による落ち込みも一服し、個人消費が改善しつつあるほか、インフラ投資の拡大、通貨安による輸出の改善、資源価格の持ち直し等から、当面は５％程度の成長が予想される。また、中間層の趨勢的な増加やＡＳＥＡＮ経済共同体（ＡＥＣ）の発足等による直接投資の増加期待、一部の国で進展がみられる構造改革等により、中期的な成長期待は高い。ただし、一部の国では政治リスクや過剰な民間債務等については留意が必要である。

ブラジルでは弾劾裁判の結果、ルセフ大統領が罷免され、テメル氏が大統領となった。新大統領の任期は２０１８年末までとなるが、テメル氏は暫定政権時に財務相、中央銀行総裁を経験豊富な人材に交替させ、財政安定化とインフレ抑制に向け前進し始めた。すでに家計や企業の景況感は改善しつつあり、ブラジル・レアルも急速に値を戻している。

コモディティ価格の安定はロシア経済にとってもプラスに働こうが、経済制裁や長期にわたる構造問題により回復力は抑制されたものになると見込まれる。

アフリカや中東についてはＩＭＦの予想を紹介する。ＩＭＦは上述した世界経済見通しにおいて、サブサハラアフリカの成長見通しを大幅に下方修正している。これは、域内最大の経済諸国がコモディティ関連の歳入低迷によって困難なマクロ経済状況に直面しているためである。なかでも、ナイジェリアは、原油収入の減少による外貨不足や電力不足、弱い投資家の信認への対応に迫られており、２０１６年の経済活動は縮小すると予測されている。

南アフリカのＧＤＰは２０１６年は横ばい、２０１７年に緩やかに回復する見通しであるが、最近の頻繁な財務大臣の交替等、政治情勢に注意が必要である。中東では、原油輸出国は、構造的な原油収入の減少への対応として補助金削減等、財政健全化を進めているなか、最近の原油価格の緩やかな回復はサポート要因である。中東、北アフリカ等は３％程度の成長が見込まれている。ただし、シリア、サウジアラビア、イエメン、リビア等、多くの国において、政治対立や紛争等、地政学リスクが高まりつつあるように見受けられることに注意が必要である。

最後に、新興国のなかには資源国も多いことから、コモディティ市場の見方を確認する。コモディティ価格については、中国経済における過剰設備や在庫の削減、産油国における増産凍結期待等により、程度の差はあるが概ね持ち直している。したがって、今後、資源国・新興国の景気や財政悪化に歯止めがかかることも期待される。実際、上述したＩＭＦの世界経済見通しにおいても、２０１６年は原油、非燃料ともに上方修正され（なお前年比マイナスではあるが）、２０１７年は原油価格が16％程度の上昇、非燃料価格は若干のマイナスにとどまるとの予想となっている。

人口で85%、GDP、貿易で4割を占める新興国が世界経済のけん引役

以上、簡単に新興国経済の現状と当面の見通しをまとめたが、以下では、これまでの新興国経済の全体的なトレンドと中期的な課題を解説する。

１９９０年代の新興国経済の実質ＧＤＰ成長率は、平均すれば３・７％であった。内需はまだ未成熟であり、かつ金融・財政政策は高度ではなく、１９９０年代には中南米通貨危機やアジア通貨危機に見舞われたことも影響した。

その後、２０００年代の実質ＧＤＰ成長率の平均は６・１％まで大幅に向上した。これは、①中国の世界貿易機関（ＷＴＯ）加盟による経済成長の加速に加え、②欧米のクレジットバブルによる高成長を通じた世界貿易の拡大、③資源価格の大幅な上昇、④直接投資の増加による産業集積の高度化、⑤各国間の自由貿易協定（ＦＴＡ）等の進展、⑥中間所得層の増大による内需の成長と安定化、⑦アジア通貨危機後の対外債務の管理高度化、⑧変動相場制への移行等、さまざまな要因が成長率の向上に寄与したと言えよう。

２０１０年代の実質ＧＤＰ成長率は２０１５年までの平均が５・４％、２０１６年から２０２１年まではＩＭＦの予測によれば４・８％となっている。もっとも、２０１０年代前半については、２０１０年から２０１３年まではリーマンショック後の先進国経済の回復と、中国の４兆人民元の経済対策により押し上げられている面がある。その後、２０１４年と２０１５年は、各国の景気刺激策効果の一巡や米利上げ懸念等から成長率の平均は４・３％に鈍化した。しかし、２０１７年には明確に持ち直し、２０２０年には再度５％成長に回復する見込みとなっている。これは中国等アジアの新興

図表1-1　世界経済成長率と新興国の成長率寄与度（年次：1990～2021）

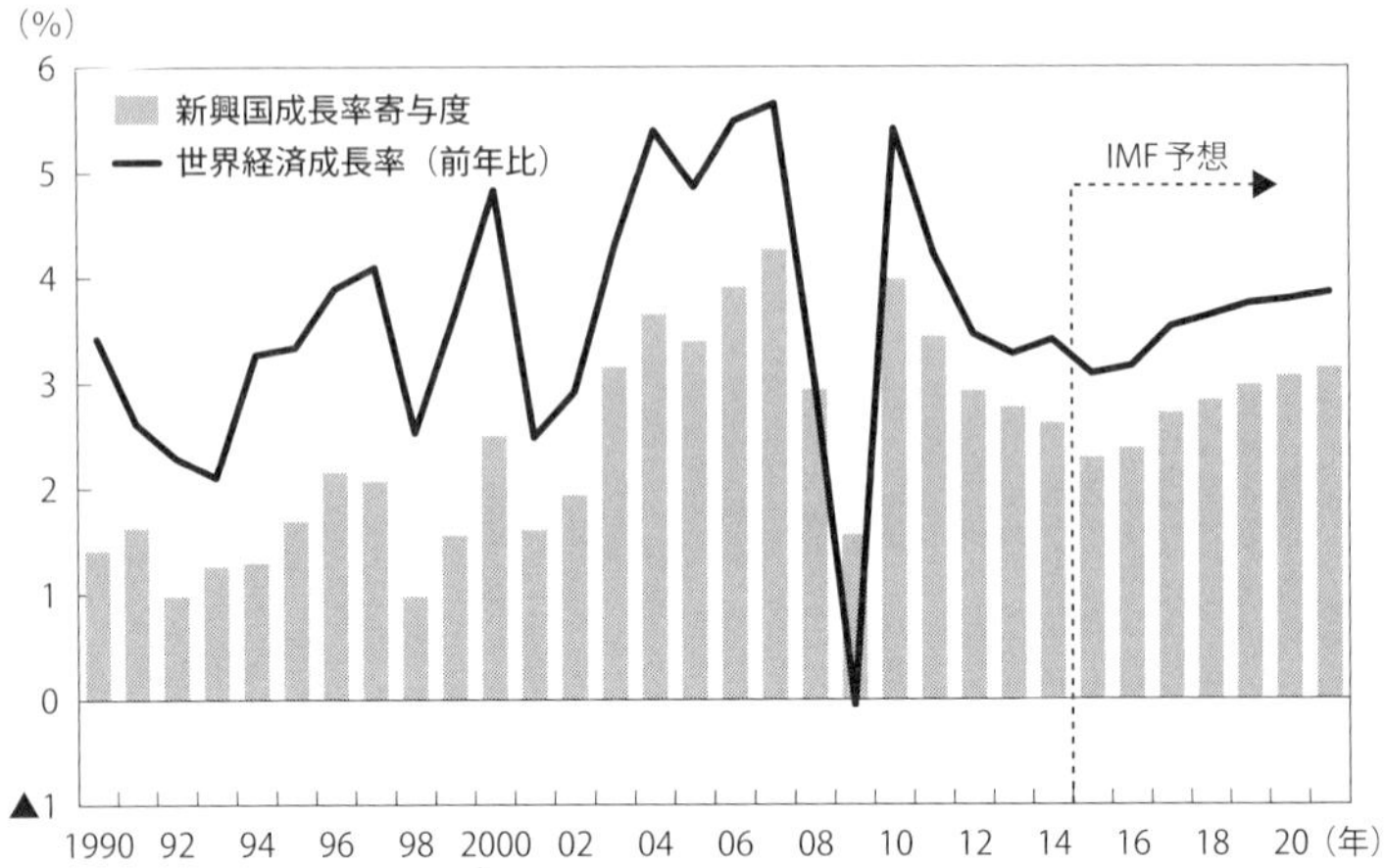

（出所）IMFデータよりみずほ証券作成

国と欧州新興国の成長率が横ばい圏と足踏みする一方で、ASEAN諸国やラテンアメリカ、中東、サブサハラの成長率が高まってくるためである。

新興国経済の世界経済に占める存在感を確認するため、名目GDPシェア、実質GDP成長率に対する貢献度をみることにする。まず、名目GDPシェアは1990年代には2割にも満たなかったが、2000年以降、前述した理由からシェアは急速に上昇、2008年には3割を超え、2013年には4割近くに達している。世界経済全体の実質GDP成長率に対する寄与率をみると、1990年代は約5割、2000年代（リーマンショック前の2007年まで）は約7割、2010年以降は約8割と、まさに世界経済をけん引していく存在になっている。また、世界貿易に占める新興国の割合でも、2000年には23％であったが、2012年には約4割

図表1-2　新興国の人口と世界シェア（年次：1980～2015）

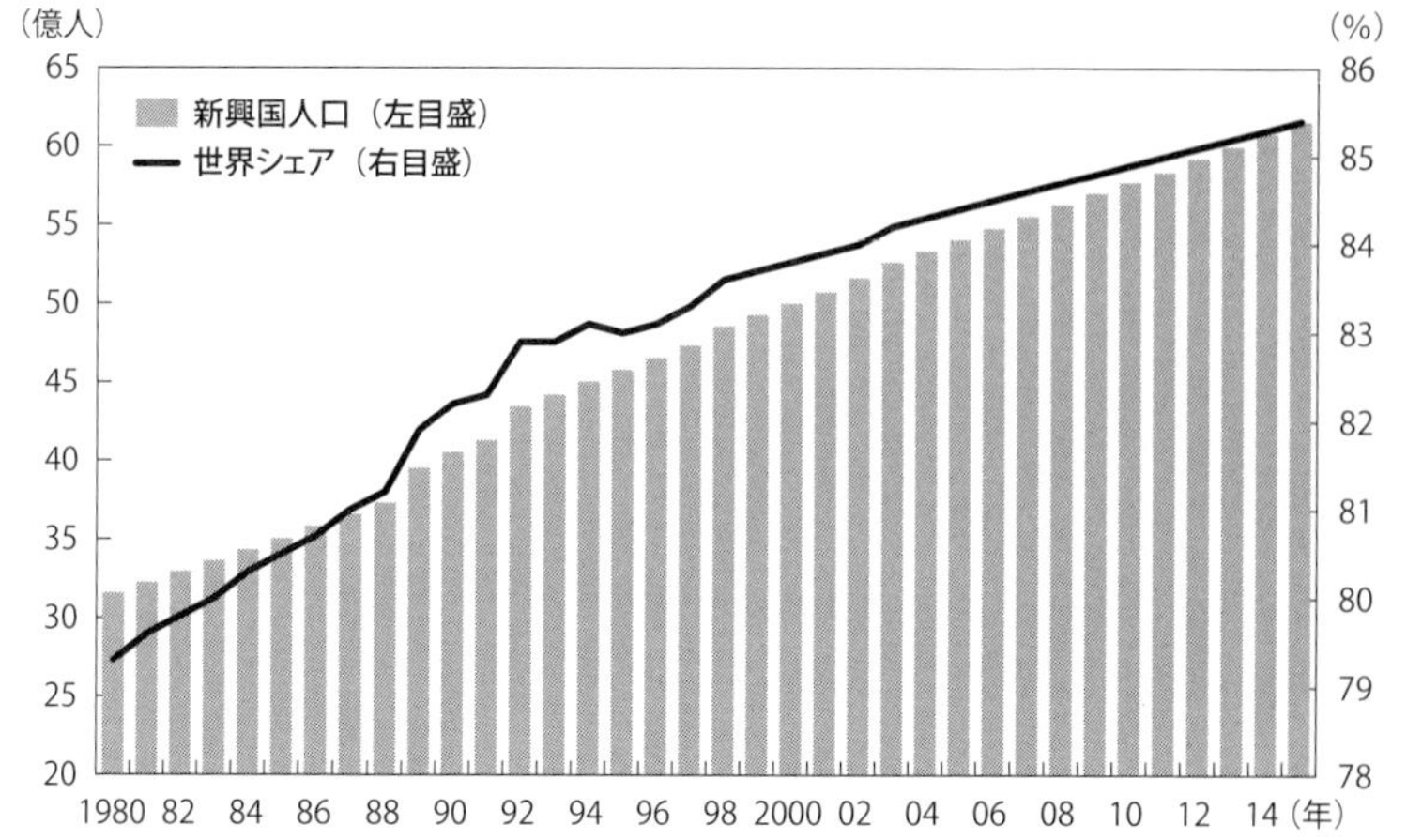

（出所）IMFデータよりみずほ証券作成

に達している。

次に１９９０年以降の人口動態をみると、２０１５年時点で新興国の人口は61・６億人に達しており、２０００年と比較し23％増加、世界人口に占めるシェアは85％に達している。また２０１５年から２０３０年に向けては世界全体で人口は73・５億人から85・０億人と11・５億人増加する見込みだが、そのうちの96％が新興国で占められると予想されている。

こうした人口増にともなう都市化の進展も見逃せない。経済産業省の「通商白書」によれば、２０１０年から２０２５年にかけ、人口１００万人以上の都市数は全世界で４４９都市から６６８都市に増加すると見込まれているが、この増加幅の89％を新興国が占め、そのうち、中国が約30％を占めると予想されている。都市化が進展すれば、水道、ビル建設、輸送インフラ需要等が喚起され、生産拠点としての魅力が高まることになる。

また、人口動態を所得階層別にみると、家電等の普及率が急速に高まる世帯年間可処分所得は5000ドル以上であり、これ以上を中間層・富裕層と定義すると、2010年から2020年にかけて世界全体で44・8億人から58・9億人に増加すると予想されている。そのほとんどが新興国における増加であり、2020年に占める中間層・富裕層の新興国シェアは81％に達する見込みである。

このように新興国は消費地としても生産地としても存在感が増すことから、海外企業の工場等の移転、産業の集積化、第3国向け輸出だけでない地産地消も含めたサプライチェーンの高度化がさらに進むことが期待される。

潜在成長率の低下を如何に回避するかが中長期的課題

以上のように、新興国の台頭は今後も続くことが予想されるが、一方で課題も多い。この課題を一言で集約すれば潜在成長率を高めに維持するということになる。そこで、潜在成長率のこれまでの流れと今後について、以下、IMFの分析を紹介したい。潜在成長率は、①労働、②資本、③全要素生産性（ビジネスプロセスの進歩、および技術革新）により決まるが、新興国の潜在成長率は金融危機前である2006年から2007年と比べて、2013年から2014年は2％ポイント低下し、約5・5％となった（地域別では中国の低下が大きいが、そのほかの国も明確に低下している）。

潜在成長率の低下要因を分析すると、労働、資本は大きな影響を与えていない一方、生産性が2％ポイント低下したことでほとんど説明される。この生産性の低下は、金融危機前の10年間に新興国が先進国を急速にキャッチアップした後、テクノロジー先端分野への収れんが漸進的に鈍化したことや、設備稼働率の低下、知識・技能等、人的資本の低下が要因と指摘されている。

では、今後、中期的に新興国の潜在成長率はどのような軌道を描くのか。これについてもＩＭＦは、人口動態予測や過去の金融危機の経験を基に推計している（人口予測に関する潜在的な推計エラーや金融危機の原因が多様であることにともなう多くの不確実性があることには留意）。

この分析によれば、新興国の潜在成長率は２００８年から２０１４年までの平均は６・５％であったが、２０１５年から２０２０年は５・２％に鈍化することになる。労働では、生産年齢人口の成長が中国において急速に低下するほか、ロシアの減少が続く見通しである。資本の成長も減速する見込みである。これは海外からの資金調達が鈍化することや、大幅な上昇が見込み難いコモディディ価格、インフラのボトルネックを原因として、投資資本比率の低下が見込まれるためである。特に中国では経済構造が投資から消費へシフトしていくことで投資資本比率の低下が継続する可能性がある。

また、生産性については上昇が見込まれるが、その上昇率は過去の平均的な伸びに回帰する、ないしは金融危機前の伸び率以下にとどまると見込まれている。この要因としては、①新興国がテクノロジーの先端分野に近づいたことに加えて、②米国における２０００年半ば以降のテクノロジー分野の拡大以来、観測されている生産性の低下や、③新興国の教育水準が先進国に近づくことによる人的な知識・技能の成長の段階的低下が指摘される。

このように潜在成長率が中期的に低下する局面では、各国政府は重要な政策課題を抱えることになる。具体的には①財政の持続可能性の維持が一段と困難になること、②生産性の伸び鈍化により金融危機前に比べて生活水準の上昇ピッチが減速することである。

これに対応するには、各国とも潜在ＧＤＰ[1]を引き上げる必要があり、これが政策当局者の優先課題となる。これには構造改革が必要であるが、特に新興国で重要な対応策は、インフラのボトルネックの解消、事業環境や製品市場の改善、教育改革の促進、製品や労働における過剰な規制的障壁の削減、高い所得税、不効率な年金制度を是正することが挙げられている。

以上がＩＭＦの分析であるが、新興国はこうした対応によって「中所得国の罠《わな》」を超えていく必要がある。「中所得国の罠」とは、1人当たりＧＤＰが中程度である1万米ドルに達した後、発展パターンや戦略を転換できずに、先進国への移行の手前で足踏みする状況を指す。

過去、20年程度で1人当たりＧＤＰが1万米ドルを大きく超え、「中所得国の罠」を克服した代表的な国としては韓国やシンガポール等が挙げられる。アジア開発銀行の分析では、「中所得国の罠」に陥った国の特徴は、①輸出製品が一次産品や労働集約的なものにとどまり、多様化、高度化していない、②産業間の生産要素の移動や技術のキャッチアップから得られた生産性の向上が止まり、国際競争力が低下すること等が指摘される。

では、この罠を超えていく処方箋はあるのか。前述のＩＭＦの分析や過去の世界銀行等の分析を総合すれば、その重要なカギはイノベーションを通じた生産性の向上ということになる。この点で、直接投資の拡大を通じた技術革新や技術移転を自国発のイノベーションにつなげていけるかが重要である。また、広域のＦＴＡや経済連携協定（ＥＰＡ）等をテコに各種の構造改革を進め、より高度な産業集積地域を構築していくことも必要であろう。

広域FTA、EPAの拡充により注目が集まる新興国

２０１６年は、関係各国が東アジア地域包括的経済連携（ＲＣＥＰ）、環太平洋経済連携協定（ＴＰＰ）の発効を目指していたが、それには至らなかった。どの国においても総論賛成、各論反対となりやすく、なお先行きは不透明感が強いが、この成否は新興国のみならず、米、日本、中国、インド等の大国にとっても極めて重要な課題である。

こうしたなか、２００２年以来、計画的に推進されてきたＡＳＥＡＮ経済共同体（ＡＥＣ）が２０１５年末に発足した。ＡＥＣは域外関税や共通通貨、人の自由な移動等は求めておらず、欧州連合（ＥＵ）のように強く各国の主権を制約するものではなく、①単一市場の推進、②インフラ開発や税制等、競争力の強化、③格差是正等の公平な経済開発、④国際経済への統合を４つの柱としたＥＰＡの拡大版のような経済連携である。行動計画であるブループリントをベースに一定の進展を見せてきたが、２０１５年に採択された新ブループリントでは、制度執行能力の強化や産業界の役割が打ち出され、さらに経済圏の高度化を図っていくことになっている。

ＲＣＥＰも２０１１年にＡＳＥＡＮが提唱、参加国は16カ国であり、ＧＤＰでは世界の約３割、人口では同約５割、貿易額では同約３割を占める。このＲＣＥＰは中国が支援している。米国がＴＰＰ脱退を正式に表明した状況を利用し、中国がＲＣＥＰの早期発効を促すことも想定される。

（１）潜在ＧＤＰとは、安定したインフレ率で維持することのできる実質ＧＤＰのこと

中国は「一帯一路構想（シルクロード構想）」、アジアインフラ投資銀行（ＡＩＩＢ）の推進と合わせ、自国に有利な広域の経済秩序の構築を目指しており、こうした状況のもと、ＲＣＥＰにインドがどの程度積極的に関与していくか注目される。ＲＣＥＰは２０１６年８月に閣僚会合を開催したが、共通関税率に関して、国によって関税率に差を設けるべきであるという立場の中国・インドと、高水準の関税撤廃やサービスの自由化を目指す日本、豪州等が対立、中国としてはＴＰＰ発効前にＲＣＥＰの大筋合意を目指しているものの、行方は不透明である。

ＲＣＥＰ、ＴＰＰともに発効にはハードルが残っているが、この両広域ＦＴＡを合算すれば、世界ＧＤＰの56％、世界人口の56％を占めている。両広域ＦＴＡが活性化し合うことで、アジア太平洋経済協力（ＡＰＥＣ）が目指すアジア太平洋自由貿易圏（ＦＴＡＡＰ）につながれば、アジア圏を中心に巨大な経済連携圏が生まれる可能性を秘めていると言えよう。

一方、ＴＰＰは日米主導で12カ国が参加、中国は参加していない。ＴＰＰはＧＤＰでは世界の36％、人口では同11％、貿易額では同26％を占め、品物別では99％の関税撤廃を目指していたが、米大統領選挙では予想外にドナルド・トランプ氏が勝利、ＴＰＰ脱退を表明しており、ＴＰＰ発効は事実上、見込めなくなった。各国が経済連携強化を模索する中、孤立主義や保護主義的政策を本当に実行に移すことが国益に反しないのか、地政学の関連も含め、新たな貿易政策に関して共和党主流派との調整の行方が注目される。

また、アジア以外では今後、人口が急増し、中間層が増大していくアフリカ地域も注目される。インフラ構築を中心とした広域開発が重要となろう。中南米ではメルコスル（南米南部共同市場）や構成

4カ国中3カ国がTPP交渉に参加している太平洋同盟があるが、中南米において新たな自由貿易圏が必要であるとの認識を持っている国もある。

こうした広域経済連携等の競争は、地政学や新重商主義の観点から、政治的な軋轢を生みやすいだろうが、保護主義の台頭を抑制し、貿易・サービスを活性化させるうえで、必要なことと捉えられる。

2000年以降、2013年頃までは新興国と言えばBRICs（ブラジル、ロシア、インド、中国）が中心であったが、中国経済の減速、資源価格のピークアウト等から、これらに左右され難い経済構造を目指して政治や制度、産業政策改革を推進している国への注目が集まっている。例えばインド、ASEAN諸国の一角等がそれに当たろう。いずれにしても、我が国にとって、ビジネス上も資産運用上も、新興国の長期的な成長をどう取り込んでいくかが重要な課題である。

過剰債務問題は企業債務に懸念、家計債務も増加傾向

2016年来、世界経済の減速や米利上げ観測が高まるなか、新興国の債務問題がクローズアップされている。これらの債務は2020年までに多額の償還が見込まれ、その過程において債務不履行や企業破綻が増加し、不良債権問題が強まることが懸念されている。こうした状況について、さまざまな国際機関のレポートやメディア報道が出ているが、ここでは国際金融協会（IIF）の資料を基に、新興国債務全体の動向を把握したい。

新興国債務は2000年代半ばから増加基調にあるが、特に2012年以降、そのピッチが加速、足元でも、なお増加が継続している。これは特に現地通貨建てを主とした非金融企業の現地通貨建て

債務において目立っている。２０１７年には過去最高レベルの償還が見込まれており、投資家は新興国における企業債務のデフォルトの潜在的な増加を懸念している。

２０１５年の新興国債務はすべての経済部門において合計約１・６兆ドル増加、62兆ドルに達し、名目ＧＤＰ比率は２１０％に上昇した。２０１６年末までの償還見込みは債券とシンジケートローンで合計約７３００億ドルとなり、このうちドル建ては約３分の１を占める。２０１７年の償還見込みは約８９００億ドルであり、およそ30％がドル建てである。

経済部門別でみると非金融企業が最も速く増加しており、２０１５年の新興国の名目ＧＤＰ比率は１０６・５％となっている。２０１５年の増加を通貨別でみると、現地通貨建てが増加する一方、外貨建ては緩やかに減少している。以下、各経済部門別の動向を仔細に確認する。

【政府部門】

経済部門別の内訳では、政府部門の負債／名目ＧＤＰ比率は３％ポイント増加し45％を超えたが、先進国の同比率の約１１０％からすれば低レベルである。また政府部門の債務は国によりさまざまではあるが、概ね現地通貨建てであり、国内投資家が主体である。なお２０１６年年初以降、直近までの債券等の発行は前年同期を35％下回っている。

【非金融企業部門】

次に非金融企業をみると、２０１５年の負債残高は１・９兆ドル以上増加し、25兆ドルを超えている。長期トレンドとのかい離率は大半の国がプラスかい離であり、これはここ数年の急速な借入拡大を反映している。ちなみに、国別に長期トレンドとのかい離率を確認すると、相対的に大きいのは、中国、サウジアラビア、ロシア、マレーシア、トルコ等である。

２０１５年の増加を通貨別にみると、概ね現地通貨建てとなっており、２兆ドル増加の22兆ドルに達した。また外貨建ての負債残高は、年後半に削減ピッチが強まり、７２０億ドル減少し、３・３兆ドルとなった。その削減のほとんどは中国分であり、かつドル建て債務であった。

２０１６年の発行状況であるが、前年同期比25％の減少となっている。通貨別では外貨建てが約３分の１を占めているが、米ドル建ては15％減少している。

【家計部門】

家計部門の債務／名目ＧＤＰ比率は金融危機前の15％～20％を超え、35％に近づいている。勿論これは、各国の金融緩和や超低金利の恩恵を受けているためである。この家計債務の増加は特にアジアの寄与が大きい一方、欧州新興国ではレバレッジは低下した。債務残高は全般的に上昇したが、特に顕著だった国は中国、韓国、サウジアラビア、マレーシア、ハンガリー、トルコ等である。また長期トレンドとのかい離が相対的に大きい国は、マレーシア、タイ、中国、シンガポール、インドネシア等アジア諸国が多い。

【金融部門】

金融部門の負債残高は２０１５年に２０００億ドル増加して約７・５兆ドルとなり、債務ＧＤＰ比率は32％となっている。ブラジル、ロシア、中国が増加した一方、シンガポール、マレーシア等は減少と、国によってばらつきが大きいが、中国は債務ＧＤＰ比率が４％ポイント増加し32％、外貨建て債務は減少し全体の約12％であるが、これにはシャドーバンキングが含まれておらず、過小評価となっている可能性がある。

【今後の債務償還圧力】

今後の新興国の債務償還は２０１８年までに約２．５兆ドルと見込まれるが、このうち投資不適格級の債券とシンジケートローンの合計は約２１００億ドルである。前述したように２０１６年４～12月に７３００億ドルの償還を迎えるが、なかでも米ドル建て債務返済が重い国は中国、香港、ロシア等であり、各々３００億ドル程度である。また同じく２０１６年の現地通貨建て債務の償還については、中国が２７４０億ドルと大きく、韓国、香港、ロシアも償還日程が詰まっている。

また経済部門別では非金融企業の借り換えニーズが最も大きく、２０１６年にその額は約４５００億ドル、うち米ドル建てが１５６０億ドルとなっている。

最後にネット対外投資ポジション（対外資産から対外負債を差し引いた数値）を確認すると、多くの国において新興国通貨危機があった１９９０年代後半や２０００年代前半と比べてやや改善している。

しかしながら、幾つかの国においては、ネット対外投資ポジションが同期間に悪化しており、特にポーランド、トルコ、ハンガリー、チェコ、ブラジルで目立つ。また、2016年にはブラジル、トルコ、インドネシア、メキシコ、インド、ポーランド等においてポジションがさらに悪化する見込みである。ただし、ネット対外投資ポジションの動態による評価は、潜在的な脆弱性を過小評価しかねず、グロス負債の動態による評価の方が、より脆弱性を計測するのに有効だろう。事実、特にアジアにおいては、過去数年の海外直接投資以外のグロス対外債務の増大により、借り換えや流動性リスクが一段と高まっている。なお、中国のネット対外投資ポジションは外貨準備が大幅に減少するなか、2015年に約1810億ドル減少、2013年をピークにやや悪化、2013年から2015年までに対外資産の増加以上に対外負債が増加した数少ない国の一つとなっている。

アジアの民間債務、特に中国の債務問題に注意が必要

以上、IIFの分析により新興国債務を俯瞰した。アジアの民間非金融債務（民間非金融企業と家計の合計）は2012年頃から急速に拡大してきている。理由は、①中国の4兆人民元の経済対策による景気拡大と資源価格の高止まりにともなう設備増強による資本ストックの急速な蓄積、②世界的な低金利状況、信用システムの高度化、金融技術の発展により企業、家計ともに資金調達環境が良好であったことが指摘できる。

なかでも、中国の民間非金融債務／名目GDP比率は200％を超えてきており、日本の平成バブル期に匹敵する水準に達している。また中国以外のアジア諸国ではタイ、マレーシアにおいて120％を超える水準となっている。過去、過剰債務のケースとして、1990年前後の北欧や1990年代

後半のアジア、平成バブル期の日本、足元の中国をみると、１５０％前後を超えて加速すると、後年に債務圧縮から民間設備投資等に悪影響が出ているようだ。

また、国際決済銀行（ＢＩＳ）の分析によれば、民間非金融債務／名目ＧＤＰ比率の長期トレンドからのかい離率が、金融ひっ迫の早期警戒指標として信頼できるとしている。このかい離率が10％を超えると通常３年以内に銀行に深刻なストレスが生まれるとされる。このほか、不動産価格の長期トレンドからのかい離率や、金利が２５０ベーシスポイント上昇した場合のデットサービスレシオ（債務返済額／名目ＧＤＰ）も早期警戒指標として活用している。

このうち民間非金融債務／名目ＧＤＰ比率の長期トレンドからのかい離率をＢＩＳの資料により国別に確認したい。２０１４年のＢＩＳ年報で金融システムの評価において過熱とされていた５つの新興国・地域（中国を除くアジア主要国、ブラジル、中国、インド、トルコ）のうち、中国を除くアジア主要国やブラジル、トルコは過熱感が和らいだ。一方、中国は23・６％から30％（２０１６年１−３月期）に達しており、警戒される状況である。特に足元、不動産市場が過熱し始めていることをふまえれば、なおさらである。

こうした環境のなか、新興国における銀行貸出状況は２０１６年第２四半期には改善がみられたものの、なお「引き締まり」超にあり、特に貸出基準と不良債権の項目が厳しめの水準になっている等、デレバレッジの状況は続いている。

特に中国はすでに人口ボーナス期を終え、人口オーナス期に入りつつあるなかで、「３つの過剰（過剰設備、過剰債務、過剰雇用）」を解消していく構造改革が必要であり、その舵取りは、日本の「失われた20年」同様に容易ではないだろう。

97年のアジア通貨危機時との相違と債務管理に関する今後の課題

以上、過剰債務についてみてきたが、1997年のアジア通貨危機時と比較し、新興国の耐久力はどの程度あるのだろうか。当時は、企業や金融機関が短期かつ米ドル建てで資金調達を行い、国内で中長期の不動産や設備投資を行っていたため、通貨や期間がミスマッチとなっていた。為替ヘッジも十分行わなかったため、資金流出による自国通貨安が起きると、企業や金融機関の財務を急速に悪化させ深刻な金融危機を招いた。また各国間や先進国との間において、緊急の資金融通スキームも確立していなかった。

こうした経験から、新興国は短期対外債務の抑制、為替変動の柔軟化、内需の育成、外貨準備や金融システムモニタリングの強化、通貨スワップによる各国間の外貨融通スキームの構築等に努めてきた。こうしたことがここ数年の新興国通貨安にもかかわらず、金融システムへの影響が限られる要因として挙げられる。

当時との相違点で留意すべきは中国経済の規模であろう。アジア通貨危機はLTCM（Long Term Capital Management）ショックにつながりロシアに波及したが、そもそもアジア通貨危機が起こった遠因には、1994年に中国が輸出促進を狙い人民元を33％も大幅に切り下げたことが挙げられる。当時の中国は、まだ世界GDPの3％を占めるに過ぎなかった。しかし、現在の中国のウエイトは15％に上昇し、欧米のウエイトに近づく規模に拡大している。仮に中国の不良債権問題等から資金流出が強まり、人民元が急落すれば、その影響は当時の比ではないであろう。すでに中国の外貨準備高は2014年6月を境にピークアウトしており、足元も4カ月連続の減少、ピーク比では約22％減少している。中国はこの点を強く意識し、「国際金融のトリレンマ(2)」において人民元の安定化、国内の金融政策の自由度を優先すべく、資本規制の強化を行っている。したがって、中期的な不透明感は残るものの、高水準の外貨準備高を維持するなかで、ここ数年において経済、為替においてショック的なインパクトが起こる可能性は限定的ではないだろうか。

新興国全体の債務問題の問題点と管理策については、2015年に国際通貨基金（IMF）が発表した分析が示唆に富んでいる。IMFは新興国の企業債務のリスクについて、3つのポイントを導き出している。それは、①レバレッジの拡大や発行、スプレッドを説明する要因として、相対的に個々の企業の要因や各国固有の要因が後退してきており、リーマンショック後はグローバル要因がより大きな役割を果たしていること、②レバレッジは景気敏感セクターで拡大しているが、高いレバレッジについては、外貨建てエクスポージャーの増加と関連していること、③脆弱なバランスシートにもかかわらず、良好な資金調達環境により好条件で債券発行を管理できてきたことである。

この結果、新興国は金利上昇、米ドルの為替レートの上昇、世界的なリスク回避の高まりに対して、抵抗力が下がっていると指摘されている。仮に先進国の金利が上昇し始めれば、①債務返済コストの急上昇や、②十分な為替ヘッジがかけられていない場合、自国通貨安により外貨建て債務の返済が困難になること等が警戒されるのである。

そのうえで、IMFは今後、グローバルな金融のひっ迫に対して準備が必要であるとして、以下の政策提言を行っている。それは、①より的確なモニタリング、②それに必要な外貨建てエクスポージャーの情報等、企業金融データの収集を充実化させること、③マクロ、ミクロのプルーデンス（金融システム安定化）政策、④先進国の金利正常化に備え、企業破綻の増加への準備や破綻処理制度の改革が必要であることを挙げている。

その他の新興国の課題

債務問題以外の課題としては、資源価格の低迷と中国経済の減速の影響をどう回避するかが指摘できる。この2つの問題は表裏一体の関係にある。中国の鉄鉱石や石炭、銅の世界消費に占める割合は過半を超えている。また新興国、資源国以外、先進国でも中国への輸出依存度は高まってきた。資源価格の影響については、新興国各国によって影響は異なるものの、資源国の貿易収支悪化は中国や中国以外のアジア諸国の貿易収支改善効果を上回っているとの指摘もあり、新興国から先進国への所得移転につながっている。

鉄鉱石や銅の価格は引き続き中国の景気動向や過剰生産削減の行方に左右されるとみられる。中国では鉄鋼等、一部の素材では在庫調整が進んでいることや企業の統合等による過剰設備削減への取り組みは強化されている。その実効性にはなお不透明感が残るほか、素材の種類によって差もあろうが、

（2）国際金融のトリレンマとは、①独立した金融政策、②為替相場の安定（固定相場制）、③自由な資本移動の3つの目標を同時に全て満たすことは不可能であり、どれか1つを放棄しなければならないこと

一時ほどの悲観は後退していよう。

他方、石油価格の予測やシナリオについては、長期的には、国際的なエネルギー関連政策と非政策的な要素により推計される。例えば、前者では、地球温暖化対策としての気候変動枠組み条約第21回締約国会議（COP21）でまとめられた「パリ協定」により再生可能エネルギー政策やエネルギー効率の改善策がどう進展してくるか、後者であれば長期的な世界経済の成長率や人口動態、CO_2価格、技術革新によるコスト低下がどのように推移するか等、多くの要因が関係してくる。また、短期的な需要は石油精製業者のデリバリーや一次在庫の状況、内陸、海上輸送のデリバリーにより、供給は原油や天然ガス、非在来型原油の供給により推計される。長期、短期の推計ともに、その前提条件や実際の結果により、推計に幅があることや変更をともなうことには留意が必要である。

以下、我々の２０１７年から２０１８年頃までの原油価格見通しのポイントを紹介したい。まず、供給面からは価格低下圧力は徐々に軽減されてくると想定している。理由としては、①産油国の財政は引き続き厳しく原油価格の下支えが必要になっていること、②増産を続けてきた石油輸出国機構（ＯＰＥＣ）の余剰生産能力が僅少になってきていること、また③米国のシェールオイル生産のピークアウト等が挙げられる。また、中東における地政学リスクが依然として根強く残っていることは、潜在的な供給ショック要因として原油価格を下支えするだろう。

一方、足元、米国シェールオイルの掘削稼働リグ件数が、原油価格の反発や生産性の向上によるコスト低下により、底打ちしてきていることが潜在的な供給増要因として意識されている。しかし、米国エネルギー情報局（ＥＩＡ）によれば、掘削しやすい層の掘り尽くしによりコストが上昇することで、シェールオイル等の非在来型原油は２０２０年初頭には頭打ちになると見込まれており、中期的に供給圧力は減衰していこう。

需要面については、この主たる変動要因は依然として世界経済の動向となる。ＩＭＦやＥＩＡ、国際エネルギー機関（ＩＥＡ）が発表している中長期の世界経済見通しでは実質ＧＤＰで３％台の成長が見込まれており、我々も同程度の成長を予想している。原油需要は増加基調となろう。

以上のことから、短期、長期ともに、需給ギャップは圧縮されてくると予想され、原油相場の下落トレンドは、２０１６年2月の安値１バレル＝25ドルで反転したものと見込んでいる。また、可能性は低いが、ＯＰＥＣが大幅な協調減産に踏み込んだり、地政学リスクにより生産に強い障害が生じるようなことがあれば、２０１７年中に１バレル＝60ドルを突破してくることも考えられよう。

次に中国経済の影響について考えてみたい。ＩＭＦの試算によれば、中国経済が１％減速すると、アジア地域の成長率は０・33％ポイント、アジア地域以外の成長率は０・17％ポイント押し下げられる。特にアジア地域は２０００年代以降、貿易面・投資面で中国との関係が深まってきただけに影響が大きい。また、中国のＧＤＰと中国を除く新興国のＧＤＰ成長率の相関係数は、２００５年以降、概ね０・６〜０・８と高い相関を維持している。

このように、中国経済に対する不透明感とその影響を受ける資源価格の動向をふまえれば、新興国は、いかに中国からの影響に左右され難い経済体質を構築するかが重要な課題である。そのためには、「中所得国の罠」からの脱却に関する方策と同じであるが、個人消費やインフラ投資、新産業育成を喚起する政策により、内需の成長率や製品・サービスの競争力を引き上げることが必要であり、またこれを可能にするために広域ＦＴＡの拡充・深化が重要であろう。

以上、新興国経済の現状と課題をみてきたが、重要なポイントは、①中国経済の構造改革をいかにスムーズに進められるか、②新興国各国が潜在ＧＤＰを引き上げる各種構造改革や広域経済連携等を加速させられるかである。

もっとも、新興国以外の課題も勿論、見逃せない。具体的には、①グローバル経済が深化するなかで、先進国の投資比率や生産性をどう向上させるか、②各国の政治環境やグローバル統合への脅威となる所得格差をどう是正するのか、③保護主義が台頭するなかで貿易自由化をどう進化させるか、④各国の公共・民間の財政的安定をどう図るか、⑤地政学リスクや移民問題にどう対応するのか等、課題・問題は山積している。民主主義や資本主義に対する動揺も散見されるなかで、先進国間の協調、また先進国と新興国の協調が極めて重要であることは言うまでもないだろう。

②新興国マーケットと個人投資家

新興国マーケットへのマネーフローに変化の兆し

２０１６年に入り、夏から秋にかけ新興国への資金流入が増加、久しぶりに新興国が脚光を浴びた。以下、国際金融協会（ＩＩＦ）のデータを基に、投資信託やＥＴＦ（上場投資信託）等のファンドフローを確認する。特に注目する点は、2016年7月中旬以降、新興国ファンドへのネット資金流入は8月下旬まで7週連続プラスとなっており、この間の累計は132億ドルとなっていることである。地域別では、債券ファンド、株式ファンドともにアジア向けの増加が目立つ（ただし、株式ファンドでは、純資産残高に対する比率では南米が最も大きい）。

債券ファンド、株式ファンドともに2016年前半と比較し、顕著な増加となっているが、投資主体別では機関投資家は債券ファンド、株式ファンド双方で増加、個人投資家では債券ファンドへの増加が顕著である。また投資主体を国・地域別でみると、機関投資家ではマイナス金利の影響から、ユーロ圏ファンドから新興国債券投資が急増している。

また投資信託やETFに投資しているグローバル投資家のポートフォリオに占める新興国資産の割合は2016年8月には11・7％に達しており、これは2015年の8月上旬以来の高さである。2015年8月といえば中国が突如、人民元を切り下げたことにより、グローバルマーケットが変調をきたすことになった起点の時期だ。

さらに、投資家のポジション傾向をみると、新興国債券、株式ともにオーバーウエイトが増加しており、これは米連邦準備理事会（FRB）によるテーパリング（量的緩和の縮小）観測が高まった2013年前半以来、初めてとなっている。すでに米国は2015年12月に利上げに転じ、2016年末には2回目の利上げ、そして2017年にも複数回の利上げが予想されているなかでは、大きな変化と言えよう。

新興国ファンドのポートフォリオにおける地域別シェアを確認すると、2016年以降、増加している国はブラジル、ロシアであり、減少しているのは中国、メキシコ、トルコ等である。また２０１１年から２０１６年８月時点までの平均値を上回っている国にはインド、南アフリカがある。

何故、新興国が再度脚光を浴び始めているのか

では、何故、２０１６年に入り、新興国市場に対する人気が高まったのか。当社は米国の独立系リサーチ会社であるストラテガス社と提携しているが、ストラテガス社の見方によれば、この理由は、①先進国市場ではさまざまな不透明要因があり、経済成長率見通しが弱いこと、②単なる「イールド追求」による需要だけでなく、新興国市場の下落リスクが２０１５年に比べて軽減されているとの見方が増してきていることを指摘している。

具体的には以下のプラス面がある。

- 米国の慎重な利上げ
- ファンダメンタルズの強い新興国はドル建て債務の支払い可能性を高める
- 主要新興国のインフレ率は総じてインフレ目標を下回っており、景気刺激策の余地がある
- 下落基調にあったコモディティ市場が底入れしつつある
- 新興国株式は先進国株式対比の相対バリュエーションでみれば割安圏にある
- 一部の主要新興国のなかで政治状況が落ち着きつつある
- 先進国においてマイナス金利が拡大するなか、新興国国債の利回りが魅力的になっている
- 新興国経済のサプライズ・インデックス(3)が持ち直してきている

一方、マイナス面は以下の点が挙げられる。

- 新興国通貨の上昇は輸出には逆風となる
- 先進国経済の低成長は、新興国が生産する製品の需要を鈍化させる
- 新興国の総債務／名目GDP比率は上昇しており、かつ半分以上の国において40％を超えている[4]

以上のように、新興国市場を取り巻く環境は改善しているが、その度合いは国によって異なる。ストラテガス社は、新興国株における有効な投資先を抽出するにあたって、各新興国のファンダメンタルズ・インデックス[5]と各国株価指数の方向性により4つのグループを設定している。第1グループは経済の改善を反映し、株価指数が好調なグループ、第2グループは経済が改善しているものの、株価指数には未だ反映されていないグループ、第3グループは経済が弱いにもかかわらず株価指数が強いグループ、第4グループは経済も株価指数も弱いグループである。

(3) サプライズ・インデックスとは、景気指標が市場の事前予測に対して上振れしたか下振れしたかを集計し比率で表した指標
(4) IMFのワーキングペーパーによると、市場は総債務／名目GDP比率が45％以上となると債務持続性に懸念を強めると試算している
(5) ファンダメンタルズ・インデックスとは、①実質GDP成長率が長期平均を上回っている、②実質GDPの前年比成長率がプラスである、③経常収支／名目GDP比率の前年差がプラスである等6つの項目についてディフュージョンインデックスを作成し、イコールウエイトで合成した指標

第１グループの株価指数の２０１６年年初来パフォーマンスは平均で約23％上昇と新興国平均の同約７％マイナスを上回る。このグループのなかではブラジルが際立っている。確かに、経済は非常に低い水準から改善しつつあるが、政治的な不確実性や通貨高等、成長に対する強い障害は残存しているにもかかわらず、同国の株価指数は２０１６年年初来約56％も上昇した（２０１６年8月時点）。

第２グループでは、メキシコとロシアが挙げられる。両国とも経済は最近持ち直してきているが、株価指数は前年比で各々約14％、約６％下落している（２０１６年6月時点）。

株価指数は一般的には経済の先行指標である。仮に経済の改善が継続するならば、経済の改善と株価の低迷というミスマッチは買いの好機となり得るだろう。

以上は、当面の新興国市場の投資戦略であるが、新興国市場を分析するうえでの重要な手法や今後の投資戦略については、第４章にて詳しく解説しており、参照いただきたい。

新興国アセットはポートフォリオ上、重要なアセットであると考えているが、国によってファンダメンタルズにかなりのばらつきがあることが新興国市場の問題である。タイムホライズンも考慮し、機動的な運用も重要であるが、これは簡単なことではない。リスク許容度に合わせ、選択眼に優れた手法を確立している新興国の株式、債券の投資信託を保有することも有効な手法であろう。

個人投資家にとっての新興国アセット

先進国と新興国の株式時価総額の推移をみると、２００３年9月末時点では先進国が90％、新興国は10％であった。その後、ＢＲＩＣｓブームもあり、リーマンショック前の２００７年年末には先進国が約77％、新興国が約23％と新興国の比率が大幅に上昇した。まさに新興国ブームであったと言える。

その後、２００９年以降から直近までの割合の平均は先進国が約77％、新興国は約23％であり、直近もほぼ同様の比率である。つまり、リーマンショック前後を境として、両者の比率は横ばい圏で推移している。

一方、名目ＧＤＰをみると、リーマンショック後も新興国は持続的に増加し、２０１５年は２００７年と比べて約75％増加している一方、同期間の新興国の株式時価総額は６・５％しか増加していない。ちなみに新興国の人口は同期間に約11％増加している。この点からすれば、新興国の株式は十分に評価されていないとも捉えられる。

では、我が国の家計金融資産は２０１５年末で約１７４０兆円であるが、外貨建て投資、なかでも新興国投資の現状は、どうなっているのだろうか。日銀の資金循環統計、財務省の本邦対外資産負債残高統計、投資信託協会の統計を基に算出してみた。

まず外貨建て資産比率は２０１５年12月末で約２・３％となっており、リーマンショック後の平均値である約２・３％とほぼ変わらない。２００５年以降のピークは２００７年12月末の２・９％であり、「貯蓄から投資へ」、また国際分散投資の必要性が長年言われてきたなかでも、実際にはほとんど進展していないのが実情だ。外貨建て資産比率全体は前述のように約２・３％であるが、これを新興国通貨建てとすると０・２％と微々たるものであり、成長地域である新興国の資産はほとんど組み入れられていないと言える。

例えば、主な金融資産の一つである契約型公募投信について通貨別の状況を確認したい。外貨建て純資産における通貨構成をみると、２００７年末では米ドルが約36％、豪ドルが約10％、ユーロが約23％、英ポンドが約７％、カナダ・ドルが約５％、ブラジル・レアルが約１％、その他が約18％であった。これが２０１５年末では米ドルが約55％、豪ドルが約11％、ユーロが約８％、英ポンドが約４％、カナダ・ドルが約４％、ブラジル・レアルが約３％、その他が約15％である。米ドルが大幅に伸びた一方、欧州通貨が大きく減少、ブラジル・レアルが増加している。勿論、この期間の米ドルの上昇等、各通貨の変動や、原証券の時価変動も影響を考慮する必要はあるが、現状は米ドル、豪ドル、ユーロ、英ポンド、カナダ・ドルの５カ国で８割以上を占めている。この５カ国にニュージーランド・ドル、デンマーク・クローネ、スウェーデン・クローネ、スイス・フラン、香港ドルを加えた通貨でほぼ９割であり、新興国は１割未満と推定される。また、機関投資家も含めた本邦の外貨建て証券投資に占める新興国通貨の比率は５％未満と推定される。

以上のように、我が国の個人金融資産に占める新興国資産の比率は、ＧＤＰや人口に占める新興国の割合からすれば、あまりにも小さい。逆に言えば、94年の南米危機、97年のアジア通貨危機、リーマンショック、２０１３年以降の資源価格の急落や新興国市場の減速等の経験や最近強まっている地政学リスクも加わり、新興国投資に対して強い慎重姿勢があるのだろう。

とはいえ、今後、アジアのみならず、南米やアフリカ等、新興国の成長を享受しようとすれば、新興国のウエイトを一定程度確保する必要がある。その際、各国・各地域の正確な分析による選別が必要であると同時に、国際分散投資によりリスクを平準化することも必要である。

国際分散投資と長期投資の効用

一般的によく知られているように、日本の家計金融資産の商品別内訳では、約53％が現金・預金となっている。この比率は米国では約14％と低く、資産運用に保守的なユーロエリアでも約34％であり、日本の保守性が際立っている。[6]

政府が「貯蓄から投資へ」とのスローガンを掲げて久しいが、実はこの10年をみても現金・預金の比率は大きくは変わっていない。また、１９９５年と２０１５年を比べると、米国の家計金融資産は約３・１倍になっているのに対して、日本は約１・５倍にとどまっており、富の蓄積に大きな格差が生じていると言える。

我が国の潜在成長率が世界と比べ低位にあることをふまえれば、中長期的に国際分散投資を着実に進めることにより、より安定的な資産形成を実現することが引き続き重要な課題である。我々の年金資金の運用を受託しているＧＰＩＦ（年金資金運用管理独立行政法人）が過去２度に渡ってリスク資産や外貨建て資産の比率を引き上げたことは記憶に新しいところである。

ここで国際分散投資と長期投資の効用について２つの試算を紹介したい。１つ目の国際分散投資の効果を確認するために、90年代半ば以降２０１６年10月まで国内資産のみに投資した場合と国内および海外資産に分散投資した場合のパフォーマンスの相違を示す（図表１−３参照）。まず国内の株式・債

（６）日米は２０１６年６月末、ユーロエリアは２０１６年３月末

図表1-3　分散投資の効果（月次：1994/12〜2016/10）

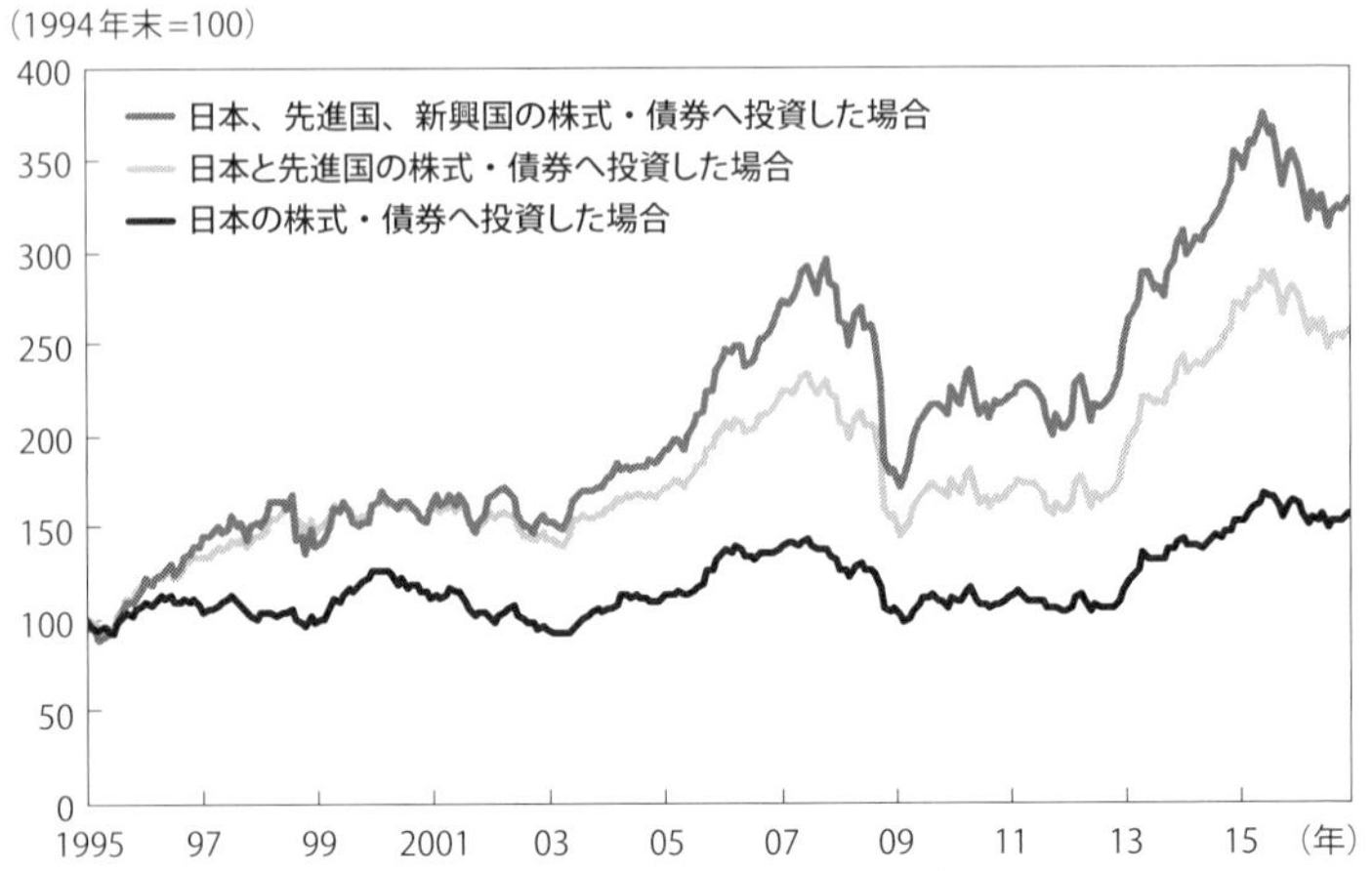

（注1）日本、先進国、新興国株式・債券へ投資した場合は日本株式、日本債券、先進国株、先進国債券、新興国株式、新興国債券に均等投資したもの。日本と先進国の株式・債券へ投資した場合は日本株式、日本債券、先進国株式、先進国債券に均等投資したもの。日本の株式・債券へ投資した場合は日本株式、日本債券に均等投資したもの。リバランスは毎月末実施。海外資産は円建てにて計算

（注2）各資産のインデックスは以下の通り。日本株式：TOPIX（配当込）、日本債券：Bloomberg/EFFAS Bond Indices Japan Govt 1-10 Yr TR、先進国株式：MSCIコクサイ・インデックス、先進国債券：シティ世界国債インデックス（除く日本）、新興国株式：MSCIエマージング・マーケット・インデックス、新興国債券：JPモルガン・ガバメント・ボンド・インデックス・エマージング・マーケット・グローバル・ダイバーシファイド

（出所）ブルームバーグのデータよりみずほ証券作成

券に半分ずつ投資していれば約60％のリターンとなっている。この期間はまさに日本の「失われた20年」の期間であるが、それでもこれだけのリターンになっている。次に、国内の株式、債券、先進国の株式、債券の4資産に4分の1ずつ等金額投資を行った場合の円建てベースでのリターンは約160％となっている。では、国内、先進国、新興国の株式、債券に6分の1ずつ投資した場合、円建てのリターンは、どの程度になったのか。答えは約230％のリターン、つまり約3・3倍であり、新興国を含めた国際分散投資の優位性が示唆されていると言えるだろう。

2つ目の長期投資の重要性については、日本を含む世界の主要国の株式を対象としたMSCIワールド・インデックスを2000年1月～2016年9月の期間で保有した年限別に確認する。まず1年間保有した場合には、201カ月中129カ月でプラスのリターンとなり、プラスの確率は約64％。保有期間を5年、10年と伸ばしリターンがプラスとなる確率をみると、各々約71％、約93％となっており、リターンは安定してくる。何らかのリスク要因により、短期的には株価が大幅に調整することはあるが、その後は逆に大きなリバウンド相場に転じることが多い。長期間にわたって継続的に投資することで、短期的な運用により損失を確定してしまうリスク、かつリバウンド相場を享受できないリスクを回避することが可能となる。

翻って、2016年に入ってから10月までの、グローバルな各資産のリターンをみると（現地通貨ベース）、主要株価指数では米国が約4％の上昇、欧州が約7％の下落、日本が約10％の下落となっている。一方、ドル建てではあるが、新興国株式は約14％の上昇である。また債券も代表的な指数でみた場合、日本は約4％の上昇、現地通貨建てベースの先進国債券が約5％の上昇、ドル建ての新興国債券は約

13%の上昇となっており、新興国は株、債券ともに先進国を上回るリターンとなっている。

勿論、前述の外貨建て資産は円建てでは、足元では持ち直しつつあるものの、2015年来の大幅な円高ドル安により、いずれもマイナスのリターンとなっている。ただし、この急速な円高ドル安により円の割安感は解消され、ドル円レートはほぼ理論値に達しつつあると想定される。また、新興国通貨は対ドルで持ち直し始めていることを考えれば、長期投資において新興国資産を組み入れる、ないしは組み入れ比率を引き上げる投資機会が訪れているとも言えるのではないだろうか。

第1章まとめ 新興国市場は国際分散投資の重要なアセット

以上、何故、新興国に再度注目しているのか、おおまかな論点を示すとともに、我が国の個人投資家の外貨建て投資や新興国投資の現状と国際分散投資の効用を紹介した。なかなか新興国の情報を集めるのは難しい面があり、投資に対してハードルが高いとのイメージもあるだろうが、新興国に関連するメディアの情報も増加してきている感もあり、今後もその傾向は続くだろう。

新興国各国の現政権は、自ら構造改革を推進し成長力を高めることや、広域FTAを拡充させる方向で、切磋琢磨している状況である。今後、我が国は長期にわたってビジネス上も、資産運用上も新興国とは長く付き合っていくことになると予想される。次節以降からは、まずは中国経済と人民元の行方を解説し、その後、チャイナリスクに向き合うアジア諸国の対応策を紹介していく。

〈第1章　参考文献〉

日本貿易振興機構（２０１５）「ジェトロ世界貿易投資報告２０１５年度版」
内閣府（２０１５）「世界経済の潮流２０１５年Ⅱ」
内閣官房ＴＰＰ政府対策本部（２０１５）「環太平洋パートナーシップ協定の概要」
経済産業省（２０１３）「通商白書２０１３」
経済産業省（２０１６）「ＴＰＰについて　平成28年２月」
金融庁（２０１６）「平成27事務年度　金融レポート　平成28年９月」
日本銀行（２０１６）「日米家計のリスク資産保有に関する論点整理」
日本銀行（２０１６）「スロー・トレード：世界貿易量の伸び率鈍化」
公益財団法人　国際通貨研究所（２０１６）「アジア主要国の資金循環にみる銀行セクターの概要」
公益財団法人　日本経済研究センター（２０１３）「２０１３年度アジア研究報告書」
公益財団法人　日本経済研究センター（２０１６）「第１回アジア経済中期予測」
公益財団法人　日本経済研究センター（２０１６）「第３回アジア経済短期予測」
川崎研一　独立行政法人　経済産業研究所（２０１４）「動き出すメガＥＰＡ：経済効果の比較検討」
浦田秀次郎　独立行政法人　経済産業研究所（２０１４）「ＴＰＰ問われる日本　世界貿易・投資の低迷防げ」
総合研究開発機構（２０１２）「アジアにおける中所得国の罠とは」（政策レビュー）No.58
西口清勝　立命館経済学（２０１４）「ＴＰＰとＲＣＥＰ—比較研究と今後の日本の進路に関する一考察」
藤田勉、倉持靖彦（２０１６）『グローバル投資のための地政学入門』（東洋経済新報社）
United Nations (2015) “World Population Prospects : The 2015 Revision”
International Monetary Fund (2013) “Working Paper May 2013, The Impact of Debt Sustainability and the Level of Debt on Emerging Markets Spreads”
International Monetary Fund (2015) “IMF World Economic Outlook (WEO) April 2015”

International Monetary Fund (2015) "IMF Global Financial Stability Report (GFSR) October 2015"
International Monetary Fund (2016) "IMF World Economic Outlook (WEO) Update July 2016"
International Monetary Fund (2016) "IMF Note on Global Prospects and Policy Challenges G-20 Leaders' Summit September 4–5, 2016"
International Monetary Fund (2016) "We Need Forceful Policies to Avoid the Low-Growth Trap Posted on September 1, 2016 By Christine Lagarde"
Bank for International Settlements (2014) "84 Annual Report"
Bank for International Settlements (2016) "86 Annual Report"
Bank for International Settlements (2016) "BIS Quarterly Review, September 2016"
Asian Development Bank (2011) "ASIA 2050 Realizing the Asia Century"
Institute of International Finance (2016) "EM Bank Lending Condition Q2 survey 2016"
Institute of International Finance (2016) "EM Debt Monitor March 2016"
Institute of International Finance (2016) "Portfolio Allocation Trend August 2016"
International Energy Agency (2015) "World Energy Outlook 2015"
International Energy Agency (2016) "Oil Market Report"
U.S. Energy Information Administration (2016) "International Energy Outlook 2016"
Strategas Research Partners, LLC (2016) "International Economics Aug 2016"

第2章

中国経済と人民元の行方

吉川健治

重要な岐路に立つ中国

中国は2010年に第2位の経済大国になり、世界のグローバル化・IT化が進展するなかで存在感を強めている。建国（1949年10月1日）以降の動きをみると、第1世代の毛沢東《もうたくとう》・周恩来《しゅうおんらい》政権におけるプロレタリア革命、政治的な階級闘争、政治社会の混乱を経て、1978年12月の中国共産党第11期中央委員会第3回全体会議（「3中全会」と略称）において、鄧小平《とうしょうへい》が改革開放路線を打ち出し、近代化・経済社会の建設が本格化、2011年まで30年余りの長きにわたり驚くべき急速な発展を遂げた。

その間、1989年に起こった天安門事件により改革派は非常に厳しい岐路に立たされたが、92年に鄧小平は深センにて南巡講話（改革開放は後戻りさせることなく、社会主義計画経済から市場経済という新たな成長を推進すると発表）を行い、強力な手腕と人脈・後継者の抜擢《ばってき》等により見事に立て直しを図り、国際社会から信頼を取り戻し、海外からの直接投資を呼び戻した。

グラフ（図表2−1）の1人当たり名目の国内総生産（ＧＤＰ）動向をみると、２０００年代初めまで緩やかな成長にとどまっていたことがみてとれる。その後、２００３年頃から急激に上昇し国民生活の豊かさも高まったが、そのきっかけは何か。

それは、鄧小平が抜擢した朱鎔基《しゅようき》の存在が大きいと考えられる。朱鎔基は１９９１年に上海市長から副首相に就任、１９９２年の党大会では党中央政治局常務委員に昇進、１９９３年には中国人民銀行総裁も兼任し為替・金融改革を断行、１９９８年に首相に就任後、２００１年12月に念願であった世界貿易機構（ＷＴＯ）加盟を果たし中国経済のさらなる発展を促したと言えよう。

習近平《しゅうきんぺい》国家主席は２０１４年５月に河南省を視察した際に初めて「新常態（ニューノーマル）」について言及、中国経済は高速成長期から中高速の成長ステージに入ったことを示唆した。中国は今後、「新常態」に主体的に適応し、経済成長方式を質と効率型の集約的成長へ転換、経済発展の原動力を新たな成長源泉へ転換、等を図る必要がある。

中国経済は量的で粗放的な高度成長が長く続いたため、構造問題等が山積し、習政権は難しい政策運営を余儀なくされている。中国は持続可能な発展のためには痛みのともなう改革は避けて通れない状況にある。２０１３年11月に開催された第18期「３中全会」では、改革の全面的な深化等を打ち出したが、その進ちょくは遅れている。また、人民元改革・国際化も資本流出懸念が高まり人民元安圧力が根強いなか、当局の資本規制の強化は改革に逆行した政策運営の動きがみられる。２０１５年11

月には人民元が国際通貨基金（ＩＭＦ）の特別引き出し権（ＳＤＲ）の第5の構成通貨に組み入れられることが決定し、２０１６年10月に実施された。しかし、主な前提条件の１つである「自由に使用可能な通貨」に符合しないまま管理変動相場制が維持されている。

本章では中国が抱える構造問題の深層について考察し、今後の経済および人民元の行方を占いたい。

①中国経済の行方──構造問題の深層と景気減速リスク

中国の景気は何故悪くなったのか

中国は高度成長期が終えん、実質ＧＤＰ成長率は２０１５年に前年比＋7％割れと減速基調にある。１９７８年12月に共産党主導による開発独裁のもと、改革開放政策が本格的に始動したため、実質ＧＤＰ成長率は１９８０年代が年平均＋９・３％、１９９０年代が１９９２年の社会主義市場経済の導入により同＋10・４％、２０００年代が２００１年のＷＴＯ加盟を契機に同＋10・５％と成長速度を高めた。

しかし、２０１０年代に入ってからは、２００８年9月のリーマンショックへの対応策として4兆人民元の大型景気対策や行き過ぎた金融緩和策が実施され、景気の過熱化を促したため、その反動から負の遺産として、過剰な設備や債務等の問題が浮上した。しかも、２０１２年には労働人口の減少が

図表2-1　建国後の中国の経済成長率と1人当たり名目GDP（年次：1953〜2015）

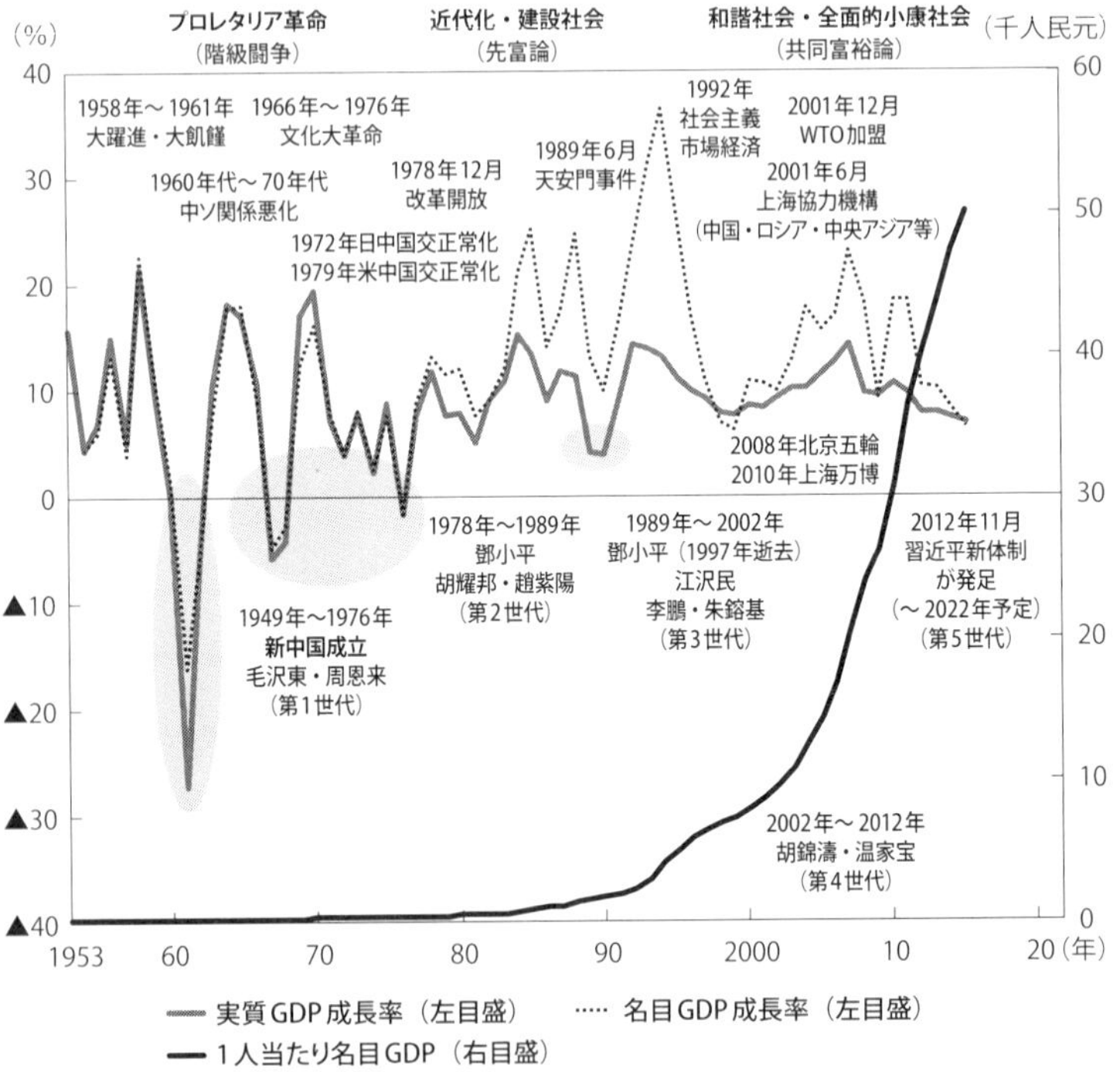

（注）実質と名目（1954年から）の国内総生産（GDP）成長率は前年比
（出所）中国国家統計局資料、CEICデータ、各種資料よりみずほ証券作成

始まり、ルイスの転換点（農村部から都市部への農業労働力が不足に転じる）も迎えた。実質GDP成長率は2012年に同＋8％割れ、2015年には同＋7％割れと景気減速の先行き不安が広がった。

中国経済の成長力をみるうえで目安となる潜在成長率は、国務院傘下の中国最大のシンクタンクである中国社会科学院の分析によると、1978年12月の改革開放から2010年までの期間は年平均成長率が＋10％前後から、2011年からの5カ年計画期には同＋7・6％、2016年からの5カ年計画期では同＋6・2％に大幅に鈍化する。潜在成長率の3つの構成要素の今後の動きについては、①労働投入量は労働人口の減少やルイスの転換により成長率寄与度がマイナス、②資本投入量は過剰設備・債務の解消や貯蓄率の低下等により同寄与度が低下方向（他方で改革による生産性のプラス面に期待）、③全要素生産性（TFP）は生産性が高い製造業部門から低いサービス部門等への労働力移行や、改革開放後38年間の外資からの技術移入によるキャッチアップ余地の縮小等により同寄与度が横ばいあるいは低下、が想定されよう。したがって、中国は今後、持続的な経済発展を図るには改革の全面的な深化、成長モデルの転換が求められている。

ゾンビ企業の整理等、供給側の構造改革が難しい問題の深層――地方政府と企業の共謀等

中国人民大学の国家発展・戦略研究院は、2016年7月に「中国ゾンビ企業研究報告――現状、原因と対策」を発表した。ゾンビ企業（経営破たんの状況にあるものの、政府や銀行等の支援により存続する企業）の識別方法として、日米の研究者が過去に採用した債務金利基準と利益基準の組み合わせによる手法を基に中国人民大学の判断基準を加え、中国の上場企業（2013年：2865社）と一定規模以

上の工業企業（2013年：34万4838社）のデータを基にスクリーニングを行い、ゾンビ企業の数と割合を析出している。特に平均利益率、資産規模、国有企業の工業企業に占める割合、民間企業を含めた工業企業のカバー率等を総合的に考慮し、一定規模以上の工業企業を中心に報告をまとめている。

ゾンビ企業の現状については、2013年の工業企業に占めるゾンビ企業の割合は7・9％であり、業種別にみると、化学繊維（18・1％）、鉄鋼（15・0％）、石油精製（14・5％）、紡織（11・2％）、非鉄（11・1％）、石炭（8・3％）と過剰な生産能力や債務を抱えている業界が散見される。2000年以降のゾンビ企業の割合の動きをみると、アジア金融危機後の最も厳しい経済時期であった2000年に27％と非常に高かったが、その後低下している。

しかし、2012年（ゾンビ企業の割合：約5％）以降、ゾンビ企業の数と割合が大幅に増加しているとの指摘に留意すべきであり、中国経済は減速の動きが強まり、2015年には＋7％割れの成長率となったこと、ゾンビ企業の整理の遅れ、等を考慮すると、ゾンビ企業の割合が10％超えに上昇したことも否定しがたい。

ゾンビ企業の整理が遅れている原因について、①政府と企業の共謀、②地方政府の重複投資と企業間競争の激化、③大規模な景気刺激策による後遺症、④海外需要の低迷、⑤銀行による差別的な待遇、の5つの項目を挙げている。

特に注目される項目として、①の地方政府の企業への関与では、企業が単純な経済問題や所有制問題ではなく、政治体制がもたらす重要な影響から抜け出しがたいこと、つまり、地方政府が就業の保障や税収入の確保が優先目標となる政治社会機能を有する重要な役割を担っているため、国有企業等を支援せざるを得ない。また、②では1994年の分税制導入により従来の地方政府が得ていた多くの税収を中央政府が集中的に管理することになったため、地方政府は「上に政策あれば、下に対策あり」の格言の通り、土地財政収入に依存する動きから不動産過熱を引き起こした。また、地方保護主義や重複投資・建設が強まる弊害を生んだ。1998年の3大改革（行政改革、国有企業改革、金融改革）時には、地方政府が大量の失業者発生等の痛みの受け皿役を強いられ、2008年のリーマンショック時には、大企業が小企業を吸収し、規模拡大による悪い競争を招くことになり、地方政府の中央政府に対する不信感が非常に強く残った。加えて、習近平が政権発足後、綱紀粛正を徹底していることもあり、中央政府が打ち出した政策・意向に対して、全国の地方政府は積極的に対応しない「不作為」問題が浮上する等、習近平の政権運営は機能低下の状況に陥るリスクが懸念されている。さらに、⑤では民間企業の融資難問題が深刻であるが、国有企業は経営困難に直面しても、"too big to fail（大き過ぎて潰せない）"との捉え方がまん延し、地方政府が銀行に圧力をかけて国有企業を支援させる動きが依然として根強いようだ。

日米中の発展過程の比較からみた中国の構造問題の深層——投資依存度が依然最も高い

2016年7月26日開催の党中央政治局会議において、下半期の経済政策方針として、①過剰生産能力の解消、在庫整理、デレバレッジ等の5大重点任務を全面的に遂行する、②資産バブルを抑制する、等が打ち出された。供給側の構造改革が①の重点任務を象徴した文言であるが、この改革が景気に与える影響がどの程度になるか、より具体的な数字で認識し、改革の行方を予想するうえで、以下、

図表2-2　2016/7/26開催の共産党中央政治局会議での主な内容

項目	内　容
「党6中全会」開催日の決定とその主要議題	10月に開催することを決定、その主要議題は「厳格な党の全面的な統治」で、「新情勢下での党内政治生活のいくつかの準則」の制定、「中国共産党党内監督条例（試行）」の改訂、等
上半期の中国経済社会に対する認識	経済情勢と金融市場は総体的に平穏である。一方で、景気の下押し圧力は依然として比較的大きく、高度に重視すべき隠れたリスクがいくらか存在する、等
下半期の経済工作の重点項目	総需要の適度な拡大、供給側の構造改革、良好な発展を予見し組み合わせの政策を通じて、経済の平穏な発展を維持し、5カ年計画（2016～20年）の良好なスタートの年にする、等
	①過剰生産能力の解消、在庫整理、デレバレッジ、コスト引き下げ、不足分の補完等の5大重点任務を全面的に遂行する、②資産バブルを抑制する、等

（出所）人民日報資料よりみずほ証券作成

中国の経済構造の状況から考えてみたい。

日米中の過去の需要項目別名目GDP構成比の動きを比較すると、中国の経済構造の歪みがいかに大きいか、明らかである。

日米中の固定資本形成対名目GDP比を比較すると、中国は2001年のWTO加盟や2005年の人民元改革、等の改革開放路線のもと、国内市場には大量の資金が循環し、地域経済の乱開発が全国的に広がり、2000年代に投資・輸出主導型に偏重した高度成長を遂げたことが認識される。中国の固定資本形成対名目GDP比は現在でも40％を超えている。一方、日本の1960年代後半から1970年代前半の高度成長期に同構成比が上昇し1973年にピークアウト（36・4％）、その後、構造転換が図られた。

しかし、中国は「世界の工場」として巨大な供給基地となり、高度成長期の終えんを迎えた今でも、需要を大幅に上回る供給能力が解消されないままに

図表2-3　日米中の固定資本形成対名目GDP比（年次：1960〜2015）

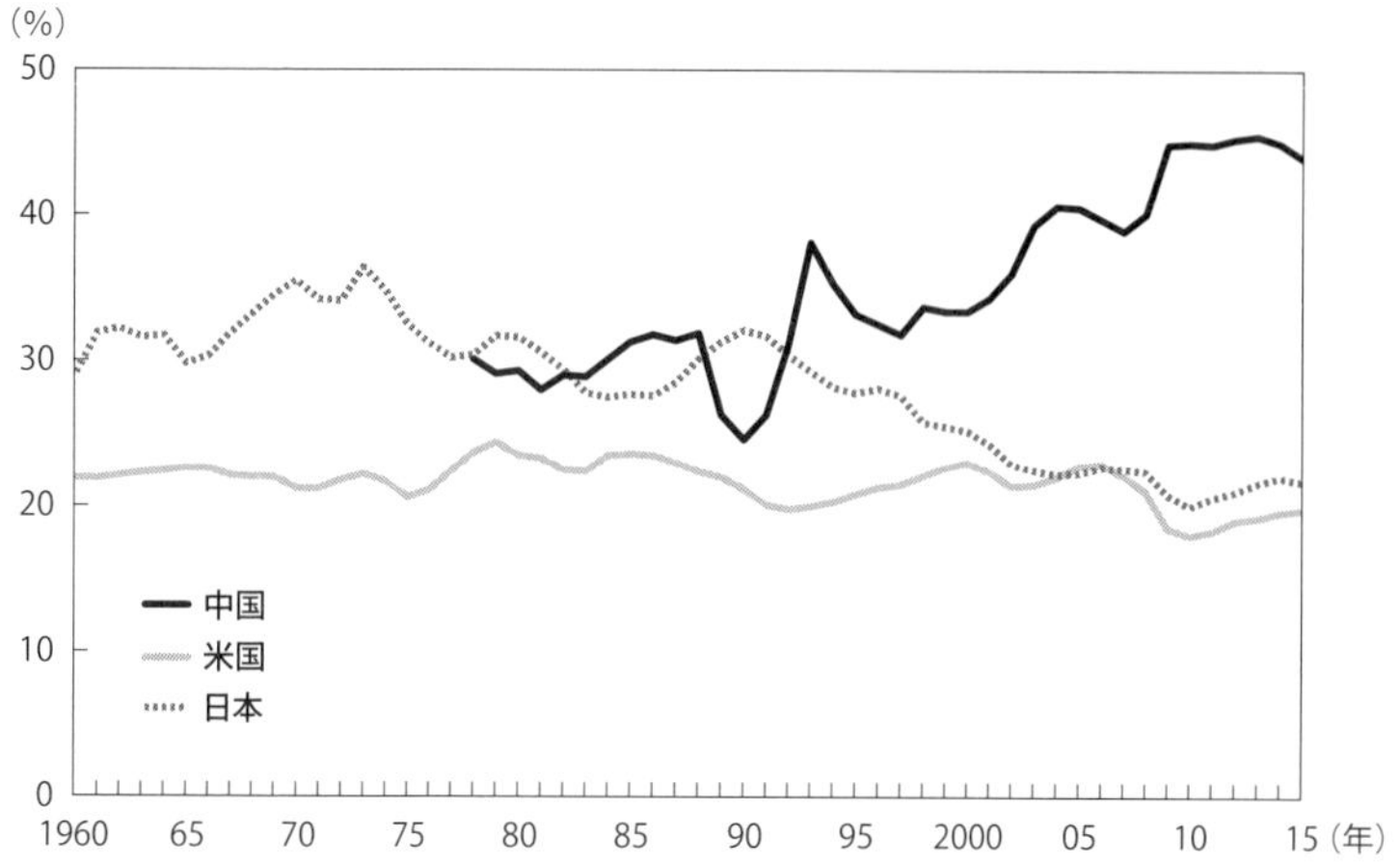

（注）中国は1978年から
（出所）中国国家統計局資料、米国商務省資料、日本内閣府資料よりみずほ証券作成

ある。習政権は供給側の構造改革を全面的に打ち出しているが、本格的に実施した場合、景気失速の可能性は否定しがたい。また、輸出の名目ＧＤＰ構成比も２００６年をピーク（35・７％）に２０１５年には22・４％に低下したものの依然、輸出依存度が高く、投資・輸出主導型の経済構造にある。

かつて日本が１９９０年代から２０００年代初頭に断行した過剰な設備・債務の解消により招いた「失われた20年」を教訓にし、中国が供給側の構造改革が本格的にできるのか。当時の日本の経済構造と比較すれば、中国の経済構造に大きなひずみがあることを考慮すると、改革が景気に与える下押し圧力がいかに大きなものになるか、想像に難くない。

金融政策の機能低下問題の深層――主力の民間投資が急減速、政策機能が日本化か

金融政策機能の低下や主力の民間投資の変調、等の動きからみると、中国が日本化（ジャパナイゼーション）する可能性があるか、今後の動向が注目される。

中国の固定資産投資の動きをみると、２０１６年に入り、主力の民間投資の悪化に歯止めがかからず、下支え役の国有企業も鈍化の兆しがみられ、１~10月累計で前年同期比＋８・３％と大幅に鈍化、政府目標（同＋10・５％）からの下方かい離が拡大した。民間投資が需給悪化や競争激化等にともなうマージンの悪化を受けて低調、６月単月では前年同月比でマイナスの伸びに転落、８月にプラス転換も10月は同＋３・４％と低迷が続く。国有企業投資はインフラ投資の拡大等（前年同期比＋19％強）により１~10月累計で同＋20％強と下支え役となっている。

中国の①マネーサプライのＭ１とＭ２の動向における異なる変化や、②流通速度（名目ＧＤＰ／マネーサプライＭ２）の低下基調の動きが示す、金融政策の機能低下の可能性に注目したい。①は、10月のＭ１（現金と要求払預金）が前年同月比＋23・９％と高い伸びを維持も、Ｍ２（Ｍ１と定期性預金等の準通貨）は同＋11・６％と伸び悩み、７カ月連続で政府目標（前年比＋13％）を下回った。中国人民銀行の盛松成統計調査司長は２０１６年７月16日に上海で開催の２０１６中国資産管理年次総会の講演のなかで、Ｍ１とＭ２の異なる動きについて、金融政策が流動性の罠《わな》に陥っていると指摘した。理由として、潤沢な市場流動性が維持されるなか、企業の慎重な投資姿勢による資金留保、普通預金と定期預金の金利差縮小、地方政府債務の借り換え時における資金の一時的な滞留、等を挙げている。加えて、不動産等を対象とする投資・回収資金の短期循環、政治・経済社会の先行き不安、等もその理由に挙げ

られよう。

②については、中国人民銀行は金融政策の中間目標である貨幣供給量の変化を通じて景気物価のコントロールを図っているが、貨幣の流通速度は２００９年に入り貨幣量の増加に反比例して急低下し、２０１１年10－12月期以降再び低下の動きに転じている。潜在成長率の低下や資金需給のミスマッチ等を背景に景気は減速基調にあるが、金融機能の低下、流動性の罠に陥る可能性の高まりを反映していると考えられ、今後の動向に注目したい。

２０１６年７月26日開催の党中央政治局会議では２０１６年下半期の政策方針について、「総需要の適度な拡大、供給側の構造改革、良好な発展を予見し組み合わせの政策を通じて、経済の平穏な発展を維持し、５カ年計画（２０１６～２０２０年）の良好なスタートの年にする」と強調していたが、習政権が改革の全面的深化と経済の安定成長が両立できるか、結論を言えば、理想論としか言いようがない。改革の全面的な深化が本格的に実施されれば、景気下押し圧力が相当に強まるため、企業経営の悪化、巨額の債務の不履行、金融システムの危機、経済のハードランディングを招き、共産党一党独裁の体制危機につながろう。このようなシナリオはあり得ないことだ。

２０１２年の共産党大会での重要な政治報告――現在の共産党体制の危機を示唆

２０１２年11月の共産党大会での胡錦濤《こきんとう》総書記による政治報告において、「亡党亡国（党が亡び国が亡ぶ）」との厳しい言葉が初めて盛り込まれたが、この背景には人民の共産党に対する信頼が大きく低下し、共産党幹部の腐敗汚職や所得格差への不満が頂点に達する状況にあったと言えよう。所得格差に

図表2-4　第18期中国共産党大会の政治報告（2012年11月）

No.	主要な項目
1	過去5年の活動と過去10年の総括（「科学的発展観」を党規約の重要思想に正式に追加。高度に重視し真剣に取り組むべき課題として、①発展の不均衡と持続不可能な問題、②所得格差問題、③一部の指導幹部の科学的発展能力の欠如、④一部の腐敗問題、等を指摘）
2	中国の特色ある社会主義
3	小康社会の全面的な建設と改革開放の全面的な深化の目標（持続的健全な発展：実質GDPと1人当たり平均収入の2020年対2010年比の倍増目標の実現、人民民主の拡大、文化ソフトパワーの増強、教育・就業・所得分配・社会保障の改善、資源節約型・環境にやさしい社会建設、等）
4	社会主義市場経済体制の改善と経済発展方式の転換を速めること（経済体制改革の全面的な深化、イノベーション主導の発展戦略、経済構造の戦略的調整、都市・農村の発展の一体化、開放型経済水準の全面的な引き上げ）
5	中国の特色ある社会主義政治発展路線の堅持と政治体制改革の推進
6	社会主義文化強国の建設
7	民生の改善と社会管理のイノベーションのなかでの社会建設の強化
8	生態文明建設の強力な推進
9	国防と軍隊の現代化推進を速めること（海洋・宇宙・サイバー空間の安全に高度に注力）
10	「一国二制度」の実践と祖国統一の推進
11	人類の平和と発展の促進に関する事業を継続
12	党の建設の科学的水準の全面的引き上げ（党の執政能力建設を強化すべき。精神的怠惰、能力不足、人民からのかい離、腐敗のリスクが党全体に一層まん延しており、「亡党亡国」の厳しい文言が盛り込まれている）

（出所）人民日報資料、中国共産党新聞資料（2012年11月8日）よりみずほ証券作成

ついては、北京大学の発表によると、2012年のジニ係数（0～1のレンジのうち、数値が大きくなれば所得格差が大きいことを示す指標）が0・7程度と危険ラインである0・5を大幅に上回る水準に達している。習近平政権の発足において、政治的な問題がクローズアップされたのは、以上のような背景があったためである。

習近平は2012年11月15日の共産党総書記就任以降、権力掌握を最優先事項とし、反腐敗を旗印に有力幹部を相次いで拘束・逮捕した。党最高指導部（周永康《しゅうえいこう》・元党中央政治局常務委員）、軍のトップクラス（徐才厚《じょさいこう》、郭伯雄《かくはくゆう》の元党中央軍事委員会副主席）が虎退治（高級幹部に対する綱紀粛正）の代表格として挙げられる。また、反腐敗・綱紀粛正の運動が進むなかで、公共事業の許認可等の業務は贈収賄の疑いがかけられやすいため、保身に走る共産党・政府幹部の「不作為」が広がる等、政治的な問題が中央政府の経済政策の進ちょくを遅らせ、経済的な問題にまで発展していることが報道されている。

一方、成長の恩恵を受けていない中国人民に歓迎されるような民生の改善に関する政策が、従来よりも重視され、計画が打ち出された。政治報告の第3番目には「実質GDPと1人当たり平均収入の2020年対2010年比の倍増目標の実現、教育・就業・所得分配・社会保障の改善、等」が盛り込まれた。中華民族の偉大な復興として2つの100周年を目標に掲げられた「中国の夢」のうち、1つ目は中国共産党結党100周年にあたる2021年を控え、小康社会（ややゆとりのある生活の社会）の全面的な建設を実現することである。

実質GDPと1人当たり平均収入の2020年対2010年比の倍増目標の実現には、2016年からの5年間の年平均成長率で＋6・5％以上が必要であるが、同期間の潜在成長率（＋6％程度）から大きくかい離していないため、特に問題ないように思われる。しかし、この目標は内外の経済情勢を考慮すると、景気下押し圧力の抑制を前提にしなければ実現できないと考えられ、構造改革の推進は限定的なものになろう。改革の先送り、あるいは漸進的で限定的な改革にとどまれば、構造問題の深層として取り上げた課題が深刻化し、潜在成長率の一層の低下を招き、中所得国の罠に陥る可能性が高まろう。また、中国政府は経済政策として積極財政の強化等を実施しているため、現在抱える過剰債務リスクが高まり、金融危機の発生につながりやすくなることが想定されるため、もう1つの「中国の夢」である建国100周年の2049年に「富強民主文明と調和のとれた社会主義近代化の国家建設の実現」に至る前に、非常に厳しい経済状況に陥る可能性が高いと想定される。

「未富先老」に陥るか――高齢化の進行が早まる動き

中国の人口動態も考慮すると、「未富先老（豊かになる前に老いる）」に陥る可能性が高まろう。少子高齢化、特に高齢化のスピードが速いため、将来的に社会保障費等の財政負担が増加し、地方債務問題等を含めて財政問題が大きくなることが想定される。2016年7月22日に人力資源・社会保障部（日本の厚生労働省に相当）が記者会見を開催した。人口の高齢化および労働人口の減少に関する内容および2人の中国専門家の関係資料、中国社会科学院の資料をもとに以下、筆者の考えを述べたい。

まず、中国の高齢化の特徴は何か。それは急速に高齢化が進む時代に突入したことである。中国では、国際基準の高齢化（65歳以上）と異なり、中国の労働年齢人口の定義（16～59歳）から、60歳以上を高齢者とみなしているようだ。ここでは中国の高齢者の定義をもとに話を進める。

図表2-5　中国の実質GDP成長率と潜在成長率、所得、高齢化（年次：2000～2020）

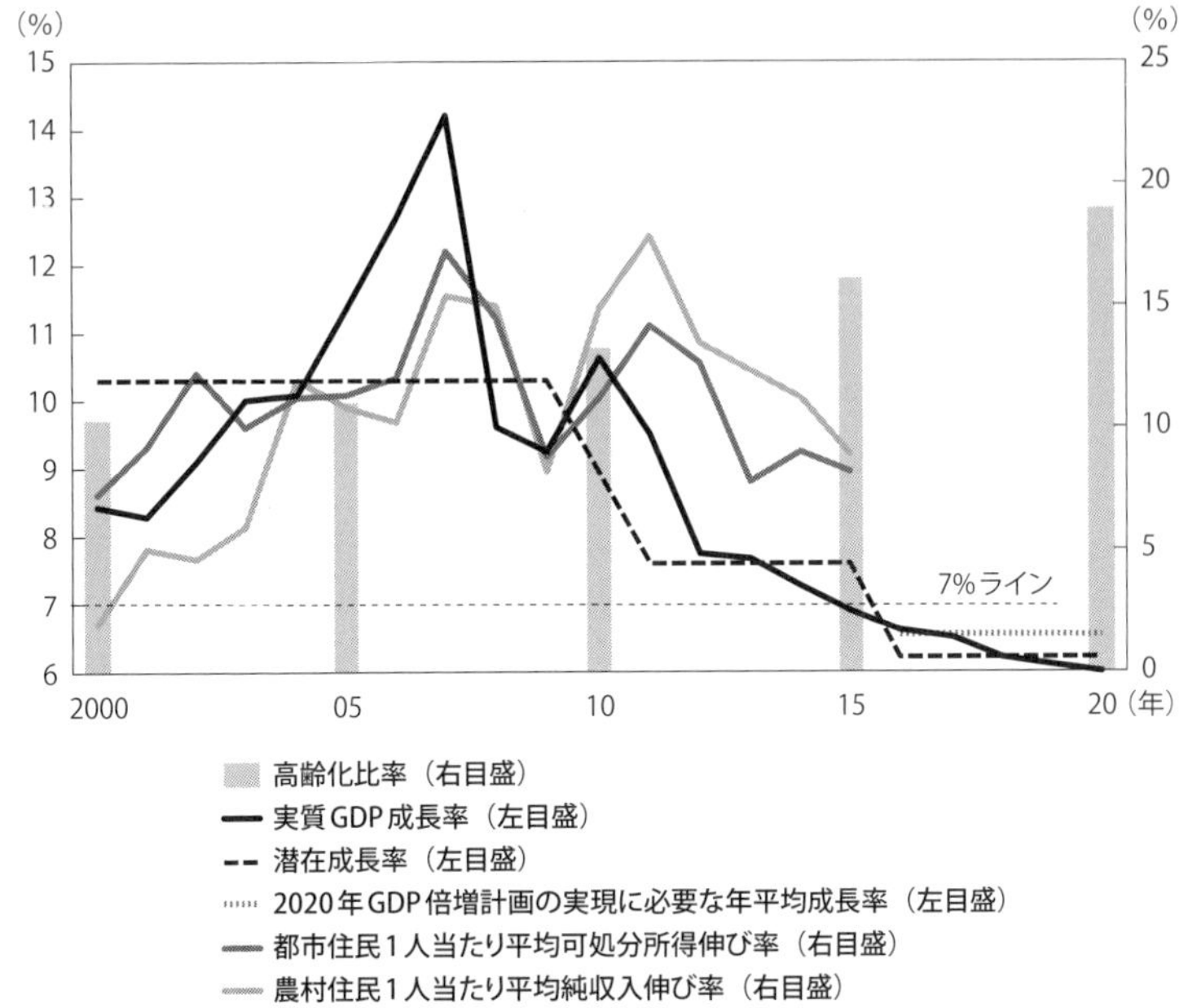

（注）前年比、潜在成長率は中国社会科学院が公表した1995～2009年の年平均、2010～15年の年平均、2016～2020年の年平均の数値。高齢化比率は60才以上の人口比率で、2020年は国連人口統計よりみずほ証券試算。2020年のGDP倍増計画（対2010年比）の実現に必要な2016年以降の年平均成長率はみずほ証券試算。2016～20年の実質GDP成長率はみずほ証券予測

（出所）中国国家統計局資料、中国社会科学院資料、CEICデータ、国連人口統計よりみずほ証券作成

中国の高齢者人口は2015年に約2・2億人で総人口に占める比率が16・1％と高齢社会(世界保健機構・国連の定義：65歳以上の高齢者の総人口に占める比率が14％超)に入っており、2020年には2・6億人以上で同19％強と超高齢社会(同：21％超)に近づく見通しである。①高齢化社会(高齢者比率：7％超)から高齢社会(同14％超)の所要期間、②高齢社会から超高齢社会(ここでは同20％とする)の所要期間について日中両国を比較すると、日本が①で24年、②で12年に対して、中国は①で25年、②で9年と高齢化のスピードが速くなる。

人口動態からみて高齢者となる人数が増えるなかで、中国は平均寿命の伸びも速まっている。2010年の平均寿命の世界比較によると、世界が69・6歳、高所得国・地域が79・8歳であるが、中国は中所得国(69・1歳)のなかでも74・8歳と高い水準にある。しかも2000年から2010年の期間に平均寿命が3、4年も伸びて世界平均よりも高い。今後、中国は高齢化のスピードが速いため、将来の社会保障負担が大きくなる課題を抱えることになろう。

次に、中国の労働年齢人口については、2012年から減少(前年比▲345万人)に転じ、2013年(同▲244万人)、2014年(同▲371万人)、そして2015年には同▲487万人の9億1100万人となった。人力資源・社会保障部の発表によると、今後労働年齢人口は減少基調が続き、2030年には8億3000万人となり、特に2030年以降、急激に減少し始め、2050年まで年平均で760万人が減少し2050年には7億人程度になる見通しである。これは労働投入の減少や資本投入の低下(貯蓄率の低下)に影響し、潜在成長率の低下ペースを速めることにつながる。また、中国は、現在の日本社会でみられるような、年金財政の先行き破たん懸念、労働者の社会保障費負担の高まりや年金受給年齢の引き上げ、等が大きな課題となろう。

さらに、中国の社会保障体制の不公平性も大きな問題である。中国の経済社会は約30年間にわたり奇跡的な高成長を遂げる一方で、利益分配の不均衡が強まり、所得の格差が大きく広がり、さらに社会保障分野（農村戸籍の出稼ぎ労働者およびその家族：居住地区において社会保障制度が受給の対象外であり、子供の教育でも通学できない）にも不公平性が浸透していることを加味すると、総合的な生活水準の格差は非常に大きくなっている。

確かに、2011年からの5カ年計画の期間に、国民皆保険の時代に入ったと言われている。医療保険は労働者基本医療保険、都市住民基本医療保険、農村住民新型合作医療の3つの基本制度が成立し、全国の95％以上をカバーしている。年金保険は労働者養老保険、農村住民養老保険、都市住民養老保険の基本制度が確立し、保険加入者が2015年10月末には8億5200万人で全国の95％をカバーし、全国約2億人の高齢者に給付されている。ただし、たとえば、企業従業員の年金受給額が月額2500人民元程度に対して、農民の年金受給額は毎月（最低水準）70人民元程度と格差が大きい。そのため、2016年からの5カ年計画では、改革の全面的深化の本質の1つである利益関係の大調整（公平、公正）が目標に掲げられている。

このように、中国は潜在成長率の低下、社会保障費の財政負担の急増が想定されるなか、習近平の政権任期（2012〜2022年）は残りの6年数カ月であるが、この期間が中国の将来を決定づける重要な時期であり、構造改革の全面的な深化をどの程度推進できるかが、「未豊先老」に陥るか否かを左右することになろう。

債務リスクと財政問題——日本バブル時を上回る債務処理が景気下押しと財政悪化の要因に

中国は2016年経済工作の5大重要任務の1つに、デレバレッジ（債務の縮小）を掲げている。2008年9月のリーマンショック時に対応策として打ち出した大型景気対策と行き過ぎた金融緩和策の実施をきっかけに、企業債務は急増した。特に1990年代の日本のバブル形成・崩壊時（1994年末ピーク時の企業債務対名目GDP比率：149％）の企業債務リスクと比較すると、中国の企業債務対名目GDP比率は2008年下半期の97％から2016年1–3月期には169％と、水準の高さや増加ペースで上回っている。

中国政府が企業のデレバレッジを進めるには、まず、ゾンビ企業や第3セクター（地方政府の融資プラットホーム）等を対象に不良債権を認定することが必要であろう。1998年には朱鎔基首相が3大改革（行政改革、国有企業改革、金融改革）を打ち出した後、既得権益層の強い反発に屈することなく、主要商業銀行に不良債権の精査を厳格に行わせ、より正確な不良債権比率（2002年末：23・6％）を公開したことにより、財政出動による不良債権処理を速やかに行うことができた。習近平主席に朱鎔基のような行動ができるか、に注目したい。

次に、財政余力があるか。IMFの公表値では2016年1–3月期の中国政府債務対名目GDP比率が45％、政府が担保責任や一定の支援責任を負う偶発債務を含めると50％～60％程度に増えると推定されるが、それでも不良債権処理をする財政余力はあると言えよう。日本の政府債務対名目GDP比率は、2000年に入り不良債権処理を本格化した時の動き（企業債務対名目GDP比率：1997年末の142％から2004年に105％前後に低下）をみると、1997年末の86％から2004年には

図表2-6　中国と日米の企業債務対GDP比率（四半期：1985/3～2016/3）

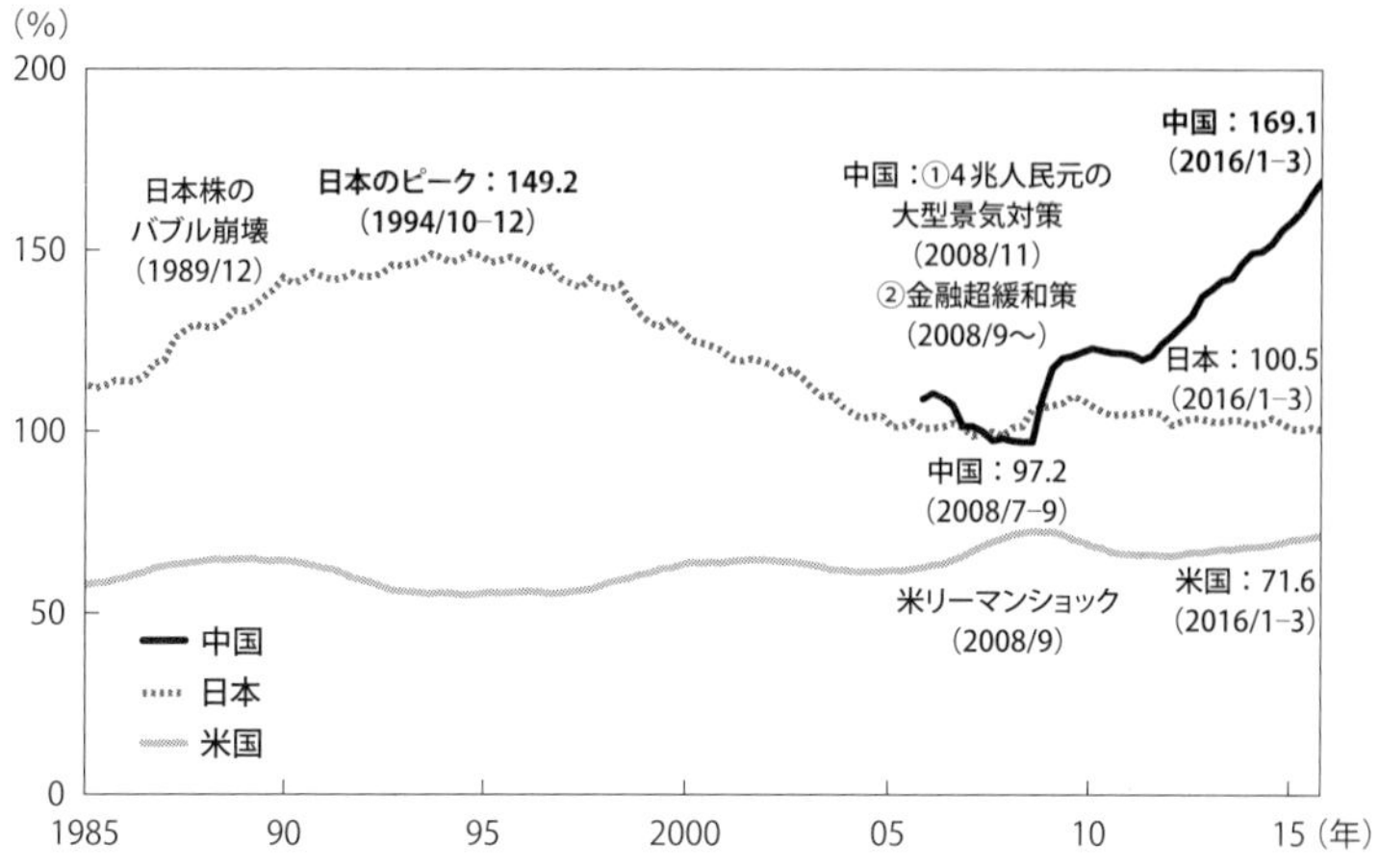

（注）中国は2006年1-3月期から
（出所）国際決済銀行（BIS）資料よりみずほ証券作成

１５０％程度に上昇した。日本のケースを単純に中国に当てはめると、中国の政府債務対名目ＧＤＰ比率は１００％～１３０％程度に上昇すると推定される。

ＩＭＦが推計した中国の潜在的リスク債権
——中国当局公表の不良債権の６倍以上

ＩＭＦが公表の「GLOBAL FINANCIAL STABILITY REPORT（２０１６年４月）」において、中国企業（対象企業：上場企業２６０７社と非上場企業２６４社）のインタレスト・カバレッジ・レシオ（支払利息に対する減価償却前営業利益の割合：「ＩＣＲ」と略称）からみた潜在的リスク債権分析が報告されている。ＩＣＲが１未満（利益で利息が支払えないケース：潜在的リスク債権）の企業向け債権比率が２０１５年は15・５％に上昇した。２０１０年の５％弱から２０１２年に10％強に上昇、２０１３年に8％程度に低下したが、２０１４年（10％弱）から上昇の動きに転じた。

ＩＣＲが１未満に該当する業種別の借入金総額に占める割合をみると、リスクが高い順で鉄鋼業が39％、卸・小売業が35％、鉱業が35％、建築業が19％、製造業が18％、交通輸送が18％、不動産業が11％、ＩＴ業が９％、等である。商業銀行の上場企業向け貸出総額の52・６兆人民元（２０１５年12月末）に、ＩＣＲが１未満の借入割合を単純にかけると８兆１５３０億人民元となる。

なお、中国の銀行業監督管理委員会（略称：銀監会）の公表ベースでは、商業銀行の貸出総額（企業向け、個人向け等、すべての貸出額合計）に対する不良債権比率は２０１５年12月に１・67％となり、その貸出総額が１兆２７４４億人民元である。

理財商品とシャドーバンクのリスク――銀行の資産リスクも連動、規模の急拡大で要注意

個人投資家等の間で銀行預金より高い金利の理財商品が人気商品であり、その残高が急増しているが、購入者はリスク状況の説明をしっかりと受けているか疑問がもたれている。「中国銀行業理財市場年度報告（２０１５年）」によると、銀行販売の理財商品の残高は２０１３年12月末の10兆人民元超から２０１５年12月末には23・５兆人民元と２年間で２倍以上に拡大。そのうち、元本保証なしで変動金利の理財商品は全体の74・２％を占めている。

また、２０１５年12月末の理財商品の資産残高のポートフォリオをみると、特にシャドーバンク等で構成する「非標準化債権類資産」は銀監会が監督管理規制を強化中の資産であり、全体の15・７％（金額で３・７兆人民元）を占め、銀行のオフバランス資産として留意が必要だ。

理財商品（シャドーバンク関係資産を含む）は商品の内容が分かりにくく、販売サイドの説明も不十分である。投資家は高いリターンに注目しがちでリスク認識が甘くなるため、仮に理財商品の投資先に債務不履行が発生し投資家に大きな損失が生じるような状況になった場合、どういう問題が起きるかが懸念される。元本保証なしで変動金利の理財商品が多いなか、投資家が素直に損失を受け入れるか、疑問である。もっとも、理財商品の損失が大きくなるのは、中国経済のハードランディングに陥った場合等であり、現状では考えにくいケースだが、理財商品は銀行の資産とオフバランスの拡大と関係するため、今後の動向に留意しておく必要があろう。

2020年以降に中国の経済規模は米国を抜く勢い――チャイナリスクの高まりが危機に発展も

日米中の2015年の名目国内総生産（GDP）規模を比較すると、中国が約11兆ドルと米国（18兆ドル程度）を速いペースで追い上げるが、投資・輸出主導型の成長パターンはすでに限界に達しており、負の遺産が山積するなか、マクロ政策のコントロールが難しくなる方向にある。

このような経済情勢のもと、中国政府が過剰な設備と債務の解消を本格化すれば、政策運営の混乱や社会不安が高まり、習政権の維持が困難になる可能性が高いと想定される。したがって、習政権は2020年の実質GDP・1人当たり所得の倍増目標（2016年から年平均+6・5%の成長が必要）の実現を優先し、設備と債務の解消は緩やかに推進され、安定成長の維持が図られよう。問題は、負の遺産が次世代の政権に引き継がれ構造問題が大きくなり、経済政策の効果が発揮し難い状況に行き着き、景気失速のケースに至るとすれば、それはいつ頃かである。2020年以降、中国の経済規模は

図表2-7　日米中の名目国内総生産（GDP）規模（年次：1960～2015）

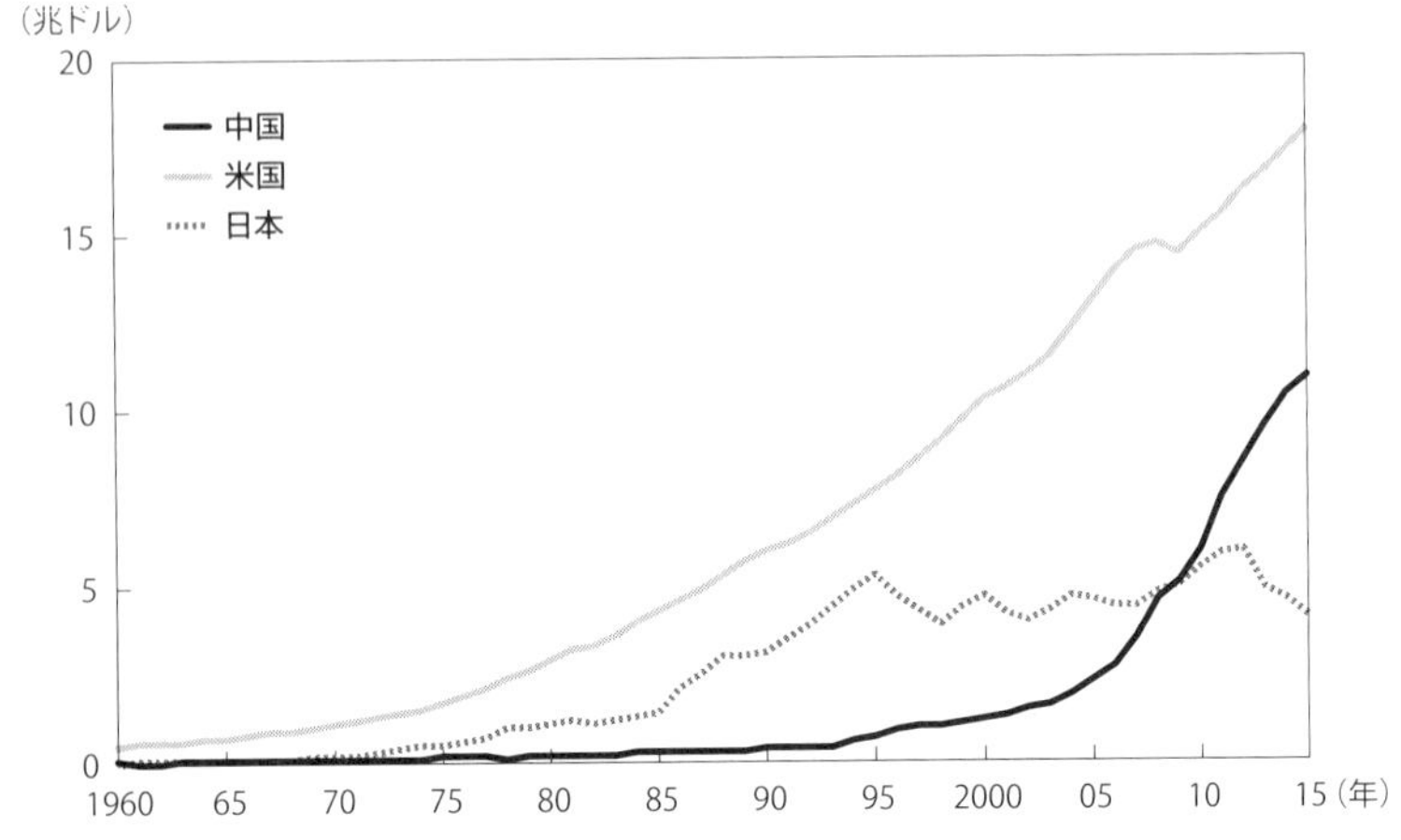

（出所）世界銀行資料よりみずほ証券作成

米国に追いついていることが想定され、もしも、チャイナリスクが危機的な状況に発展した場合、世界経済への影響は計り知れない。習政権の経済社会の政策運営の重要性がいかに大きいか、しかし、習近平は２０１２年11月の共産党総書記就任以降、反腐敗・綱紀粛正、権力闘争・掌握等、政治問題を最優先する動きが目立ち、経済社会の環境改善がおろそかになり、景気の先行き不安は払しょくし難いと言えよう。このような動きが２０２２年の習近平の第２期政権の任期満了まで続けば、共産党体制の危機発生の可能性は高まろう。

内憂外患の習政権、中国は歴史的に政治体制・社会構造の壁が高く、改革の前途は厳しい

中国研究者として中国でも名高い、米国人のディビッド・シャンボー氏が著書の『中国グローバル化の深層』のなかで、「中国は要するに、

きわめて狭量で自己中心で現実的な国家で、国益と力の最大化のみを追求しているという結論に達した。（中略）心配すべきはむしろ、不安で、混乱していて、苛立ち、怒り、不満顔で、わがままで、喧嘩腰で、孤立した大国のほうだと思う」と指摘している。筆者も30数年前に中国に留学し長きにわたり（一時期を除く）中国と関係してきたが、この指摘の一部に賛同できる箇所がある。

中国は広大な国土と膨大な人口、多民族性（95％以上の漢民族以外に、55の少数民族）、地域の多様性や根強い地方分権色、等から国内統治の維持が難しい国情にあるため、内政を優先する政権運営にならざるをえず、対外的にはディビッド・シャンボー氏が指摘するようにネガティブな印象を与え、政治・経済交流にも影響を及ぼす。特に習近平政権が発足し従来の集団指導体制から独裁的な体制（習近平に権力集中）への移行により権力闘争が激化、中華民族の偉大な復興を掲げるも世界第2の経済大国としての十分な発言力と国際的地位も得られず、領土問題に強い不満を有する、等から対外的には強硬な外交姿勢が目立つ。習近平国家主席は内憂外患のなか、難しい政策運営に直面している。

ここで、中国の半封建主義・半帝国主義の近代史において、科挙エリートであり強力な軍隊を率いるリーダーとして内乱や欧米日等の列強国に抗するため、「中国の大事」に関係した李鴻章《りこうしょう》について、岡本隆司氏が著書の『李鴻章――東アジアの近代』のエピローグにおいて指摘した興味深い内容を以下、紹介する。「清朝の命運を背負った柱石だったことにまちがいはない。それなら、その地方大官としての事績は、といえば、やはり不本意なものだった。とりわけ20年間の『洋務』と『海防』をしかりとする。（中略）中国の政治体制・社会構造という壁にぶつかって、やむなく生じた結果なのであり、かれの期するところではなかった。（中略）そしてその壁は、（中略）以後いまに至る中国の改革家・革命家すべてに共通する問題でありつづけ、かれらも同じく、挫折をくりかえしてきたのではなかったか」との個所である。

中国共産党は1921年に発足し、1949年10月に建国を果たしたが、「毛沢東をはじめとする現在の指導者たちは、中国のナショナリズムの高まりのなかで誕生し、成長した人々である」と言われている。現代では情報通信技術が急速に発達しグローバル化が進展するなか、インターネットのブログで発信される中国人民の声が、瞬時に全世界に伝わり中国の政治社会に大きな影響を与えるようになったため、中国共産党の指導部層は言動や政策運営の面で、大規模なデモが広がらないように警戒体制を強めている。

習政権は権力闘争等の厳しい政治問題だけでなく、経済社会問題への対応も構造改革の痛みが直接的に影響する多くの低所得層・貧困層の反感を買い、大規模なデモが発生する可能性が高いため、改革の全面的な深化、大胆な改革には慎重に対応しよう。現在も、中国の指導者層は政治体制・社会構造という大きな壁の前で、厳しい政策運営を余儀なくされ、歴代の指導者層が回避していた改革の本丸に手を付けることが難しいことに大きな変化はないと考えられる。

6中全会で習近平が「党中央の核心」に決定、党大会に向け優位な人事主導権の行使へ

2016年10月27日閉幕の中国共産党第18期中央委員会第6回全体会議（6中全会）において第19期中国共産党大会の開催日程が2017年下半期と決定、最も注目された「習近平党総書記が党中央の『核心』という別格の指導者に位置づけられるか」については6中全会のコミュニケに盛り込まれた。

図表2-8　中国第13次5ヵ年計画（「十三五」計画 2016～2020年）の25項目の目標

	（分類）・項目		20年目標（A）	5年累計（＝A−B）	目標の性質	15年実績（B）
①経済発展（4項目）						
1	実質GDP成長率（年平均　%）		6.5以上		予期性	7.8（2011～15年）
	名目GDP規模（兆人民元）		92.7以上			67.7
2	労働生産性（万人民元/人）		12以上		予期性	8.7
3	都市化率	常住人口都市化率（%）	60	3.9	予期性	56.1
		戸籍人口都市化率（%）	45	5.1		39.9
4	第3次産業のGDP構成比（%）		56	5.5	予期性	50.5
②イノベーション駆動（4項目）						
5	研究開発（R&D）費比率（対GDP比%）		2.5	0.4	予期性	2.1
6	1万人当たり発明特許の保有数（件）		12	5.7	予期性	6.3
7	科学技術進歩の経済成長に対する貢献度（%）		60	4.7	予期性	55.3
8	インターネット普及率	固定ブロードバンド家庭普及率（%）	70	30	予期性	40
		移動ブロードバンド顧客普及率（%）	85	28		57
③国民生活福祉（7項目）						
9	国民平均可処分収入の年平均増加率（%）		6.5以上		予期性	
10	平均教育年数（年）		10.8	0.57	約束性1	10.23
11	都市部就業者新規増加数（万人）			5,000以上	予期性	
12	農村貧困人口削減数（万人）			5,575	約束性2	
13	基本年金保険加入率（%）		90	8	予期性	82
14	都市バラック地区の住宅改造戸数（万戸）			2,000	約束性3	
15	平均予測寿命（歳）			1	予期性	
④資源環境（10項目）						
16	耕地保有面積（億ha）		1.24	0	約束性4	1.24
17	新規増加建築用地規模（万ha）			217以下	約束性5	
18	GDP1万人民元当たり水使用量削減率（%）			23	約束性6	
19	単位GDP当たりエネルギー消費削減率（%）			15	約束性7	
20	非化石の1次エネルギー消費に占める比率（%）		15	3	約束性8	12
21	単位GDP当たり二酸化炭素排出削減率（%）			18	約束性9	
22	森林発展	森林カバー率（%）	23.04	1.38	約束性10	21.66
		森林蓄積量（億m^3）	165	14	約束性11	151
23	大気の質	地級およびそれ以上の都市の空気品質優良日数比率（%）	80以上		約束性12	76.7
		微小粒子状物質（PM2.5）の目標未達（35μg/m3基準超え）の地級およびそれ以上の都市の濃度引き下げ（%）		18		
24	地表水の質	Ⅰ～Ⅲ類（水源水、飲用水等）の比率（%）	70以上		約束性13	66
		Ⅴ類および以下の水質（主に農業用水）の比率（%）	5以下			9.7
25	主要汚染物質排出量削減（%）	化学的酸素要求量		10	約束性14	
		アンモニア態窒素		10		
		二酸化硫黄		15		
		窒素酸化物		15		

（注）16と17の項目の単位は政府公表のムーをみずほ証券試算でhaに換算。網掛けの項目は「十二五」計画（2011～15年）と比較し新規に追加された項目。目標の性質は中国語の解釈として、「予期性」が「予想される、または期待される」、「約束性」が「必達」に近い意味

（出所）中国の全人代の政府活動報告資料、国家統計局資料等よりみずほ証券作成

これにより習近平の権威が高まり、人事の主導権を有利に行使できる体制が整い、習近平の独走体制が名実ともに確立したと言えよう。長期政権を目指す習近平は第2期の政権の権力掌握の強化に多くの時間と労力を費やす可能性が高いため、チャイナリスクが一層高まろう。

②人民元の行方――人民元の改革・国際化の限界

IMFのSDR構成通貨入りも赤信号が点灯

中国の経済規模（名目ドルベース）は2015年に日本の約2・7倍、米国の6割程度に拡大、2020年代には米国に近づくことが想定される。人民元改革・国際化も、2015年11月に国際通貨基金（IMF）が人民元を特別引き出し権（SDR）の第5番目の構成通貨に決定した通り、世界経済における中国の地位が着実に高まっている。

人民元改革・国際化の節目となる主な歴史的重要イベントとして、まず、1978年12月の改革開放後、1994年1月の二重相場制の廃止・単一の管理相場制の導入、次に2005年7月の管理変動相場制への移行、さらに2009年7月の人民元クロスボーダー取引の開始、そして2015年11月のIMFによる人民元のSDRの第5の構成通貨の決定、等が挙げられる。

しかし、中国人民銀行は2015年8月11日に人民元切り下げを発表。事前の市場との対話がないまま実施されたため、市場関係者は驚きとともに景気の先行き不安を感じたようだ。世界商品市場も人民元の切り下げ、景気の先行き悪化等の連想から、敏感に反応し、２０１５年10月下旬以降、人民元は下落の動きが強まり、２０１６年は1月に市場取引が開始されるやいなや、中国からの資本流出懸念が広がり、人民元安が加速、世界の金融市場はチャイナショックに大きく揺れた。

現在では資本移動に関する規制が強まり、人民元の改革・国際化に逆行する動きが顕在化している。ここではこれまでの人民元改革・国際化の動きとその背景および、金利と資本取引の自由化を含めた金融改革の動向について説明する。

人民元改革――朱鎔基が２００１年のＷＴＯ加盟に向け、経常取引での通貨の自由化を含め促進

ここで、中国のＷＴＯ加盟までの重要な出来事をふりかえると、まず、１９８９年6月の天安門事件（政治の民主化を掲げて天安門広場に集結していた大学生を中心としたデモ隊に、党指導部の命を受けた人民解放軍が無差別に武力弾圧を行使しデモの鎮圧を図った事件）が発生し、国際社会からは厳しい批判が起こり、中国経済は海外からの直接投資抑制等を受けて、ハードランディングに陥った。

鄧小平はこの窮地を脱するために、１９９２年の第14期共産党大会において社会主義市場経済の確立を盛り込んだ報告を採択させて改革開放路線を確実にすることを対外的にアピール、海外からの外資を再び呼び込むことに成功した。これに先立ち、鄧小平は１９９１年に朱鎔基を上海市長から副首相に抜擢、１９９２年の共産党大会において党中央政治局常務委員に昇進させた。１９９３年に朱鎔基は中国人民銀行総裁も兼任し為替・金融改革を断行、１９９４年1月にはＷＴＯ加盟を視野に、加

図表2-9　人民元と主な関係イベントの動き（1979〜2015年）

年	月	人民元動向	年	月	主な関連イベント
1979	3	国家外貨管理局設立	1979	1	中米国交正常化
1980	10	外貨調達業務（外貨留保をもつ輸出企業に対して中国銀行が市場価格で需給調整する）を開始	1980	4	国際通貨基金（IMF）加盟
1981	1	内部決済相場を開始			1980年以降、深セン、珠海、汕頭、厦門等を経済特区に決定
			1984		さらなる対外開放政策として、14の沿海開放都市（北の大連から上海、広州、南の北海まで）を決定
1985	1	人民元相場を公定相場に一本化（内部決済相場を廃止）	1985		1985年以降、長江デルタ、珠江デルタ等を経済開放区に決定
1986	11	外貨調整センター設立	1986	7	関税及び貿易に関する一般協定（GATT：その後GATTを含むWTO協定が1995年に発効）に加盟復帰申請
1988	3	各地に外貨調整センター設立、公開市場を開始			
			1989	6	天安門事件発生
1991		外貨調整センター相場を自由化、公定相場と外貨調整センター相場が並存する体制の開始	1991	4	朱鎔基が副首相に就任
			1992	10	第14回共産党大会、社会主義市場経済体制の確立を盛り込んだ党大会報告を採択。朱鎔基副首相が党中央政治局常務委員に抜擢
			1993		朱鎔基副首相が中国人民銀行総裁を兼任、為替・金融改革を断行
1994	1	二重相場制を廃止、単一の管理変動相場制を導入（同時に外貨集中制度を導入）、4月にインターバンク外為市場を設立			
1996	12	IMF8条国に移行、経常取引における通貨の自由化がスタート			
			1997	7	アジア通貨危機の発生
					香港返還
			1998	3	朱鎔基が首相に就任。三大改革（行政改革、国有企業改革、金融改革）を断行
			2001	12	世界貿易機構（WTO）加盟
2005	7	人民元管理変動相場制へ移行、21日の基準値が約2%切り上げられ、人民元の1日の対米ドル変動幅（上下0.3%）の取引を開始			
2007	5	人民元の1日の対米ドル変動幅を拡大（上下0.5%）			
			2008	9	リーマンショックの発生
2009	7	クロスボーダー人民元決済開始			
2012	4	人民元の1日の対米ドル変動幅を拡大（上下1.0%）	2012	2	中国人民銀行は「資本取引自由化を加速する条件が基本的に熟した」と題するレポート（日程計画含む）を発表
2014	3	人民元の1日の対米ドル変動幅を拡大（上下2.0%）		夏	欧州債務危機の再燃
2015	8	11日に人民元の対ドル為替レート仲値を1.8%切り下げ			
	11	IMFによる人民元のSDR構成通貨の決定			
	12	中国外貨調整センター（CFETS）が新たな量的指標としてCFETS人民元指数を公表、市場の変化を正確に反映した指標に位置づけ	2015	10	金利の原則自由化を決定

（注）人民元の国際化に関する経緯（詳細）は図表2-11を参照のこと

（出所）人民日報資料、中国人民銀行資料、各種資料よりみずほ証券作成

盟条件として求められていた公定相場と外貨調整センター相場の二重為替相場を廃止、単一の管理変動相場制を導入した。

その後、1996年12月にIMF8条国に移行、経常取引における通貨の自由化がスタート、1998年3月には首相に就任し3大改革（行政改革、国有企業改革、金融改革）を断行、財政・経済金融の再建を図ることに大きく貢献し、2001年12月に中国は念願のWTO加盟を実現した。

中国経済は2003年から前年比＋10％台の成長率に乗せ、高い成長が続き、貿易黒字とインフレ圧力により2005年に人民元の管理変動相場制への移行が促されることになる。

2005年の管理変動相場制移行の要因――貿易黒字拡大による外圧と資本流入によるインフレ

人民元対ドル固定相場制の維持が貿易黒字の拡大および人民元高期待による資金流入増を招き、新たな人民元改革を促す要因となった。

2001年12月のWTO加盟以降、貿易黒字が拡大、特に対米貿易黒字は2001年の281億ドル（中国全体の貿易黒字：231億ドル）から2005年には1142億ドル（同：1021億ドル）と4倍以上になった。米国産業界・政界からは人民元切上げの要請が強まり、貿易面での制裁も懸念されていた。また、中国の国内市場では大量の資金が循環しインフレを招きやすい経済環境をつくり、中国人民銀行は難しいマクロ政策運営を余儀なくされていた。このような内外の要因が人民元改革を促し、2005年7月に人民元の対ドル固定相場制から管理変動相場制に移行することになった。

ただし、人民元改革は「主体性、制御可能性、漸進性」の3つの基本原則のもとで推進されたため、

図表2-10　人民元レートと外貨準備残高（月次：2001/1～2016/10）

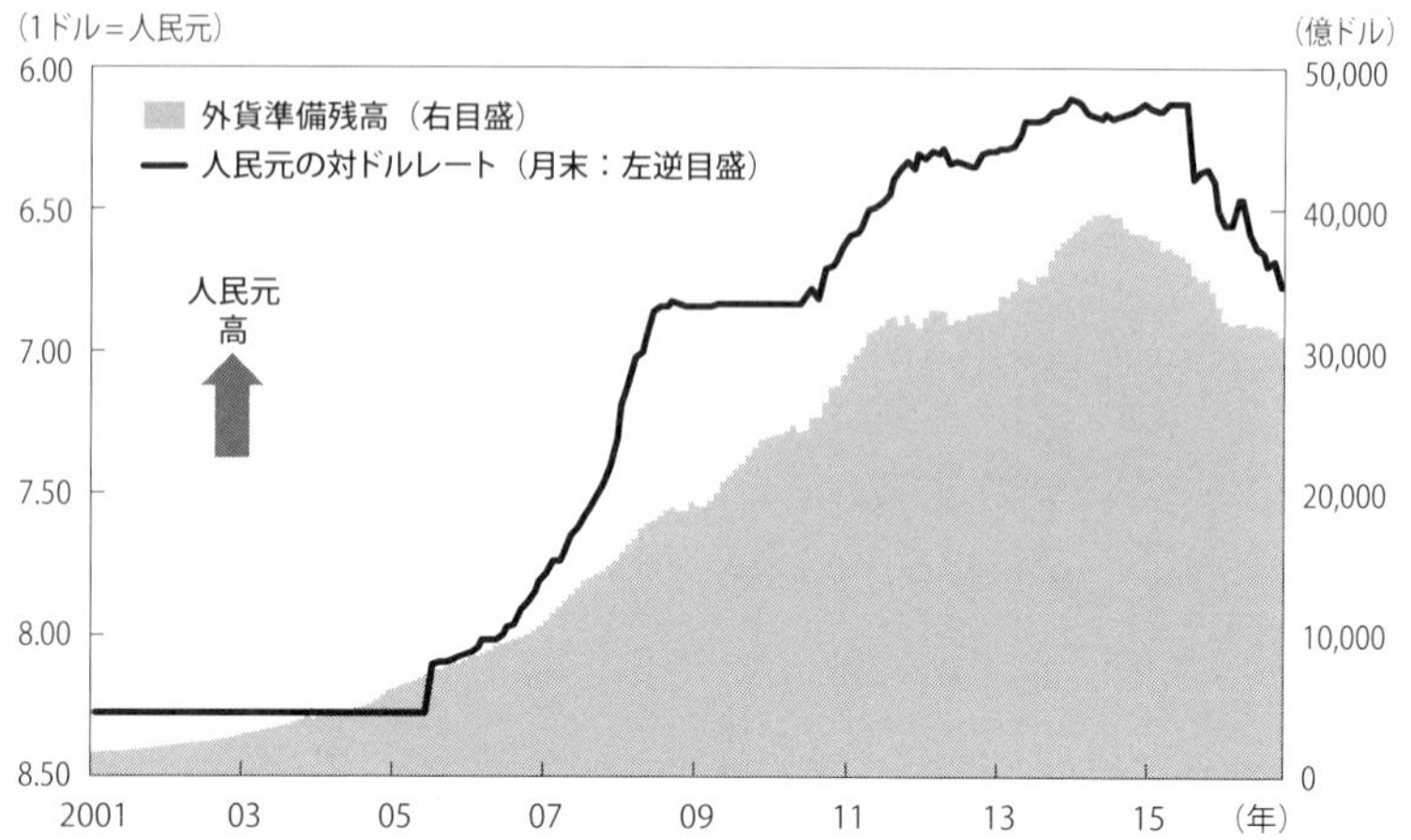

（出所）中国人民銀行資料、CEICデータよりみずほ証券作成

対米貿易黒字の増加に大きな影響はなく2008年リーマンショック発生前まで増加基調をたどり、人民元の過小評価論が払しょくされないなか、人民元高圧力は強まった。

この改革の主な内容は「市場需給に基づく、通貨バスケットを参考に調整した管理フロート制を導入する」とのことであったが、実質的には対ドルで管理度の高い為替制度としてスタートしたと言えよう。2005年7月21日から取引される仲値（基準値）レートは約2％切り上げて1ドル＝8・11人民元となり、1日の対米ドル変動幅は、従来通り上下0・3％で取引が行われることになった。その後、変動幅の拡大は緩やかに進められ、2007年5月21日に上下0・5％、2012年4月14日に上下1・0％、2014年3月17日に上下2・0％と限定的なレンジにとどまっている。

一方で、外貨準備高の急増により国内市場で大量に資金が循環したため、中国人民銀行による資金吸収等の金融調節機能が十分に発揮されず、インフレ圧力となった。そのことは、ベースマネーと消費者物価指数（ＣＰＩ）の関係に反映されており、２００３〜２０１５年の長い期間にわたり、高い連動性がみてとれる。

漸進的な改革——急激な円高による資産バブル形成・崩壊の日本経済を教訓

中国政府は「１９８０年代の急激な円高による資産バブルの形成・崩壊により長期低迷に陥った日本経済」を調査研究していたようであり、人民元改革は「主体性、制御可能性、漸進性」の３原則に基づき、推進された。

日本経済は、１９９０年のバブルの崩壊以降、長期低迷に陥った。資産バブルの発端は１９８５年９月のプラザ合意である。その後、急速に円高が進んだため、日本経済は輸出産業を中心に悪化し不況期に入り、日銀による積極的な金融緩和策（公定歩合の大幅な引き下げ等）が実施され、カネ余りの現象が発生。その資金が株式市場や不動産市場へと向かい、資産バブルが形成された。

しかし、１９９０年代にその反動でバブルが崩壊し、日本経済は長期低迷期に突入したという苦い経験を、中国は学んでいたようだ。

中国の住宅バブルの現状——２０００年代の住宅の累積価格上昇率からバブルの形成度は大きい

確かに中国の住宅市場はバブル崩壊に至っていないが、２０００年代の住宅価格の累積上昇率が高いことからバブルの形成度は大きいと言えよう。一方で、中国の株価については２００７年前後と

2015年前後に2回のバブル形成・崩壊を経験、足元の株式市場は出来高が細りボックス圏での相場の動きにある。1990年代の日本は故意に資産バブル退治を実施したため、株価と不動産のバブル崩壊を招いたが、中国は不動産市場に対しては、バブル潰しには消極的である。経済の安定成長の維持が中国共産党の最重要の任務であり、かつ、多くの党政府の高級幹部が保有する高額な不動産の価値を維持したいとの思惑もあるようだ。

もしも不動産バブルの崩壊が起これば、大きな課題である「過剰な債務」の担保にもなっていること等を考慮すると、中国経済は不況に陥る可能性が高いと中国専門家が指摘している。

中国は日本の急激な円高問題を教訓とし、3原則に基づき人民元改革を推進してきた。しかし、緩やかな人民元改革が貿易黒字の拡大や人民元高期待にともなう予想以上の資金流入増を促した結果、国内市場には大量の資金が循環し資産バブルの形成を回避できなかった。その意味では、中国も人民元高問題は、日本の円高問題と同じ轍を踏んだと言えるだろう。

人民元のコントロールが招いた弊害──輸出産業の高度化の遅れと輸出依存度の高さ

中国の需要別名目国内総生産（GDP）構成比をみると、輸出が2014年をピーク（35・7％）に2015年は22・4％と低下したが、依然として成長率への影響度が高い水準にあると言えよう。日中の経済規模と輸出の名目GDP構成比を比較すると、日本は最近こそ同比率（2015年：17・9％）が高まっているが、1990年代に10％前後に低下しより適正な水準となった。

また、輸出競争力でも、中国は伝統的な製品から高付加価値製品への高度化が遅れ、人民元レートの輸出への影響が大きいため、通貨の自由化には慎重な対応が図られている。

リーマンショックが促した人民元国際化——貿易大国の中国は為替リスク軽減に敏感に対応

中国では2000年代に入り、人民元の国際化をめぐる議論が活発化し始めたが、中国政府による人民元国際化に向けた取り組みが本格化したきっかけは、2008年9月に発生したリーマンショックであり、中国経済のドル依存度への先行き不安であった。中国人民銀行が2015年6月に発表した「人民元国際化報告（2015年）」等の資料をもとに、以下簡潔に人民元の国際化と中国経済への影響についてコメントする。

人民元の国際化の主な動きを表にまとめたが、2009年7月のクロスボーダー人民元決済の開始（上海市、広東省の4都市）およびその後の規制緩和（対象地域を全国に拡大）が、人民元の国際化を後押ししたとも言えよう。輸出で世界首位、輸入で世界第2位の貿易大国である中国は、人民元による貿易決済を増やすことにより、為替リスク軽減のメリットを大きく享受できる。

国際取引における人民元決済シェアと世界順位をみると、人民元の国際化を反映する動きがみられる。前者が2012年1月の0・2%程度から2015年8月には2・8%程度まで上昇し、後者が2012年1月の20位以下から2015年8月には4位にまで高まった。ただし、2015年11月末に人民元のIMFによるSDR構成通貨入りが決定後、人民元安容認の観測が広がり、2016年に入って人民元安が加速。国際取引における人民元決済シェアが2月に2%割れとなったが、9月には2・03%と再び2%台に乗せ、世界順位は5位となった。

投融資に関する人民元業務については、規制緩和が推進される方向にある。２００９年には香港で中国財政部による初の人民元建て国債が発行され、２０１０年には香港での非居住者による人民元建て債券（略称：点心債）が発行された。そのほかには、２０１１年12月の人民元建て適格外国機関投資家（ＲＱＦＩＩ）と２０１４年11月の人民元建て適格国内機関投資家（ＲＱＤＩＩ）の試行開始および上海と香港の株式相互取引の解禁、等が挙げられる。また、人民元の準備通貨の位置づけを高める動きでは、２０１０年８月には海外中央銀行の中国本土の銀行間債券市場投資が認可、２０１５年６月にレポ取引の認可等、人民元の運用が条件付きで始まった。

一方、人民元に関連する改革では、資本取引の自由化に関する今後の計画について、中国人民銀行は２０１２年２月に公表、特に５〜10年の長期的な段階では不動産および株式・債券の証券投資の自由化が計画されているが、足元は緩やかな規制緩和にとどまっている。

また、２０１５年10月には、預金金利の上限撤廃により金利の原則自由化が決定された。これは、ＩＭＦによる５年に１度のＳＤＲ通貨バスケットの見直しを２０１５年11月に控えて、中国政府は人民元の組み入れを強く要求し、金融改革の着実な推進をＩＭＦにアピールするために、今回の「原則、金利の自由化」を決定したと言えよう。しかし、これまでの規制金利で保護されていた金融機関は、金利の自由化にともなう金利競争の激化により経営財務が悪化し、金融システムリスクを高める可能性がある。このため、中国人民銀行は引き続き金利の管理を図ると表明した。金融機関のガバナンス力の向上には相当の時間を要しよう。

図表2-11　人民元の国際化の主な動き

年	月	内　容	業務の種類
2004	2	香港での人民元建て預金業務を解禁	経常取引
2005	9	中国本土での非居住者による人民元建て債券発行（パンダ債）	投融資
2007	7	香港での居住者による人民元建て債券発行	投融資
2008	12	人民元建て通貨スワップ契約締結	準備通貨
2009	7	クロスボーダー人民元決済開始（上海市と広東省の4都市）	経常取引
	9	香港での中国財政部による人民元建て国債発行	投融資
2010	6	クロスボーダー人民元決済の地域を20省市に拡大	経常取引
	8	海外中央銀行の銀行間債券市場投資を認可	準備通貨
		香港での非居住者による人民元建て債券発行（点心債）	投融資
2011	1	人民元建て対外直接投資を認可	経常取引
	7	クロスボーダー人民元決済の地域を全国に拡大	経常取引
	10	人民元建て海外からの対内直接投資を認可	経常取引
	12	人民元建て適格外国機関投資家（RQFII）の試行開始	投融資
2013	9	上海自由貿易試験区（FTZ）正式設立	経常取引
2014	11	人民元建て適格国内機関投資家（RQDII）の試行開始	投融資
		上海と香港の株式相互取引の解禁	投融資
2015	4	天津、福建省、広東省でFTZ正式開業	経常取引
	6	海外中央銀行の銀行間債券市場でのレポ取引を認可	準備通貨
	10	人民元クロスボーダー支払システム（CIPS）の運用開始	人民元の国際決済システム
	11	IMFによる人民元のSDR構成通貨の決定	準備通貨

（出所）中国人民銀行「人民元国際化（2015年）」、各種資料よりみずほ証券作成

習近平が提唱した「一帯一路」構想とＡＩＩＢ――「中華民族の偉大な復興」の重要な戦略

シルクロード（「一帯一路」）構想・アジアインフラ投資銀行（ＡＩＩＢ）は「中華民族の偉大な復興」の重要な戦略であり、その経緯と目的について以下、簡潔に説明する。

習近平国家主席が２０１３年９月のカザフスタン訪問と10月のインドネシア訪問において、「一帯一路」構想とＡＩＩＢ設立を初めて発表、その後、２年以上の準備期間を経て、２０１６年１月に57カ国の創設メンバーによりＡＩＩＢの開業式典が行われた。６月25日には初回の年次総会が開催されすでに４つのプロジェクト向け融資（総額：５億９００万ドル）が決まっており、次回の開催日・場所（２０１７年６月・韓国）を決定。ＡＩＩＢの新規参加申請期限を２０１６年９月30日とし２０１７年初めに新規参加国について協議予定である。

習近平が提唱した「一帯一路」構想は、米主導の環太平洋経済連携協定（ＴＰＰ）に対抗するものとも言われ、同時に資金面で支援するＡＩＩＢが設立された。世界第２の経済大国になった中国は、既存の国際金融機関において十分な発言力のあるポジションを得られないという強い不満を持っていた。また、「一帯一路」構想とＡＩＩＢ設立を発表する直前の２０１３年６月には習近平が国家主席として初めて訪米した。「新型大国関係」を米オバマ大統領に再度強調し、米国のアジア回帰（リバランス）政策とＴＰＰに対抗し、中華民族の偉大な復興に向け行動を開始した動きとも受け止められよう。

中国共産党内の政治的な動きをみると、２０１３年10月24～25日に「周辺外交工作座談会」が、２０１４年11月28～29日には中央外事工作会議が開催された。これらの会議では「一帯一路」構想とＡＩＩＢ設立の目的として、「共産党が新たな情勢のもとで周辺外交を高度に重視、立て直しを図る」

図表2-12　習近平国家主席のシルクロード構想とアジアインフラ投資銀行（AIIB）

年	月	日	訪問国・開催地域	開催場所（会議名）	提案あるいは議題の主要内容
2013	9	7	カザフスタン	ナザルバエフ大学演説	「シルクロード経済ベルト（中国の呼称：一帯）」
	10	3	インドネシア	国会演説	「21世紀海上シルクロード（中国の呼称：一路）」
					「アジアインフラ投資銀行（略称：AIIB）」
	10	24～25	北京	周辺外交工作座談会	「共産党は周辺外交を高度に重視」と指摘
2014	10	24	北京	人民大会堂にて21カ国の代表が集う	AIIB設立の覚書（MOU）に調印
	11	28～29	北京	中央外事工作会議	新たな情勢下での周辺外交工作を強調
2015	3	31			AIIB創設メンバーの申請期限
	4	15	中国財政部は「57カ国が創設メンバーになった」と公表		AIIB創設メンバーを正式発表
	5	20～22	シンガポール	AIIBの第5回主席交渉官会議	AIIB設立協定に関する主な内容を協議し合意
	6	29	北京	AIIB設立協定署名式	AIIB設立協定に50カ国が署名（7カ国は署名見送り）
	12	25	北京	AIIB設立協定に関する会議	AIIB設立基準（参加国数と出資比率）をクリアし正式に発足
2016	1	16～18	北京	AIIBの総会・理事会	初代総裁と理事会理事の任命、開業等を決定
	6	25	北京	AIIBの第1回年次総会	すでに4つのプロジェクト向け融資総額（5億900万ドル）が決まり、次回の開催日・場所（2017年6月・韓国）を決定。AIIBの新規参加申請期限を2016年9月30日とし、2017年初めに協議予定

（出所）新華社通信資料、人民日報資料、中国新聞資料、各種資料よりみずほ証券作成

ことが指摘され、従来の経済の協力から安全保障等の協力を前面に出したことが特徴の1つと言われている。

このように、「一帯一路」構想の実現は共産党の政治的で外交・安全保障面の戦略が強く反映されており、今回のAIIBの設立に加えて、人民元の国際化も不可欠なことであるため、中国政府がこれまで強く求めていたIMFによる人民元のSDR構成通貨入りが、2015年11月に決定されたことは重要な第1ステップとなったと言えよう。

南シナ海問題で敗訴した中国――「21世紀海上シルクロード(一路)」と人民元国際化に影響

しかし、南シナ海問題をめぐる裁定が、習政権の「一帯一路」構想のスタートにあたり、大きな試練を与えることになった。2016年7月12日にオランダ・ハーグの常設仲裁裁判所(Permanent Court of Arbitration:PCA、以下「仲裁裁判所」と略称)が、フィリピンによる南シナ海をめぐる中国政府の領土主権・海洋権益等の主張に対する異議申し立てに関して中国側に厳しい判決を発表した。これに対して、中国外交部は「判決は無効であり、拘束力がなく、中国は受け入れられない」との声明を発表した。

中国が「九段線」と呼ばれる独自の境界線を南シナ海域で主張していたが、仲裁裁判所は中国の主張する管轄権で「歴史的な権利を主張する法的根拠はない」との裁定を下した。このため、習近平が提唱する「一帯一路」構想の1つで、重要な地域である東南アジアを経由する「21世紀シルクロード(一路)」が経済交流、外交・安全保障問題に大きな影響を与える可能性が高いと言えよう。

今後、中国が仲裁裁判所の判決に対して、適切な対応を行わなければ、国際社会から厳しい批判が向けられ、通貨にとって最も重要な「国家の信頼性」が損なわれかねないため、「一帯一路」構想の実現とＡＩＩＢの役割向上を図るうえで不可欠な人民元の国際化に大きな障害となろう。また、中国人の人民元離れ・ドル通貨保有意欲が高まり、資本流出の動きにもつながるため、今後の中国の動向に留意したい。

米ダラス連銀分析と英国ＥＵ離脱――人民元は安全通貨か、金融街シティーで国際化か疑問

米ダラス連銀報告書（２０１６年7月）では「人民元が安全通貨であるか」に関する分析を行い、不合格との結果が発表されたが、興味深い内容だ。以下、簡潔にその内容を説明する。

報告書ではオフショア市場の人民元について、安全資産の地位獲得能力に疑問を投げかけている。人民元のパフォーマンスについて主要通貨（ドル、ユーロ、英ポンド、日本円、スイス・フラン）に対してボラティリティが高まるなかでの人民元の相対価値の動きを２０１１年２月28日～２０１５年11月29日と、２０１５年12月1日～２０１６年４月30日に分けて調査分析している。その結果、特に後期ではオフショア市場の人民元は主要通貨すべてに対して相対的価値が低下した（前期：ドル、日本円、スイス・フランに対して低下）。

後期の期間は２０１５年8月の人民元切り下げの突然の発表により、市場が景気の先行き悪化等の連想から、敏感に反応、資本流出の動きが強まり人民元安が加速した時期である。足元は中国当局の為替取引の規制強化等を受けて、人民元レートは比較的安定した動きにあるが、人民元安と資本流出

の圧力が依然として根強いことに大きな変化はない。

一方、英国の欧州連合（ＥＵ）離脱問題が世界金融市場に大きな影響を与えたが、加えて、人民元の国際化に与える影響にも注目度が高まっている。２０１６年６月24日に英国民投票でのＥＵ離脱選択の報道を受けて、人民元安が再び加速、６月27日には人民元対ドルの基準値が本土市場の人民元対ドルレート（ＣＮＹ）で１ドル＝６・６３７５人民元と２０１５年８月11日の人民元切り下げ以降、安値を更新した。

人民元の国際化は、当初は香港がその試行地域であったが、中国以外では重要なオフショア市場として世界金融の中心地の１つである英国が選択された。２０１２年にロンドンの金融街シティーで人民元業務センター計画が正式に始動、ここ数年で国際貿易や投資での人民元決済が急速に拡大した。２０１５年10月には習近平が公式訪英し、人民元建国債のロンドンでの発行が決まり、英国の中国金融協力の強化が人民元の国際化を主導することになると指摘されていた。しかし、英国を拠点に人民元の国際化を促進する１つの計画が２０１６年６月24日の英国国民投票でのＥＵ離脱選択の動きにより出鼻をくじかれ、７月12日にはオランダ・ハーグの仲裁裁判所から南シナ海をめぐる裁定で中国側に厳しい判決が下される等、中国政府が人民元の国際化を推進するうえで、マイナス要因となろう。

人民元改革・国際化を阻む経済環境——景気減速・金融リスク等で人民元安基調へ転換

人民元の改革と国際化の今後の動向をみるうえで重要な要因の１つである、人民元の対ドルレートの今後の見通しについて、以下、筆者の見方を紹介する。

人民元対ドルレートの主な決定要因として、①米中金利差（景況感や金融政策）、②経常収支対名目GDP比率、③外貨建て債務状況や政治・地政学等の要因が挙げられる。購買力平価が為替レートの中長期トレンドの指標の1つとして利用されるが、実際の為替レートとの関係が成立していないため決定要因に挙げていない。2007年以降中国のインフレ率が米国を上回り購買力平価レートは下落するなか、人民元対ドルレートも理論的には下落すべきであるが、実際には2013年まで上昇した。これは1994年に二重相場制から単一通貨制度への移行時に人民元が大幅に切り下げられ（1993年の1ドル＝5・762人民元から1994年には前年比▲33％の1ドル＝8・619人民元）、過小評価の状況にあるなか、巨額の対中貿易赤字に対する米国からの政治的圧力が強く人民元高政策の実施に至ったことが挙げられる。

まず、①については米中の経済ファンダメンタルズや金融政策等を反映した短期的な米中金利差を利用し人民元対ドルレートとの関係をみると、相関性が比較的高いことが分かる。米国の金融緩和策が維持されるなか、2010年10月以降には中国の相次ぐ利上げにより米中金利差が拡大。これを反映し人民元高の動きとなった。2012年6～7月は中国の利下げが2回にとどまり、米国の量的緩和策が2014年10月まで維持され、人民元高の基調が続いた。しかし、中国の利下げが2014年11月から相次ぎ、人民元安に転じた。中国は景気下押し圧力が根強い一方で、米国は雇用の改善や消費の底堅さ等を背景にゼロ金利の解除から緩やかな金利の引き上げ等、金融緩和の出口を模索する動きにあるため、人民元の対ドル下落圧力が強まったと言えよう。

次に、②については経常収支対名目GDP比率が2007年をピーク（9・9％）に大きく低下、10

図表2-13　人民元対ドルレートと米中の金利差（日次：2008/1/1～2016/10/31）

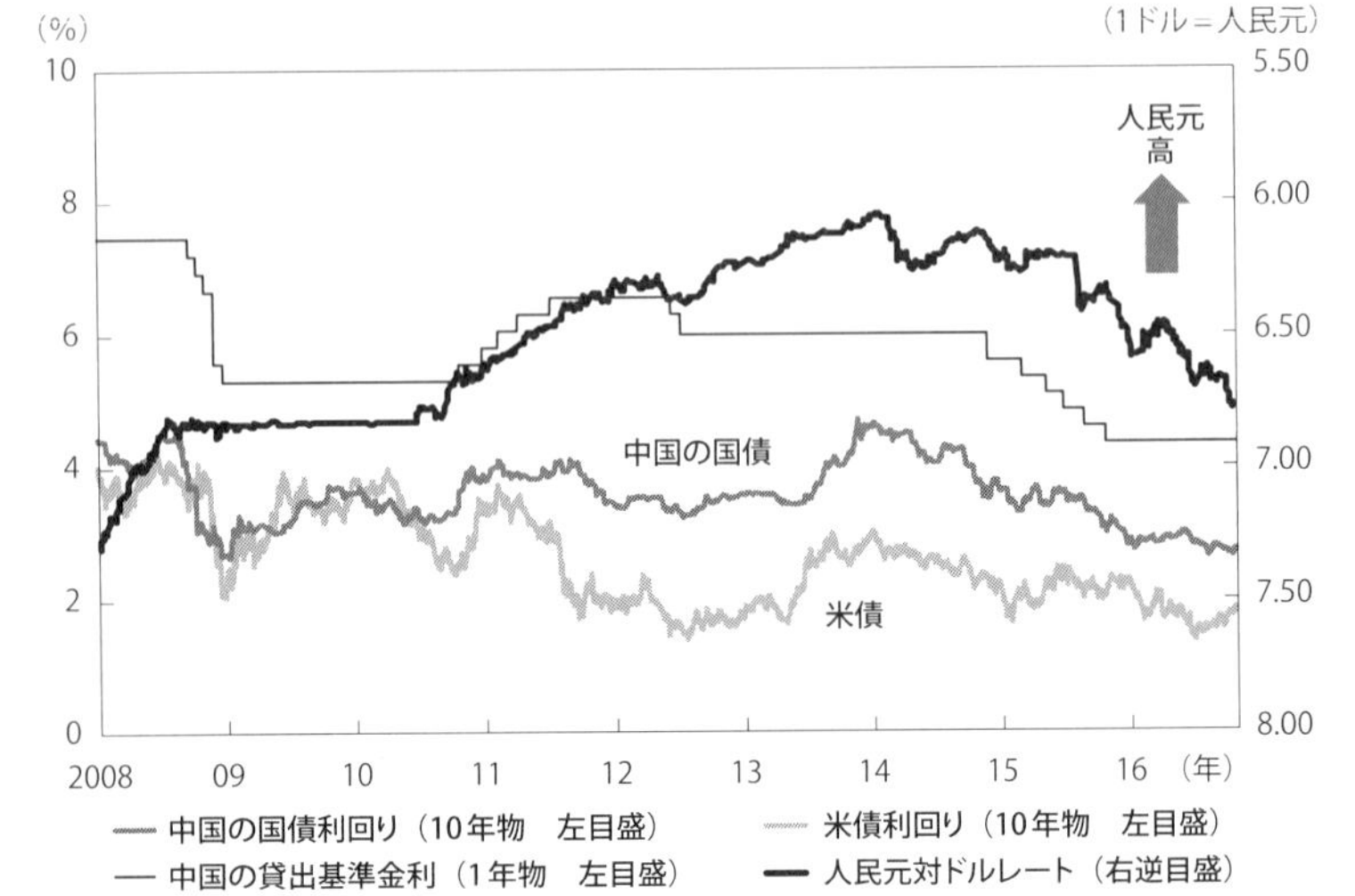

（出所）ブルームバーグのデータよりみずほ証券作成

年に３・９％にまで低下し同比率はより適正な水準に至り、人民元の過小評価との見方が払しょくされているようだ。一方で、実質実効為替レート（貿易相手国の貿易量ウエイトで加重平均した複数の通貨に対する総合的な為替レートに、さらに貿易相手国との物価調整を施したレート）は対ドルでの人民元レートをみると、２００５年から上昇基調にあったが、２０１４年11月以降下落に転じ、物価の安定も加わったため、２０１５年は高止まりの動き、２０１６年には、実質実効為替レートは低下に転じる動きがみられる。

さらに、③については２０１６年10月の人民元のＩＭＦのＳＤＲ構成通貨入り以降、中国政府は人民元の市場化・変動を容認する動きもみられるが、基本的には人民元の安定化を図る方針に変化はないようだ。また、資本流出に対する規制の強化による外貨準備の減

図表2-14　中国の経常収支対名目GDP比率と人民元（年次：1994～2015）

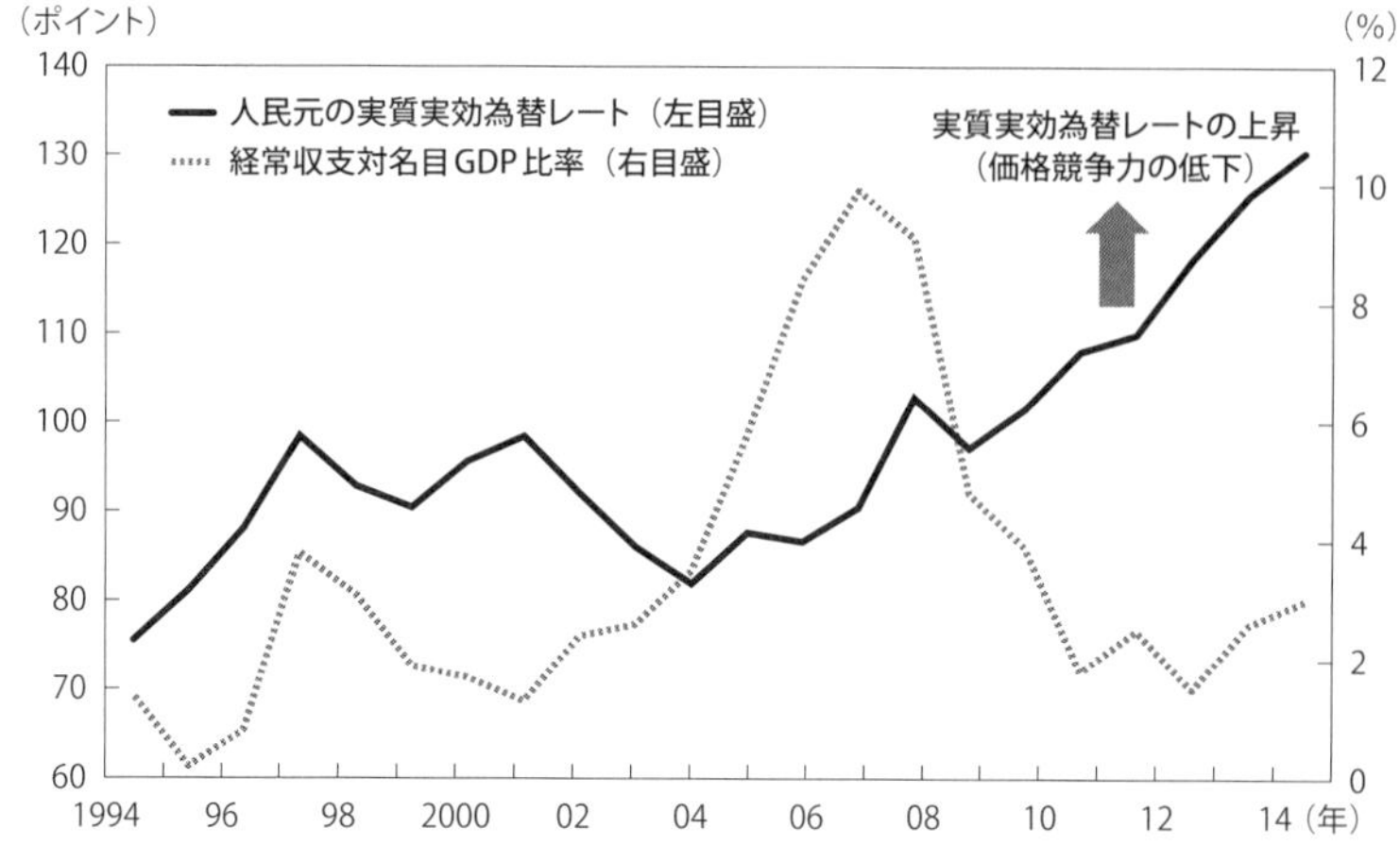

（注）人民元の実質実効為替レートは2010年＝100とし各年12月の数値
（出所）中国国家統計局資料、国家外貨管理局資料、CEICデータよりみずほ証券作成

少リスクの緩和を図る方針である。人民元の国際化に逆行するものの、リスク防止が優先されよう。

そのほか、外貨準備残高（2015年12月末：3兆3300億ドル）は民間部門の外貨建て債務（同：1兆4200億ドル）を考慮すると、当局が自由に使用できる外貨準備は公表の数値を大幅に下回り、人民元のリスク要因の1つとなっている。また、南シナ海問題をめぐる中国政府の対応（現在はハーグの仲裁裁判所の厳しい裁定を無効と主張）に対する国際社会の厳しい批判は人民元通貨の信認に影響することも否定し難い。2016年10月にIMFのSDR構成通貨入り後の「人民元のSDR通貨バスケット組み入れ比率」は10・92％と決定されたが、世界各国の中央銀行は人民元を外貨準備としてどの程度保有するか、人民元の国際化を測る1つの指標とも言えよう。

また、2016年11月の米大統領選挙で勝利したトランプ氏が選挙中に発言した保護主義、中国の為替操作国認定等の問題も新たなリスク要因として浮上した。

このように、中国景気の先行き不安（金融リスクを含め）、人民元レートの水準感、外貨建て債務と外貨準備残高、外交問題、等主要な要因を勘案すると、今後は緩やかな人民元安が想定される。人民元安圧力が根強いなか、中国経済の安定成長を維持するためには資本移動に制約が必要であり、国際金融のトリレンマ（①独立した金融政策、②為替レートの安定、③自由な資本移動の3つのうち、2つしか成立しない）からみて人民元の国際化および資本取引と金利の自由化は中国の思惑通りに進展しがたいことは明らかだ。金融改革の遅れは産業の高度化、「一帯一路」構想とAIIBの発展に影響することが想定される。

第2章まとめ

2017年党大会以降も改革は先送りか、共産党の存続が問われる重要な時期

2012年11月8日開幕の第18期中国共産党大会で胡錦濤総書記が行った政治報告では、「亡党亡国（党が亡び国が亡ぶ）」との厳しい言葉が初めて盛り込まれたが、共産党幹部の腐敗汚職や所得格差に対する人民の不満が頂点にあり、共産党に対する不信感が根強いことを示唆するものである。一方で、「小康社会（ややゆとりのある生活の社会）」の全面的な建設と改革開放の全面的な深化を目標に掲げ、国内総生産（GDP）と1人当たり所得の倍増目標、等を事実上の必達事項として

政治報告が行われた。

胡錦涛の後任として同月15日に共産党総書記に就任した習近平は、「中国共産党が結党後、貧しく遅れた旧中国を繁栄と富強の新中国に着実に変え、中華民族の偉大な復興が前例のない明るい未来を切り拓いた。人民の素晴らしい生活への憧れこそが我々の奮闘目標である。共産党内には多くの問題が存在する。特に一部の党員幹部の汚職腐敗、大衆からの離脱、形式主義、官僚主義等の問題は多大な努力により解決すべき（一部抜粋）」と共産党の正当性、希望を持たせる未来像を訴えるスピーチを行い、権力掌握を最優先事項とし、反腐敗を旗印に「虎退治（高級幹部に対する綱紀粛正）」を開始した。しかし、現在では習近平は、潜在成長率が低下するなか、経済の「新常態（ニューノーマル）」について言及しているが、その対応が適切に行われていないようだ。政治体制・社会構造という大きな壁の前で、歴代の指導者層が回避していた改革の本丸に手を付けることが難しい状況にある。そのなかで、中国は高齢化が加速し、2020年には超高齢社会に近づく見通しであり、「未富先老（豊かになる前に老いる）」に陥るリスクが高まっている。2017年秋には第19期中国共産党大会が開催されるが、習近平は第2期の政権固めに多くの時間と労力を費やし、安定成長の維持を優先し改革を先送りする可能性が高いと考えられる。一方で、山積する構造問題の解決は一層難しくなり、結局は2022年秋の任期満了まで、もしも根本的な問題解決がなされないという最悪のシナリオが現実となれば、中国は持続可能な発展と新たな飛躍のステージから遠ざかり、膨張する債務の問題が金融危機に発展する可能性が高まろう。

人民元改革・国際化は2016年10月の国際通貨基金（IMF）の特別引き出し権（SDR）構

成通貨入りまでに進展し、世界経済における中国の地位が高まる方向にある。2013年に提唱されたシルクロード（「一帯一路」）構想とアジアインフラ投資銀行（AIIB）設立については、AIIBが2016年1月に正式にスタート、外交・安全保障面での戦略を強く反映した「一帯一路」構想の実現も人民元の国際化が不可欠であり、順調なスタートを切るかにみえた。しかし、南シナ海問題をめぐり仲裁裁判所は中国側に厳しい裁定を下し、中国政府は国際法を無視するような対応を示しており、人民元通貨の信頼に影響しよう。また、中国経済の先行き不安と人民元安圧力が根強いなか、外貨準備残高の減少と多額の外貨建て債務残高により、人民元通貨の信頼を支える要因の1つである外貨準備のバッファーの低下が懸念されている。このため、中国政府は資本規制を強めており、人民元の国際化および資本取引と金利の自由化は中国の思惑通りに進展しがたいことは明らかである。金融改革の遅れは産業の高度化、「一帯一路」構想とAIIBの発展に影響しよう。

〈第2章　参考文献〉

デイビッド・シャンボー著、加藤祐子訳（2015）『中国グローバル化の深層――「未完の大国」が世界を変える』（朝日新聞出版）

マイケル・ピルズベリー著、野中香方子訳、森本敏解説（2015）『China2049――秘密裡に遂行される「世界制

覇１００年戦略」』（日経ＢＰ社）

天児慧（２０１５）『「中国共産党」論――習平近の野望と民主化のシナリオ』（ＮＨＫ出版）

杜進（２０１４）「中国の『新シルクロード戦略』の背景」（東アジア論壇第10号）２０１４年11月

唐亮（２０１２）『現代中国の政治――「開発独裁」とそのゆくえ』（岩波書店）

日本銀行　調査統計局・国際局（２０１２）「高度成長期から安定成長期へ：日本の経験と中国経済への含意」（日銀レビュー２０１２―J―17）２０１２年12月

岡本隆司（２０１１）『李鴻章――東アジアの近代』（岩波書店）

大久保勲（２００４）『人民元切上げと中国経済』（蒼蒼社）

中国人民大学　国家発展・戦略研究院（２０１６）「中国ゾンビ企業研究報告――現状、原因と対策」（年度研究報告総期第９期）２０１６年7月

蔡昉（２０１６）「供給側の構造性改革」（中国社会科学院）２０１６年3月

「中国銀行業理財市場年度報告（２０１５）」（中央国債登記結算有限責任公司）２０１６年2月25日

鄭功成（２０１５）「中国の社会保障の構造変化と今後の改革」（中国人民大学）２０１５年12月

許飛瓊（２０１５）「中国の高齢化および年金保険財政」（中国財経大学保険学院）２０１５年12月

沈潔（２０１５）「中国の介護政策の課題」（日本女子大学）２０１５年12月

「人民元国際化報告（２０１５）」（中国人民銀行）２０１５年6月

Federal Reserve Bank of Dallas (2016) "Is the Renminbi a Safe Haven?――Globalization and Monetary Policy Institute, Working Paper No. 276"

Permanent Court of Arbitration, The Hague (2016) "THE SOUTH CHINA SEA ARBITRATION (THE REPUBLIC OF THE PHILIPPINES V. THE PEOPLE'S REPUBLIC OF CHINA), 12 July 2016"

International Monetary Fund (2016) "Global Financial Stability Report, April 2016–Potent Policies for a Successful Normalization"

第3章

成長のダイナミズムが続くＡＳＥＡＮとインド

――折原豊水

①人口6・3億人の巨大市場、ＡＥＣ発足

欧米や中国に次ぐ世界第4位の経済圏を目指す

２０１５年12月末、ＡＳＥＡＮ経済共同体（ＡＥＣ）が発足した。東南アジア諸国連合（ＡＳＥＡＮ）に加盟する10カ国（タイ、マレーシア、インドネシア、フィリピン、シンガポール、ブルネイ、ベトナム、カンボジア、ラオス、ミャンマー）で構成され、域内人口は２０１５年に約６・３億人（世銀推計：16年7月時点）と日本の約5倍、欧州連合（ＥＵ）の約５・１億人を上回り、中国、インドに次ぐ世界第3位である。

また、経済規模は2015年時点で約2・4兆ドル（約290兆円、2015年平均の1ドル＝121円で換算）とリーマンショック前の2007年から約2倍に増加、インド（約2・1兆ドル）を上回り、世界第7位となっている。域内主要国のマレーシアのナジブ首相は、域内経済の統合促進により、2030年までに日本を抜いて米国やEU、中国に次ぐ世界第4位の経済圏を目指すとしている。

プレーヤーを変えつつ成長のダイナミズムが続くASEAN

国際通貨基金（IMF）の予想（世界経済見通しWEO：2016年10月）によると、ASEAN加盟10カ国の経済成長率は2017～2021年の5年間平均で前年比＋5・2％となっており、2016年の同＋4・6％から伸びが高まる見込み。同＋7％台で高めの成長が見込まれるインドを下回るものの、中期的に成長率が同＋6％程度まで鈍化する中国と成長率格差が縮小、また、ブラジル等の資源国や先進国を大きく上回ることが予想されている。

ASEANの成長のけん引役はかつてマレーシアやタイであったが、中国経済への輸出依存度の高さやハイテク輸出が低調となっていることで成長は鈍化している。それに代わってASEANの経済成長をけん引していくとみられるのが、人口が2・6億人と域内最大のインドネシアや1億人のフィリピンである。2016年には両国とも1人当たりGDPが約3000ドル台となった。新興国では過去の経験則上、1人当たりGDPが3000ドル台になると、モータリゼーションが加速しやすいと言われている。今後は自動車等の耐久消費財需要やインフラ投資が両国の成長をけん引しよう。また、カンボジア、ラオス、ミャンマー、ベトナムといったインドシナ半島のCLMV諸国（4カ国の頭文字を取っ

図表3-1　主要国・地域の世界人口（2015年と2030年の比較）

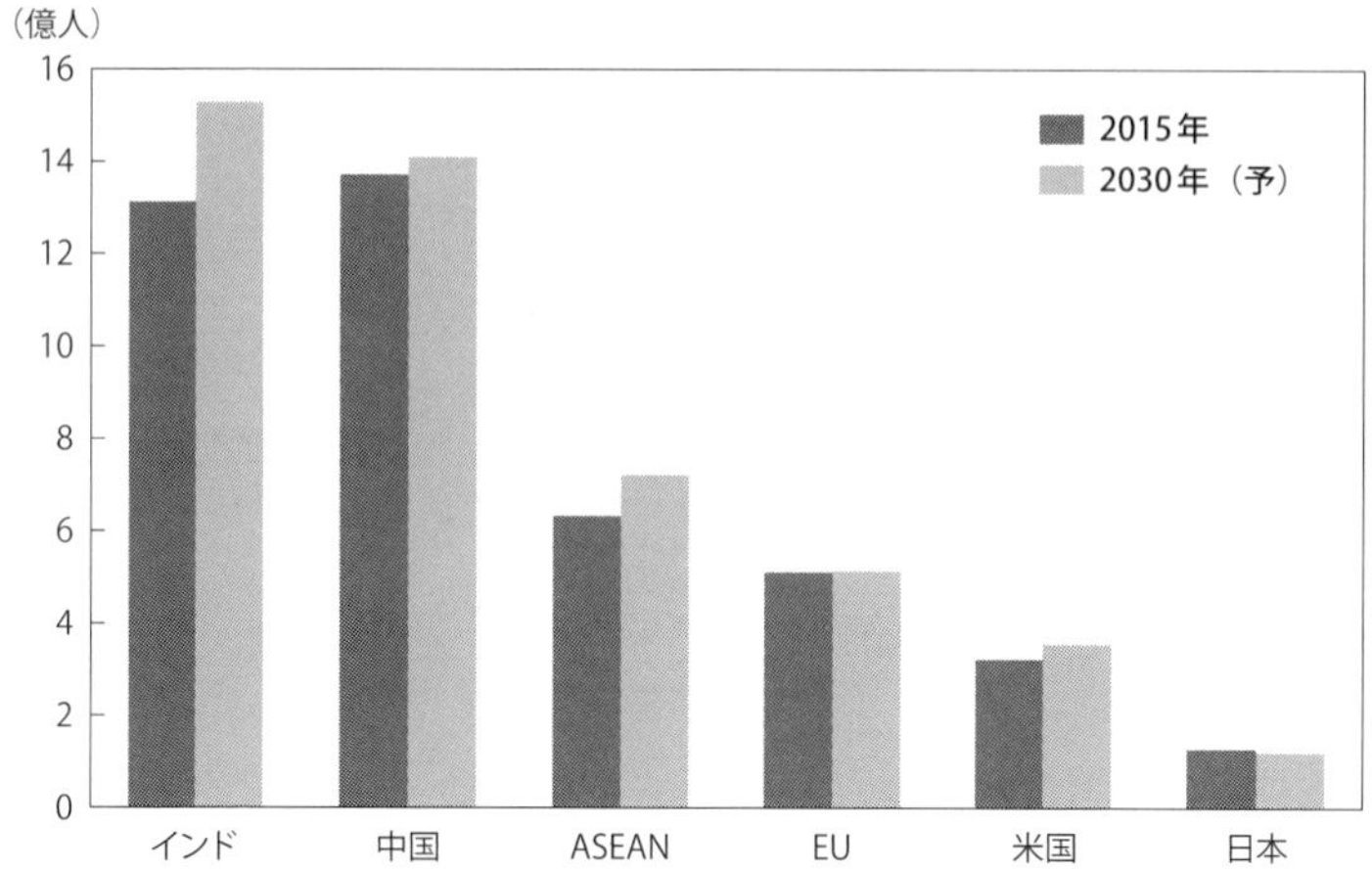

（注）世銀予想ベース、ASEANは加盟10カ国ベース
（出所）世界銀行資料よりみずほ証券作成

たもの）が注目されている。人口が４カ国合計で１・７億人におよび、経済成長率は＋６％～７％台と高成長が続いている。賃金の安さにより繊維等の労働集約的な産業への海外からの直接投資が増加、資源関連輸出とともに成長をけん引している。今後はＡＥＣの発足により、関税の引き下げや投資環境の整備が進み、ＡＥＣ域外からＣＬＭＶへの直接投資が増加し、高めの経済成長が続こう。

　ＡＳＥＡＮは多様な民族、宗教、経済発展段階を抱えており、過去には地域紛争があった国も多いが、そうした国々でもＡＳＥＡＮ加盟後は加盟国同士の目立った紛争はみられない。ＡＳＥＡＮの基本原則である主権・領土保全を相互に尊重、内政不干渉、紛争の平和的解決といった精神が生かされているとみられる。また、中国やインドといった大国に挟まれていることもあり、域内で政治的に協

図表3-2　主要国・地域の経済成長率（年次：2003～2021）

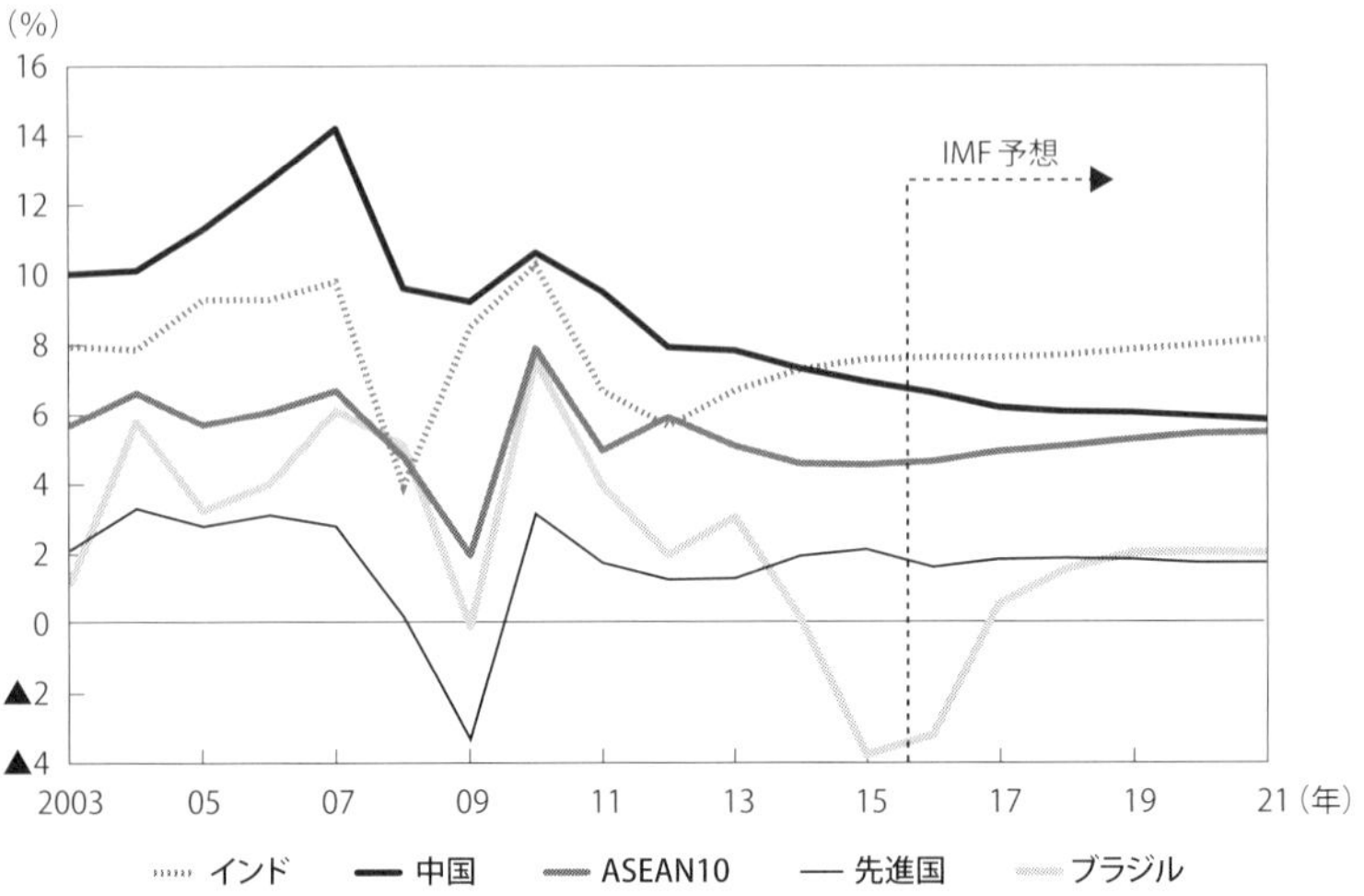

（注）IMF・WEO（16年10月）におけるIMF予想ベース、ASEAN加盟10カ国ベース
（出所）IMF資料よりみずほ証券作成

調し、貿易障壁の除去を通じて市場の一体化を進め、グローバルな経済競争に生き残っていくことが必要だった面もある。域内の経済的な相互依存関係の深化をけん引してきたのが、かつては日本や欧米企業であったが、現在は韓国や中国企業、地場企業の存在感も目立つ。

ＡＳＥＡＮではシンガポールが引き続きアジアの金融センターとしてグローバルマネーを引きつけているが、今後は前述のようにインドネシアやフィリピンが成長のけん引役となり、将来的にはＣＬＭＶも加わることでＡＳＥＡＮの成長のダイナミズムが続く見込みだ。

ＡＥＣ発足に至る経緯、大国の動向をにらんだ立ち回り

ＡＳＥＡＮは欧米や中国に貿易面で対

抗するため、経済統合に向けた動きを段階的に進めてきた。ASEANの歴史を振り返ると、1967年のASEAN設立時はベトナム戦争中であり東南アジアの共産化をおそれたアメリカの支援のもとに設立された政治色の強い地域協力の枠組みであった。その後、冷戦の終了や1992年の中国の社会主義市場経済（社会主義体制のもとで市場経済を導入し経済発展を図る）導入による中国経済の台頭に加え、1993年のEU発足、1994年の北米自由貿易協定（NAFTA）発足といった世界的な自由貿易経済圏設立の動きに対抗するため、1992年にはのちにAECにつながるASEAN自由貿易地域（AFTA）構想を立ち上げ、域内関税の段階的な削減と域内貿易の自由化により、投資誘致や産業の競争力向上を目指した。その結果、2002年には関税率0％〜5％の共通効果特恵関税をASEAN先行加盟6カ国（タイ、マレーシア、インドネシア、フィリピン、シンガポール、ブルネイ）において達成した。

ただ、1997年のアジア通貨危機以降、景気悪化に見舞われたことや、2001年に中国が世界貿易機関（WTO）に加盟し「世界の工場」として成長が加速するなか、地盤沈下をおそれたASEANは2003年に、AECを2020年までに発足させ、域内関税の撤廃による単一市場・生産基地等を目指すとした。その後、2007年にはAECの発足時期を2015年に前倒しすることを決定し、具体的なロードマップである「ASEANブループリント2015」を発表した。2015年10月末時点では、ASEANの域内関税率は、ASEAN先行6カ国は99・2％の関税を撤廃、後発4カ国についても90・9％を撤廃する等、ブループリント2015で掲げた目標の92・7％を達成、主要な自由貿易協定のなかでも関税率の低いグループとなった。2015年11月には「AECブループリント２０２５」を発表、ＡＳＥＡＮ後発国における関税の一層の低下や、ＡＳＥＡＮ全体で貿易手続きの簡素化（貿易手続きの電子化や窓口の一本化促進等）や非関税障壁の除去（輸入規制やライセンス制度等の抑制・削減）、サービス分野の自由化（ＦＤＩ規制緩和や熟練労働者等の人の移動の促進）等を目指すとした。

ＦＴＡの先進国ＡＳＥＡＮ

ＡＳＥＡＮ域内の市場統合の取り組みと並んで、ＡＳＥＡＮは域外の国々とも自由貿易協定（ＦＴＡ）を締結して、製造業の生産地としての魅力を高め、直接投資の誘致や輸出の促進を図ってきた。具体的には、２００５年に中国、２００７年に韓国、２００８年に日本、２０１０年にインド、豪州・ニュージーランドとそれぞれＦＴＡを発効させた。いわばＡＳＥＡＮを扇のかなめとしてアジア・オセアニア地域でＦＴＡが拡大したと言ってよい。ＡＳＥＡＮ主要国のＦＴＡカバー率（貿易全体に占める自由貿易協定の発効対象国の割合）は６割近くに達し、米国や韓国を上回る。日本等の外資系企業はこうしたＦＴＡを組み合わせ、関税の撤廃ないし削減を行うことができる。例えば、日本から部品を輸入し、タイで組み立て、インドネシアに輸出する場合に、日本とＡＳＥＡＮのＦＴＡが定める原産地規制（輸出品が原産品であるか否かの基準）をクリアすれば、ＡＳＥＡＮ域内生産品として特恵関税の恩恵を受けることができるといったものである。原産地規則が定める基準のうち、付加価値基準では産品に付加される価値が特定の比率（例：40％）以上となる場合に原産品となる。中国等、日本以外からの輸入部品の割合が全体の60％以上になると特恵関税は適用されない。

図表3-3　主要国のメガFTAカバー率（2014年）

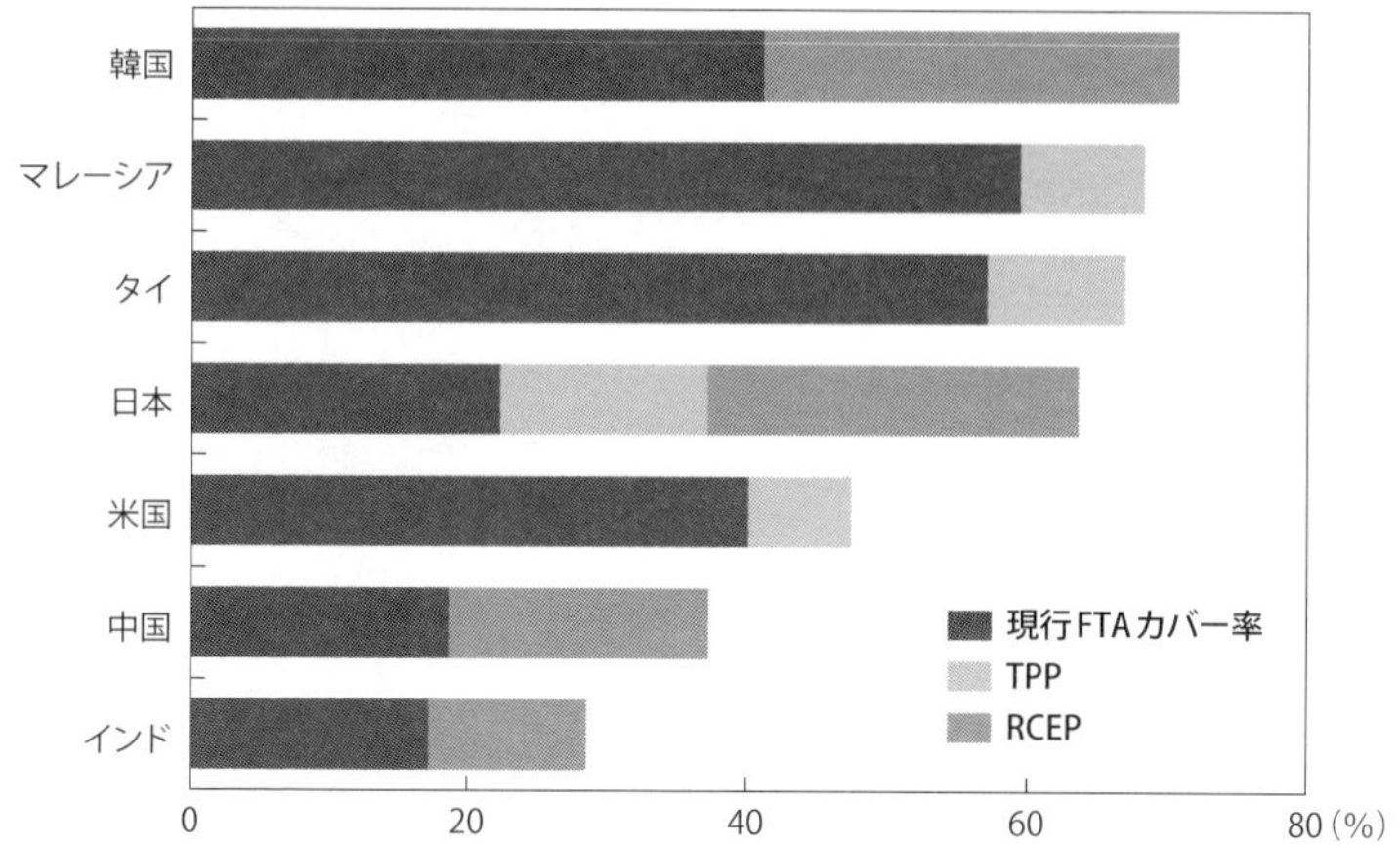

（注）2014年末時点の往復貿易カバー率。ジェトロ世界貿易投資報告2015年版より抜粋。インド、マレーシア、タイについてはみずほ証券が追加作成、環太平洋経済連携協定（TPP）、東アジア地域包括的経済連携（RCEP）が成立した場合のFTAカバー率の上昇を示す
（出所）JETRO、CEIC資料よりみずほ証券作成

上記のようにASEANは欧米や中国といった大国の貿易・経済政策動向をにらんで、輸出基地としての魅力を高めるべくFTAやAECの設立を通じて、市場の一体化や周辺国との経済連携を強化してきたと言えるであろう。

FDIの増加続くASEAN

ASEANに対する直接投資（FDI）をみると、2015年は1257億ドルと10年前の2005年の432億ドルから約3倍に増加、中国と肩を並べている。1990年代までのFDIが外資系製造業による先進国輸出向け投資がけん引したとみられるのに対して、2000年代以降は中国向け資源関連に加えて、好調なASEAN経済の拡大や中間所得層の増加を受けて国内販売向けの製造業や消

図表3-4　中国とインド、ASEANへの直接投資（FDI）（年次：1990～2015）

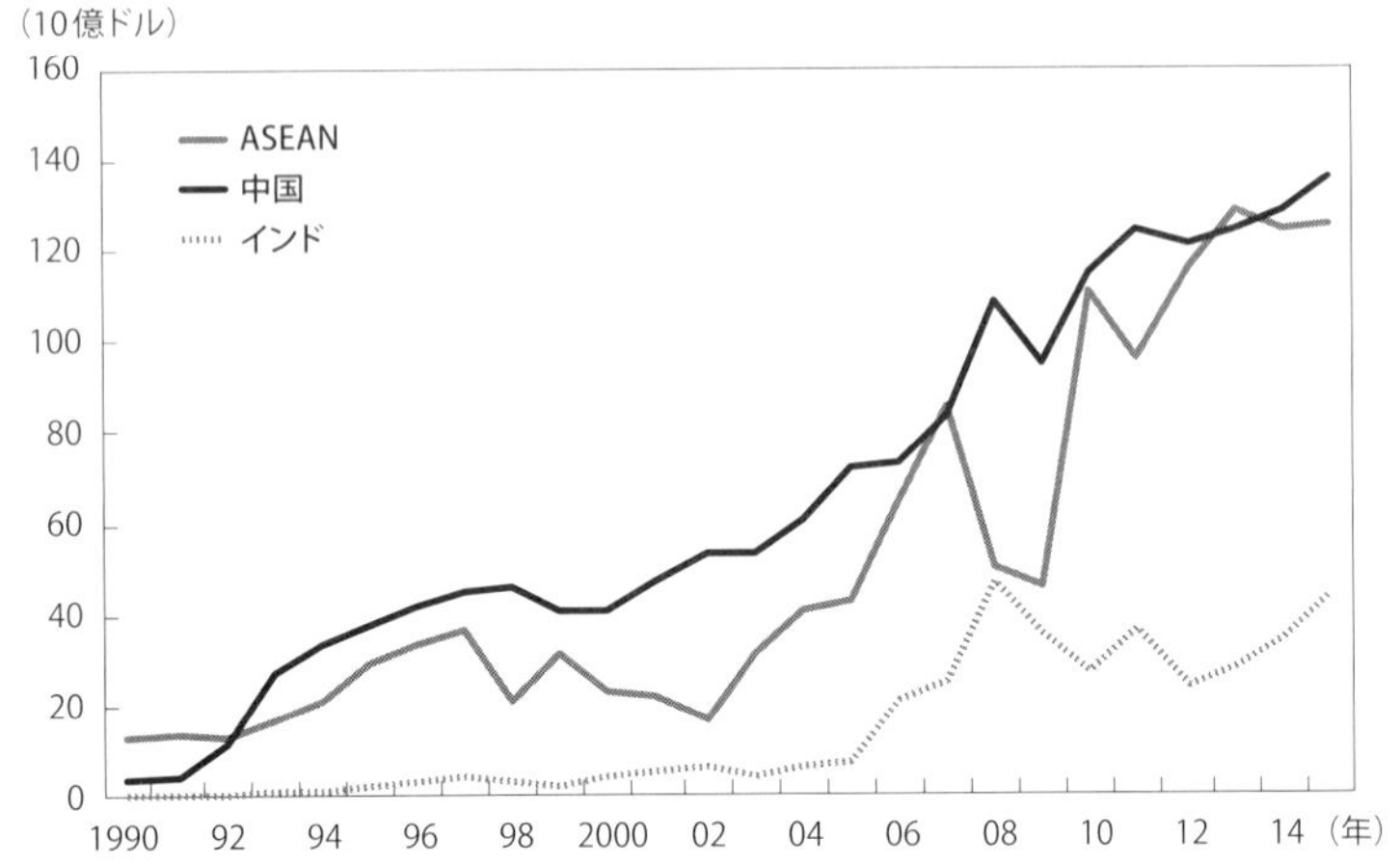

（注）対内直接投資ベース、フローベース、ASEAN加盟10カ国ベース
（出所）UNCTADの資料よりみずほ証券作成

費・サービス関連の投資が目立っている。ＡＳＥＡＮの国別でみると、タイはインラック政権の自動車販売支援策により自動車関連の投資が２０１２年以降急増したものの、足元はやや一服している。一方、インドネシア向け投資は資源、製造業、サービス業いずれも大きく増加した。ユドヨノ大統領（２００４～２０１４年）による治安改善やマクロ経済の安定が寄与した。フィリピンではアキノ大統領（２０１０～２０１６年）による治安改善や投資誘致、タイプラスワン（タイの人件費上昇等で周辺国に生産を一部移転）の動きにより投資が増加している。また、カンボジア、ラオス、ミャンマー、ベトナムといったＣＬＭＶ諸国は賃金の安さにより、労働集約的な産業を中心にＦＤＩが大きく増加している。今後はタイやマレーシアに代わって、インドネシアやフィリピン、ＣＬＭＶ諸国がＦＤＩの受

け皿として注目されよう。

米大統領選挙受け、ＴＰＰの停滞懸念

環太平洋経済連携協定（ＴＰＰ）が２０１５年10月に大筋合意された。米国やカナダ、メキシコ、ペルー、チリ、日本、豪州、ニュージーランド、シンガポール、マレーシア、ベトナム、ブルネイの12カ国が参加している。ＴＰＰ参加国の人口は約７・７億人、ＧＤＰは世界の約36％を占め、協定が発効すれば世界最大規模の自由貿易圏となる。物品貿易では日本を除く11カ国は99・９％に当たる工業製品の品目ベース、および輸出額ベースで無税化する。投資については、加盟国企業は内国民待遇（自国民と同様の権利を保障）・最恵国待遇（関税等について第３国に対する優遇措置と同様の措置を提供する）が受けられ、投資家に対して現地調達や技術移転等を要求することが原則禁じられる。また、政府調達や国有企業との売買においては入札等における無差別待遇等が規定され、外資系企業にとって参入機会が高まる可能性がある。

アジア新興国ではマレーシアやベトナムが参加する。加えて、タイやフィリピンも参加に前向きと伝えられている。協定参加には外資規制緩和による国内市場の開放等、高いハードルが待ち受ける。特に、マレーシアやベトナムでは国営企業のシェアが高く、政府・与党の既得権や国営企業の雇用等、多分に政治的な判断が必要なだけに今後、すんなりと国内で承認が進むのか留意が必要だ。ただ、こうした改革が進めば、アジア新興国にとっては競争促進によるサービス料金の低下や雇用増加によるメリットが大きく、経済全体でも経済成長率の伸びが中期的に高まることが期待されている。

2016年11月の米大統領選挙において共和党のドナルド・トランプ候補が当選した。トランプ新大統領は17年1月にTPP離脱の大統領令に署名した。NAFTA見直しも表明しており、今後は、米国以外の交渉参加国は米国抜きあるいは2国間のFTA交渉を進める余地もありそうだ。

RCEPの交渉続く、将来的に高まるアジアの存在感

TPPが米国や日本を中心とした自由貿易協定であるのに対して、東アジア地域包括的経済連携（RCEP）交渉はASEAN加盟10カ国に加え、日本、韓国、中国、豪州、ニュージーランド、インドの計16カ国が参加するものである。参加国の人口は34億人と世界の約半分、GDPは約20兆ドルと世界の約3割を占める。すでに発効しているASEAN＋1（ASEANとその他の国の間で結ばれた個別FTA）の枠組みを広域化するもので、米国を中心としたTPPに対抗したい中国と、中国等のアジア市場を取り込みたい日本や韓国等が参加している。RCEP交渉は各種の研究部会の立ち上げを経て2012年11月よりスタートしている。ただ、その後の歩みは遅くなっている。日本や豪州、ニュージーランド等は自由度の高い貿易・投資ルールを求めているが、中国やインドは急速な自由化に慎重とみられているためだ。TPP交渉が停滞する可能性があるなか、中国やインドが交渉の主導権を握る可能性もあろう。もっとも、将来的に巨大な市場である中国、インド、ASEANが一体化することによる成長ポテンシャルは大きく、世界経済に占めるアジアの存在感がますます高まろう。インドにとっては市場としてだけでなく、生産地としての魅力が高まるきっかけになる可能性がある。

図表3-5　RCEP

RCEP（アールセップ）とは

- 東アジア地域包括的経済連携（Regional Comprehensive Economic Partnership）の略。
- ASEAN10ヵ国（ブルネイ、カンボジア、インドネシア、ラオス、マレーシア、ミャンマー、フィリピン、シンガポール、タイ、ベトナム）＋6ヵ国（日本、中国、韓国、オーストラリア、ニュージーランド、インド）が交渉に参加する広域経済連携

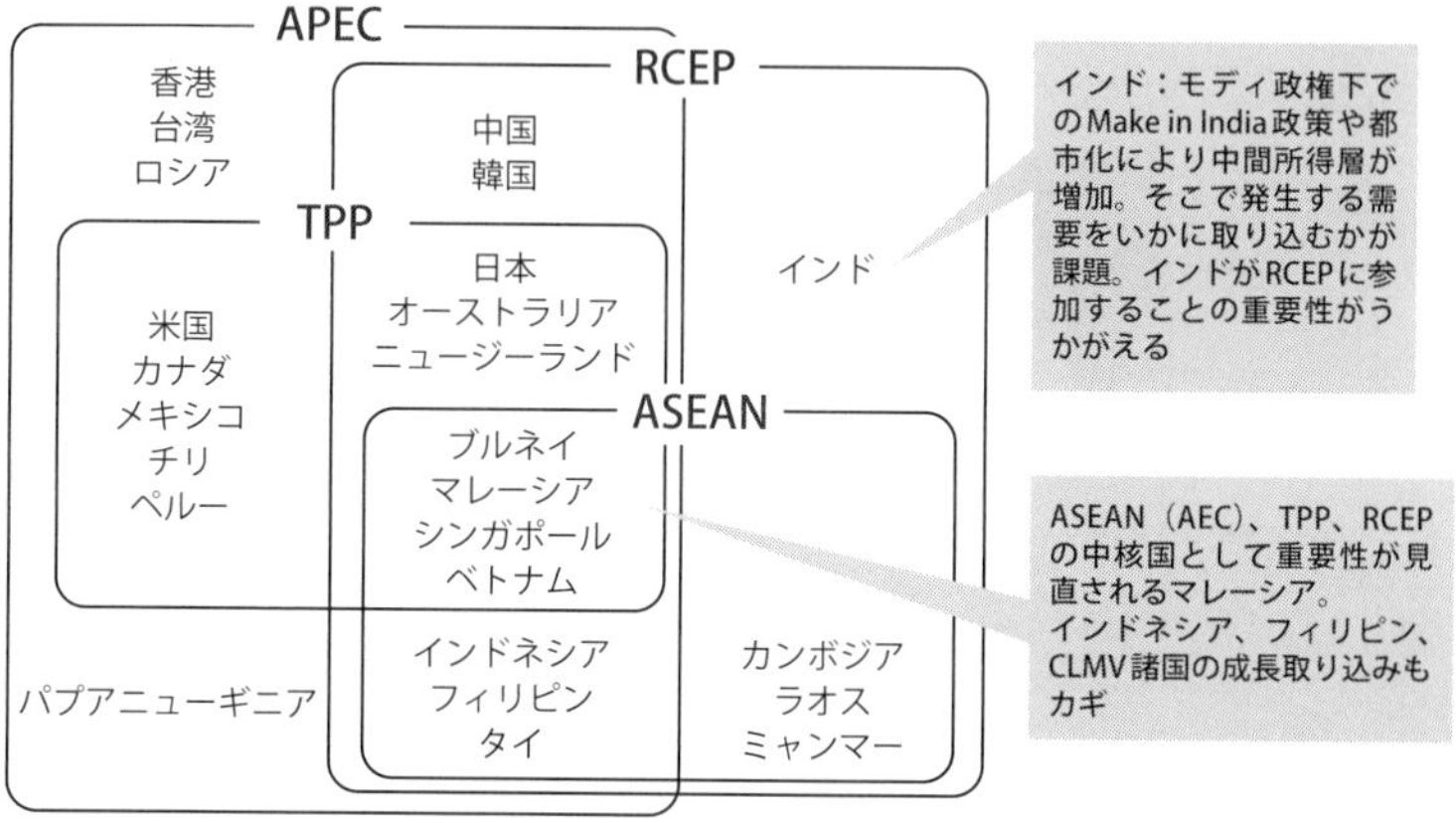

（出所）外務省、PECC資料よりみずほ証券作成

2030年には世界のGDPの約4割を占めるアジア

アジア開発銀行（ADB）・アジア開発銀行研究所（ADBI）資料（「ASEAN, PRC, and INDIA/The Great Transformation」2014）によると、2010年時点で世界のGDPの約9・6％を占める中国は、30年には約18・3％と倍増し、米国の約17・9％を上回る（2010年実質価格ベース）。インドも約2・7％から約5・7％に倍増、ASEANは約3・0％から約4・3％に増加する。日本や韓国、台湾等その他アジアを含めたアジア全体では10年時点の世界GDPシェア約28％から30年には約38・9％

図表3-6　世界のGDPシェア（2010年と2030年）

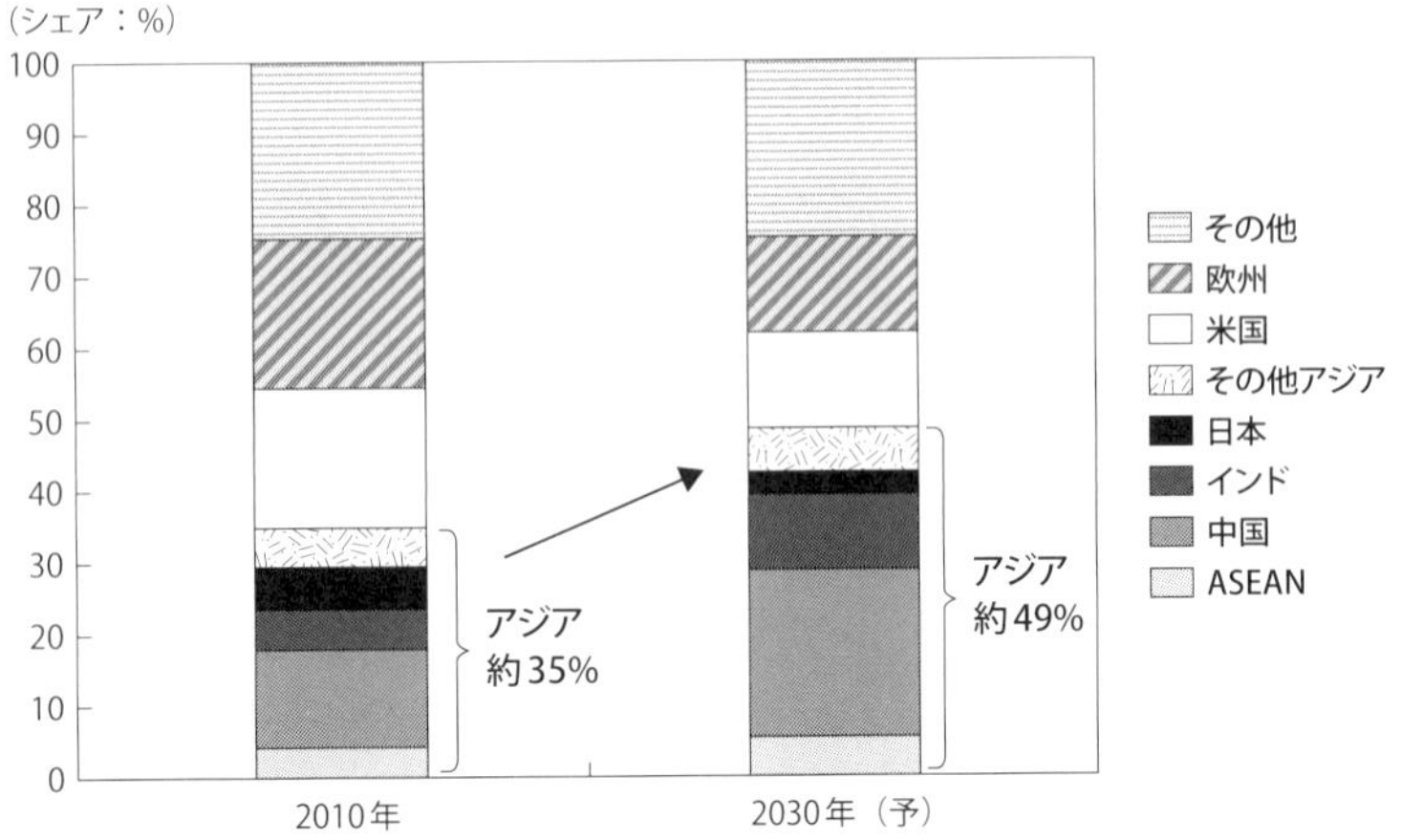

（注）ADB、ADBIの「ASEAN, PRC, and India: The Great Transformation」（2014年9月）より引用、購買力平価ベース（2005年米ドル基準）、2030年はADB、ADBI予想
（出所）ADB、ADBI資料よりみずほ証券作成

に上昇し、世界の約4割を占める。購買力平価ベースのGDPでは2030年に約5割となり、世界経済の重心が少なくとも経済規模の面では欧米からアジアにシフトすると言える。2010〜2030年の平均経済成長率は中国が7・1%、インドが7・6%、ASEANが5・6%となっており、中国等は、現在ではやや楽観的な予想となっている点を割り引いてみる必要があるが、中間所得層の増加による耐久消費財需要や都市化にともなうインフラ投資需要が成長をけん引する見込み。実際、中間所得層の数は2030年に中国が11・1億人、インドが10・5億人、ASEANが4・5億人となり、アジアの中間所得層の世界シェアは10年の約2割から30年には5割強に増加する見通し。

図表3-7　日系企業の海外現地法人売上高（四半期：2003/3〜2016/6）

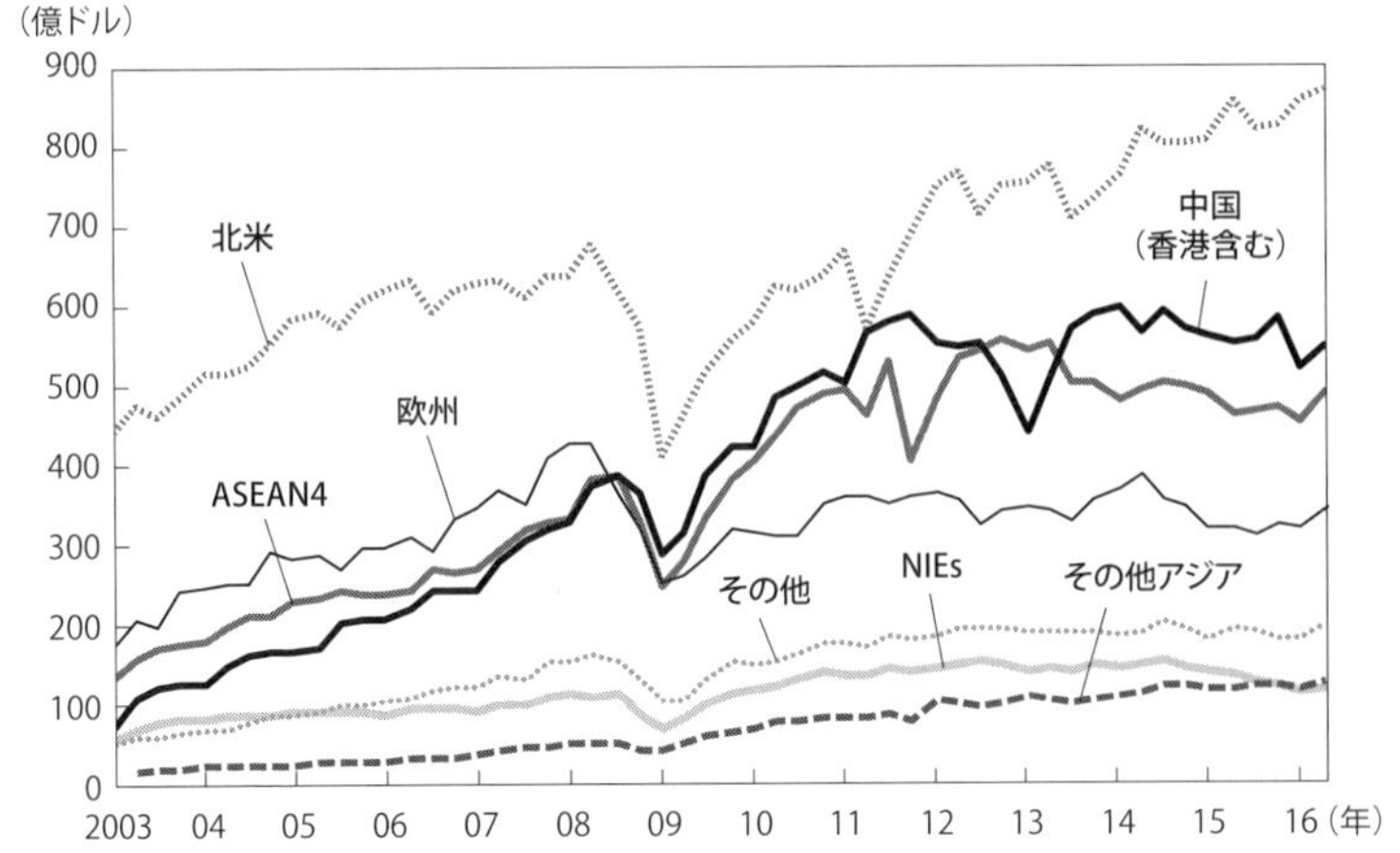

（注）直近は2016年4-6月調査、調査回答企業4313社、ASEAN4はタイ、マレーシア、インドネシア、フィリピン。その他アジアは2003年6月から
（出所）経済産業省「海外現地法人四半期調査」よりみずほ証券作成

日本企業にとってアジアの成長を取り込むことが重要に

日本では今後人口減少が加速し、長期にわたって経済成長に重しとなる可能性が高い。女性の活躍や移民の受け入れを拡大するほか、ロボットの活用等を通じて人手不足等のマイナスの影響を和らげる必要があるだろう。加えて、中長期的にアジアの成長を取り込んでいくことも重要だろう。ただ、中国やＡＳＥＡＮ、インドにおいて日本企業のプレゼンスは近年足踏みしている状況だ。経済産業省の「海外現地法人四半期調査」によると、日本企業の現地法人の売上高は米国において過去最高を更新し堅調なものの、アジアにおいては中国やＡＳＥＡＮ向けに力強さがみられない。ハイテクや家電においては韓国や台湾、中国企業が輸出競

争力をつけ、日本企業は生産体制の見直しを余儀なくされている。鉄鋼や化学、機械といった分野でも中国企業が輸出攻勢をかけたり、徐々に技術力をつけていることが影響していよう。中期的に業界再編や現地化の促進により競争力を強化して中国やＡＳＥＡＮに加えて、インド等その他の市場も開拓していく必要があるだろう。

②中所得国の罠を乗り越えるためのＡＳＥＡＮの課題

中国経済への依存度が高まる、内需の拡大がカギ

ＡＳＥＡＮ経済はリーマンショック直後の２００９年に、実質ＧＤＰ成長率が前年比＋１・９％（ＡＳＥＡＮ10カ国ベース）と主要先進国が大幅なマイナス成長（米国同▲２・８％、日本同▲５・５％）となるなかでもプラス成長に踏みとどまり、２０１０年は同＋７・９％と急回復。ただ足元の２０１６年成長率は３年連続で４％台半ば（ＩＭＦ予想）となり、ＡＳＥＡＮの成長率のトレンドとみられる５％強を下回る緩やかな伸びにとどまる見込み。

背景には、中国経済の減速により輸出が中国向けを中心に鈍化していることが大きい。ＡＳＥＡＮからの中国向け輸出シェアは２０１３年に16・２％と10年間で６・３％ポイント上昇し、国別輸出先として２位ながら輸出全体をけん引したが、２０１４年は15・７％と低下した。

図表3-8　アジアの中国向け輸出額GDP比（年次：2000〜2015）

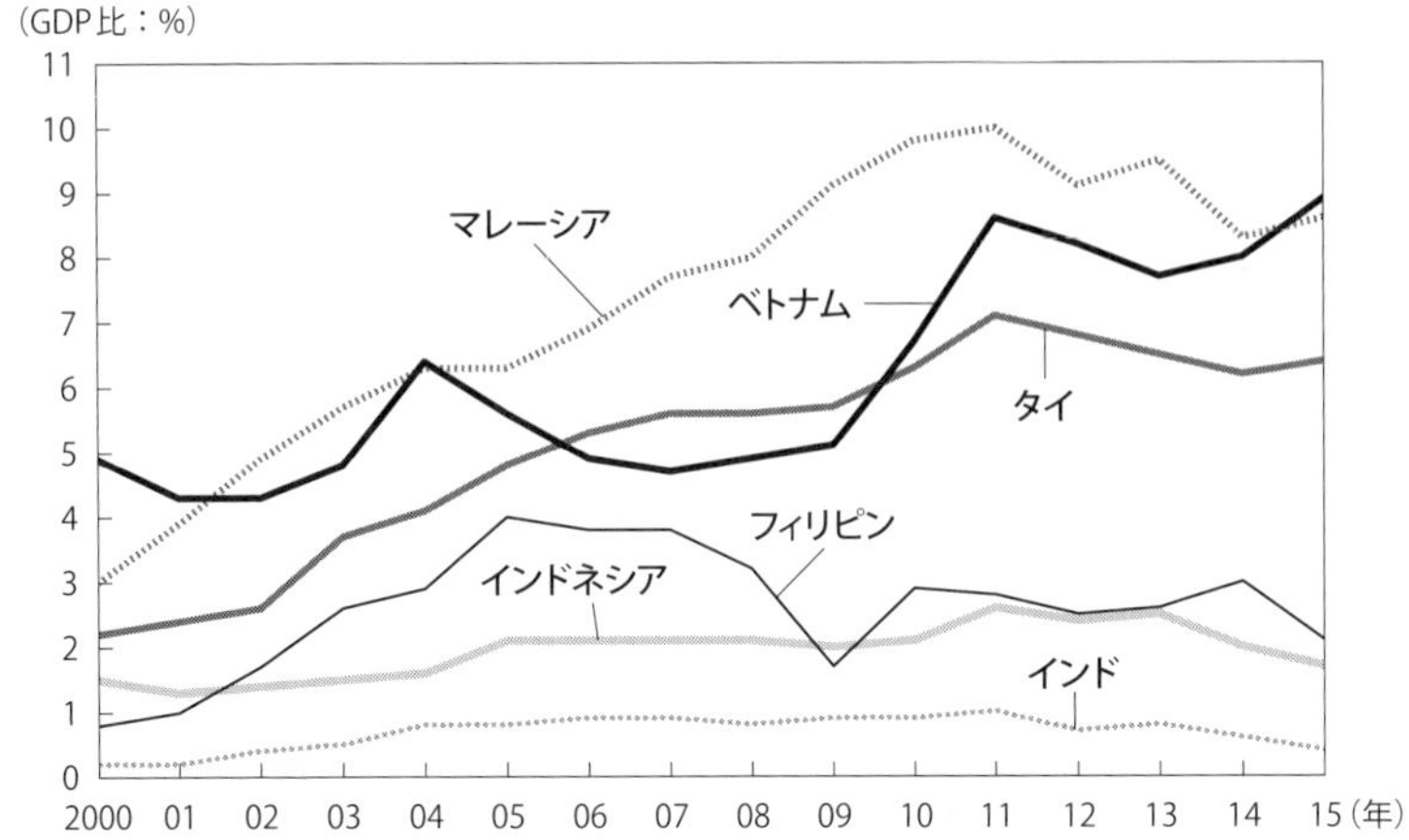

（出所）CEICデータよりみずほ証券作成

中国は2001年のWTO加盟以降、先進国向け最終製品の輸出基地として台頭したほか、インフラや不動産開発、耐久消費財の需要が大きく増加した。ASEANはこうした中国の需要を賄うため、中国向けに原油やガス、石炭、ゴム、化学製品、食料品といった資源や素材を輸出する基地としての位置づけが強まった。他方、ASEANはハイテク製品や白物家電、鉄鋼等の分野では中国の競争力に押され、中国への生産移管やASEANへの輸出が増加した。リーマンショック前後は中国経済の高成長による資源輸出の増加により、ASEANの輸出は全体としてみれば底堅く推移した。ただ、ここ数年は中国の構造改革や供給過剰により資源需要が鈍化したことや競争激化がASEANの輸出や投資にマイナスに働いているとみられる。ASEANの中国向け輸出額GDP比をみると、マレーシアやタイはこうした中国との競争激化や需要鈍化の影響を強く受けていると言えそうだ。

他方、ＡＳＥＡＮの主要輸出先では、ＡＳＥＡＮ域内向けが全体の約21％と高水準を維持し、２００２年以降、輸出先として第1位が続いている。関税の引き下げにより生産コストが低下、日本等の先進国企業がＡＳＥＡＮ域内で最適な分業体制を構築し、中間財の相互供給を活発化させたこと、また、２０００年代以降、中間所得層の増加により域内の内需が拡大したことが域内向け輸出の増加に寄与したとみられる。今後はＡＳＥＡＮの内需拡大により最終財等の域内向け輸出シェアを増加させ、海外経済の悪化の影響を受けにくくすることも中期的な経済の安定にとって重要だろう。

ＡＩＩＢ等を通じた中国の一帯一路構想は新興国にとってもプラス、ただ課題も多い

２０１５年12月にアジアインフラ投資銀行（ＡＩＩＢ）が北京で設立された。出資総額１０００億ドルのうち、中国が約30％を出資する。中国はすでに２０１４年末には単独でシルクロード基金（総額４００億ドル）を設立しているほか、２０１５年7月には新開発銀行（通称：ＢＲＩＣＳ銀行、出資総額５００億ドル、中国、インド、ロシア、ブラジル、南アの5カ国で20％ずつ出資、将来は１０００億ドルに出資総額を拡大予定、本部上海）も設立している。アジアにおける途上国の経済開発を支援する国際金融機関としてはアジア開発銀行（ＡＤＢ、１９６６年発足、本部マニラ）がある。最大の出資国は日本（15・7％）と米国（15・6％）であり、中国（6・5％）は3位である。ＡＤＢでは欧米や日韓を含めた先進国が64・6％の出資比率と58・6％の議決権を押さえており、ＡＩＩＢとは対照的だ。中国はＡＩＩＢ等の新たな国際機関や基金を通じて、中国の掲げる「一帯一路」構想の実現を目指す。一帯一路構想と

は海のシルクロードと陸のシルクロード（シルクロード経済ベルト）からなり、前者は中国から南シナ海、インド洋、アラビア海を経て欧州まで海路で結ぶもの。後者は中国と欧州を陸路で結ぶもので、中央アジア、西アジア、ロシア等を経由する。いずれも周辺国へのインフラ投資の促進を通じて経済的な結びつきを強め、中国の経済・外交面での覇権拡大を目指す。同時に、経済協力や貿易拡大を通じて人民元の利用を促し、人民元の国際化にも寄与させる。また、中国経済はリーマンショック以降の大型景気対策により投資が過熱し、国内は供給過剰に直面しているため、インフラ輸出を通じて中国国内の雇用や景気の下支えを図るといった面も大きい。

東南アジアやインドはまさに中国の一帯一路構想において主要な投資対象地域となっており、インフラ不足の解消に中国マネーが寄与する可能性がある。ＡＤＢの２０１２年時点の試算ではアジアのインフラ需要は２０２０年までの11年間で総額約８兆ドルと極めて大きい。アジア新興国諸国の財政支出や民間投資に加えて、ＡＤＢや世銀、各国の政府開発援助（ＯＤＡ）に加え、ＡＩＩＢやシルクロード基金、安倍首相のもとでの日本のインフラ輸出の促進等がこうしたインフラ需要を取り込む。

ＡＩＩＢの融資規模を考えると、ＡＤＢの出資額が約１５００億ドルに対して、融資総額が９０８億ドル（２０１６年3月末）である。ＡＩＩＢは出資総額が１０００億ドルであり、単純に両者の比率を当てはめれば、将来的にＡＩＩＢも６００億ドル規模の融資が行われる余地があろう。ＡＤＢは負債のうち７１５億ドルを債券発行等で賄っているが、米大手格付け会社よりＡＡＡ等の最上位格付けを取得している。ＡＩＩＢが高格付けを取得するためには融資に当たってリスク管理や経営の透明性向上等、課題が多いとみられる。２０１６年にＡＩＩＢは12億ドルの融資を行うことを目標としているが、

ＡＤＢの２０１５年融資額が２７１億ドルだったことからしても慎重な額だ。ＡＤＢとの協調融資が多くなっており、融資ノウハウの蓄積を進めているとみられる。インフラ投資は期間が中長期におよぶプロジェクトが多くリスクが高いため、融資の焦げ付きを少なくする等、リスク管理が課題となる。

他方、中国は２０００年代以降、資源獲得のため国営石油企業を中心にアフリカや中南米等で積極的な投資や融資を行ってきたが、商品市況の下落による投資採算の悪化や地域紛争等の政治リスクにより不良債権化するものも多くなっているとみられる。インドネシアにおける鉄道建設では計画がずさんであるため遅れも発生している。今後は一部の国営企業の業績が悪化していることや、国営企業を監督・支援する中国当局も外貨準備が減少していることから投資スピードはやや鈍化するだろう。また、ＡＩＩＢの成功には融資におけるリスク管理や各国、国際機関との協調が求められる。

ASEAN先行国の一部は中所得国の罠にも直面か

２０００年代以降、新興国が高めの成長となり所得水準の上昇する国が増加したが、足元は景気が減速している国が多い。成長鈍化が一時的なものであり、再び高成長に回帰していくのか、それとも中期的に成長が低迷するのか注目される。

厳密な定義はないが、新興国が中所得国に達すると成長スピードが中長期にわたって鈍化するという「中所得国の罠《わな》」に陥るケースが多いとされる。背景には、低所得国から中所得国に至る過程では、安価で豊富な労働力を目指して海外からの直接投資が増加、農村から都市部への労働移動（都市化）もあって、繊維等の低賃金・労働集約的な産業が輸出のけん引役となり、所得が上昇するケースが多い。

図表3-9　経済成長と1人当たりGDP

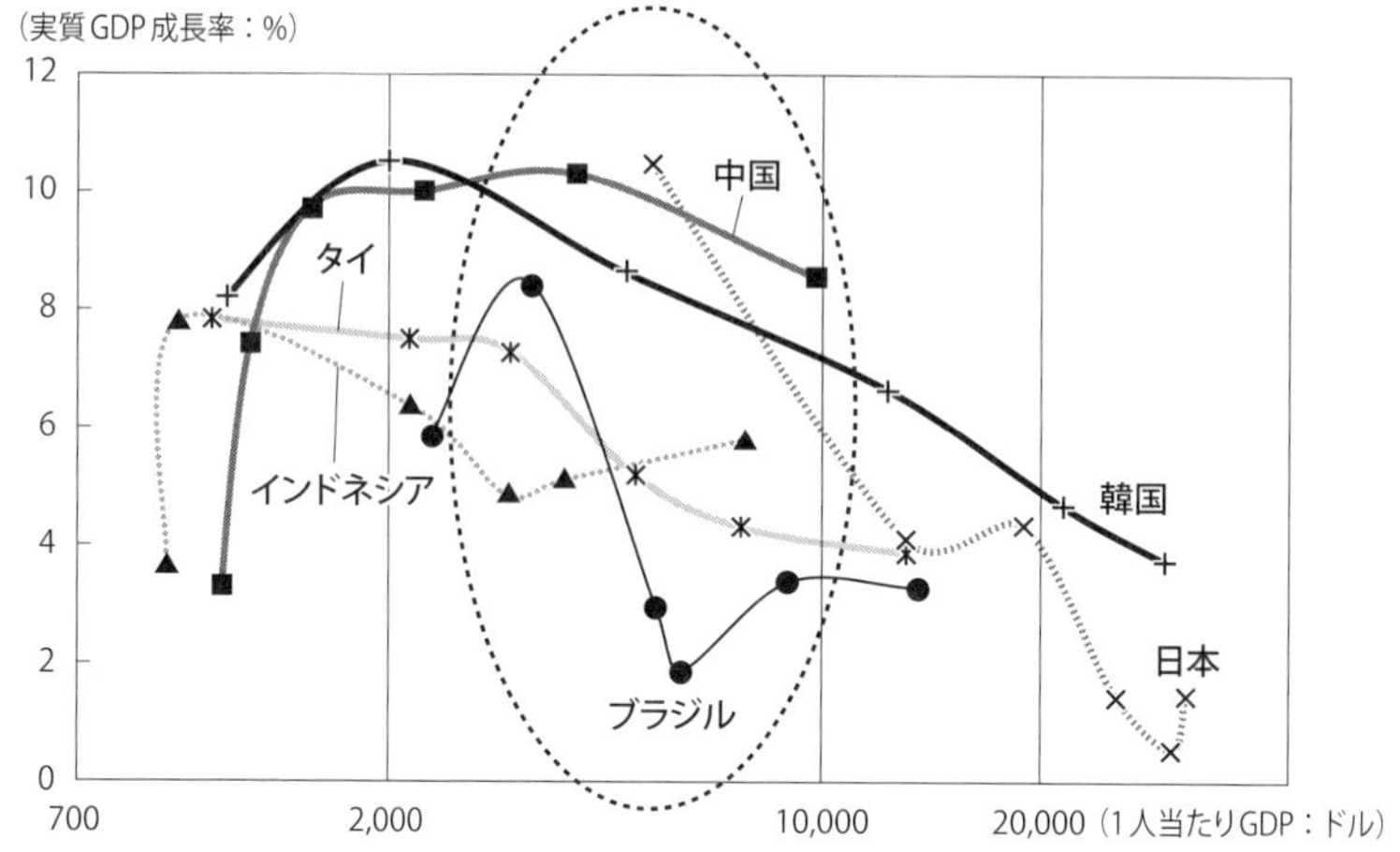

（注）スタートは1960年代、各年代の平均、2010年代は2010〜14年平均、横軸は対数表示、1人当たりGDPは購買力平価ベース（2011年米ドル基準）
（出所）世界銀行、Pen World Table資料よりみずほ証券作成

ただ、中所得国になると、周辺の低所得国に比べて輸出競争力が低下する一方、労働集約産業や一次産品に代わる新しい産業の育成が遅れ、成長が停滞するというものである。また、政情不安や治安悪化、汚職等は海外からの直接投資や成長を阻害する要因となる。こうした状況を脱するには新たな産業への資本や労働の柔軟なシフト、技術革新による新製品の開発、教育による人材の高度化等が重要になるとみられている。

実際、過去には中南米やアジアの多くの国で１９６０〜１９８０年代に１人当たりＧＤＰが２０００〜３０００ドル程度（購買力平価ベース）に達した後、１万ドル前後に至る過程で多くの時間を要している。中南米諸国では、70年代のオイルショックやその後の商品市況の下落、保護主義的な産業政策が成長を停滞させ、双子の赤字が拡大、成長が長期にわたって低迷した。2000年代のコモディティのスーパーサイクルはブラジル等の資源国の所得を再び押し上げたが、現在は商品市況の低迷が景気や財政収入にマイナスに働いている。財政改革等を通じて経済の安定を目指しているが、かつてのような高めの成長に回帰するには時間を要しよう。

一方、アジアでは日本や韓国、台湾、シンガポールといった一部の国はハイテクや自動車等の輸出競争力のある産業の育成に成功し、高所得国入りを果たしている。ただ、自国資本の輸出競争力ある産業や企業の育成が十分ではなく中所得国で足踏みしている国も多い。

今後のアジア新興国の課題としては、生産年齢人口比率のピークアウトや高齢化による労働力不足、賃金上昇による輸出競争力の低下懸念、グローバルに競争力のある自国資本の企業育成や技術革新の遅れをどう克服していくかといった点が挙げられよう。次にこうした点をみていきたい。

人口面でアジアは2極化、活力のある国は?

その国の中期的な経済成長をみるうえで、人口動態の変化が経済に与える影響が一番予測しやすくブレが少ないとみられている。特に生産年齢人口比率(人口に占める15~64歳の比率)の変化が経済へ与える影響が注目される。生産年齢人口比率が上昇すると、就業者が増加し、貯蓄率が上昇、投資に資金が回り成長が加速しやすいとされる。生産年齢人口比率のサイクルは、例えば日本では第二次世界大戦の終了で出生率が急上昇したが、その後、経済復興にともなう所得上昇や欧米のライフスタイルの流入で出生率が低下した。出生率の低下により人口に占める若年層(0~14歳)のシェアが低下し、

図表3-10　アジア新興国と日本の生産年齢人口比率（年次：1990〜2050）

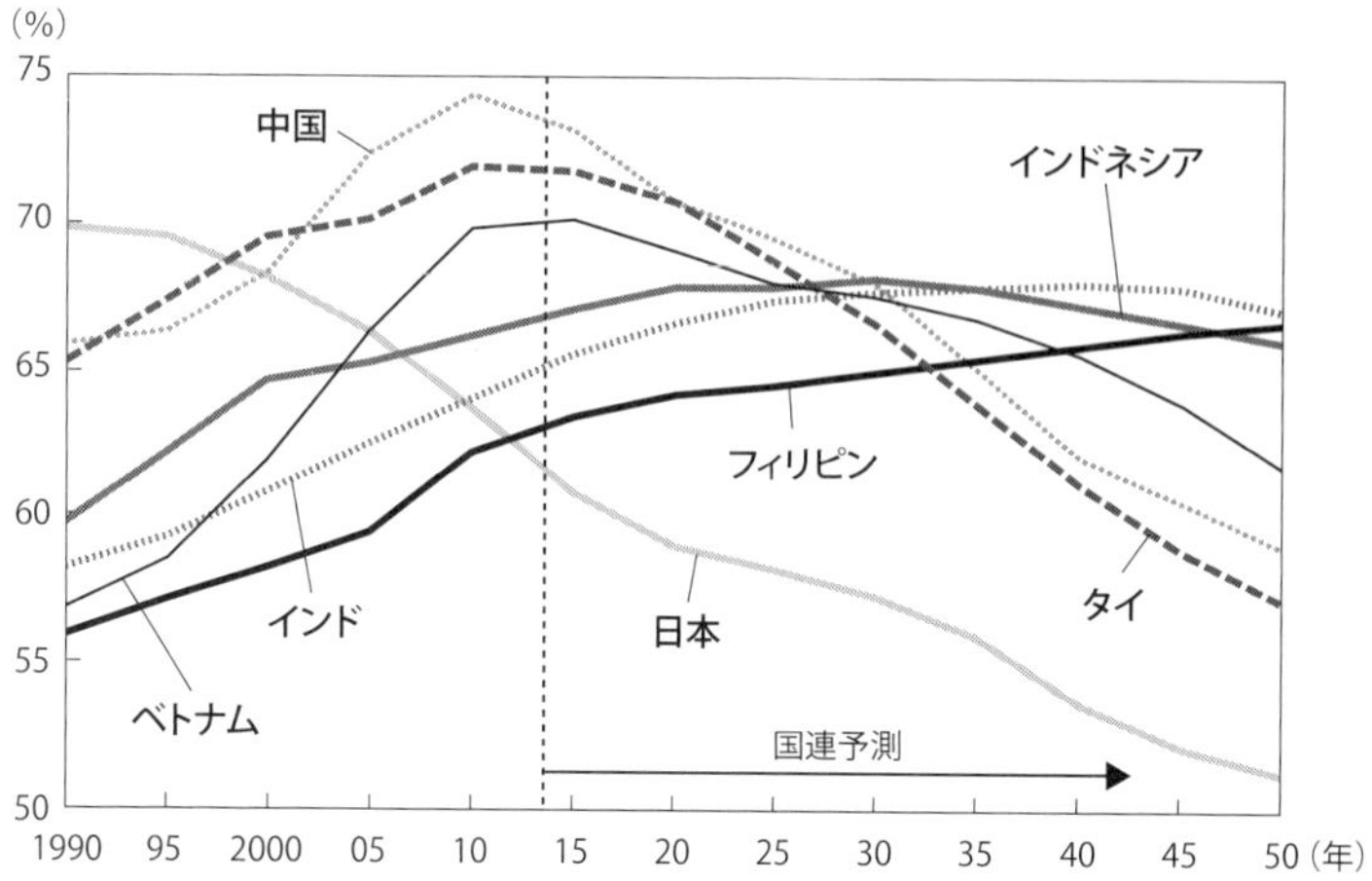

（注）総人口に占める生産年齢人口（15〜64歳）のシェア、2015年以降は国際連合の予測値
（出所）国際連合の資料よりみずほ証券作成

生産年齢人口比率は上昇し始める。日本の高度経済成長期（1950年代半ば〜1970年代前半）は生産年齢人口比率が大きく上昇した1960年代を中心としている。ただ、生産年齢人口比率の上昇が経済成長につながるためには、雇用の受け皿となるべき製造業がある程度発達していることが条件であり、日本ではこうした条件が備わっていた。その後、少子化世代が生産年齢の中核となると生産年齢人口比率はピークアウトする。日本の生産年齢人口比率は1990年代後半以降、ピークアウトしており、当時はバブル崩壊後の「3つの過剰」（1999年経済白書、雇用、設備、債務の過剰を指す）の処理等で不況に陥った時期と重なる。

新興国では、中国は生産年齢人口比率が2010年代前半にはピークアウトしており、リーマンショック直後の大型景気刺激策にともなう過剰債務や過剰設備問題への対応もあり、中国経済が2000年代に比べて減速し始めた時期と重なっている。タイ、ベトナム等では2010年代後半にもピークアウトが予想されており、人口面から経済へのマイナスの影響が予想される。タイについては、すでに中所得国となっているが、貧富の格差が大きく人口の約65%は所得の低い農村人口である。すでに失業率は1%程度で完全雇用に近く、都市部の労働需給はひっ迫し、外国人労働者に一部依存している。こうしたなかで人口の多い農村部の高齢化は将来的な労働投入量が減少することを意味する。日系企業の産業集積が進むタイであるが先行きは楽観できない。ベトナムについても、低賃金・労働集約的な産業が依然として主要産業となっており、生産年齢人口の減少で労働投入量が減少すれば、経済成長率にとって重しとなる。そうなる前にAEC等を通じて外資導入による製造業の育成や国有企業改革を行い成長を高める必要がある。

一方、インドネシア、フィリピン、インド、ミャンマー、カンボジア等は当面、人口面からのマイナスの影響が小さい。イスラム教徒が多いインドネシア、カトリック教徒が多いフィリピン等、避妊や中絶に否定的といった宗教的な要因も受けた人口政策により、出生率が高めに推移してきた。その他の国については所得が低く、農村部等において農業労働力として子供が必要だったり、避妊の普及が遅れたりしていることが出生率の高止まりに影響しているようだ。以上のようにアジア新興国では人口面からみて一様ではないことがうかがえる。

賃金上昇で翳る中国の競争力、ＡＳＥＡＮは産業集積の厚みでキャッチアップの余地

輸出の競争力という点で賃金面の推移も注目される。アジア各国における日系企業の人件費はリーマンショック以降、大きく上昇した。２００９年当時は中国（広州）、マレーシア（クアラルンプール）、タイ（バンコク）、フィリピン（マニラ）、インド（ニューデリー）といった国の工場労働者の賃金は４０００ドル台でほぼ横並びであったが、その後、中国の伸びが特に目立ち、２０１４年時点では約２倍の１万ドルと、マレーシアやタイの７０００ドル台、インドやインドネシア、フィリピンの４０００〜５０００ドル台、ベトナムやミャンマーの２０００〜３０００ドル台等、他の国を引き離している。この結果、繊維等の労働集約的な産業は中国からベトナムやバングラデッシュ、ミャンマー、カンボジアといった国に生産拠点の一部をシフトする動きがみられている。

もっとも、中国の輸出競争力がこのまま低下して、製造業が衰退するとまではみていない。というのも、例えば日系企業のアジア各国における原材料・部品の調達先をみると、中国では現地からの調達が６割以上を占め、アジア各国のなかで現地調達率が高い。産業集積の厚みがあることがうかがえ、人件費が相対的に上昇しているものの、ハイテクや機械、鉄鋼といった分野ではアジアのなかで引き続き競争力が高いとみられる。中国を追うタイも現地調達率が高いが、労働力不足や政治的な不安定さ等の課題を抱えており、中国にすべて取って代わるほどのポテンシャルがあるわけではない。中国においては技術開発投資や人材教育等の面では先進国に対してキャッチアップの余地が大きいが、重厚長大産業に強い国営企業に加え、家電や通信、インターネット等では、グローバルに競争力のある民間企業が育っている。資本を蓄積して中期的に技術力が向上していくとみられる。

図表3-11　アジアの日系企業の人件費比較（2009年度と2014年度の比較）

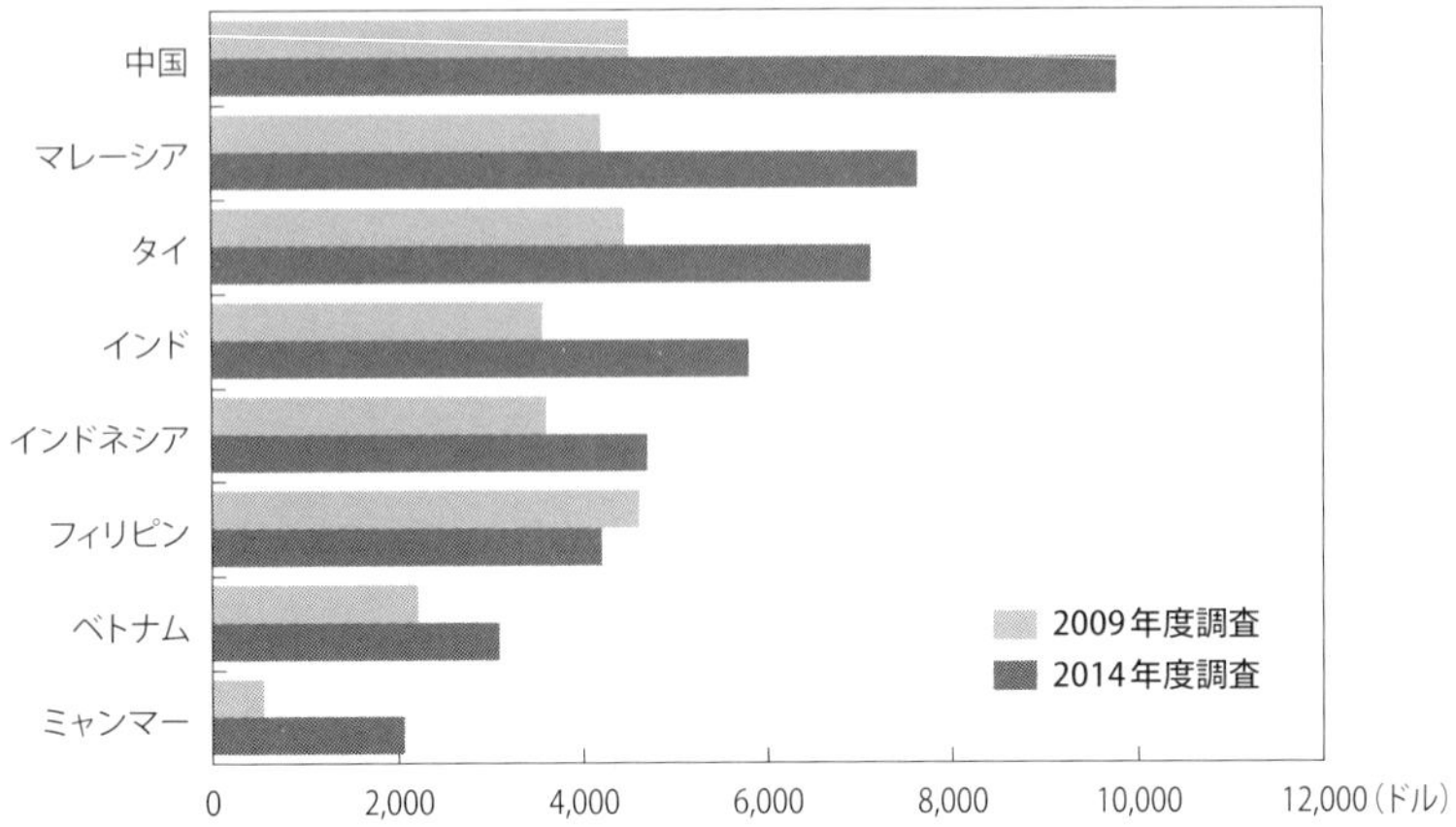

（注）ジェトロ「投資コスト比較」の実務経験3年程度のワーカーの1人当たり年間負担額（基本給、諸手当、社会保障、残業、賞与等）。対象は日系企業。中国は広州、マレーシアはクアラルンプール、タイはバンコク、インドはニューデリー、インドネシアはジャカルタ、フィリピンはマニラ、ベトナムはホーチミン、ミャンマーはヤンゴン駐在企業ベース、為替は米ドル換算
（出所）ジェトロ資料よりみずほ証券作成

また、インドの現地調達率も比較的高いことが注目される。タタ・グループやリライアンス・グループ等の財閥系企業を中心に製造業や素材関連を中心に幅広い業種で事業を展開していることが寄与している。インフラ等の投資環境が政府の努力により改善すれば、インドの製造業のポテンシャルは高いだろう。

一方、ＡＳＥＡＮではタイに加えて、今後はインドネシアやフィリピンにおいて比較的低い賃金水準や豊富な労働力を生かして輸送用機器、電機や精密機器等の産業集積が進むとみられ注目される。また、タイ周辺のＣＬＭＶ諸国においてもインドシナ半島における東西経済回廊（ミャンマーからタイ、ラオス、ベトナムに至る）、南北経済回廊（中国昆明からラオス、タイに至る）、南部経済回廊（ミャンマーか

図表3-12　日系企業のアジアにおける原材料・部品調達先（2015年度）

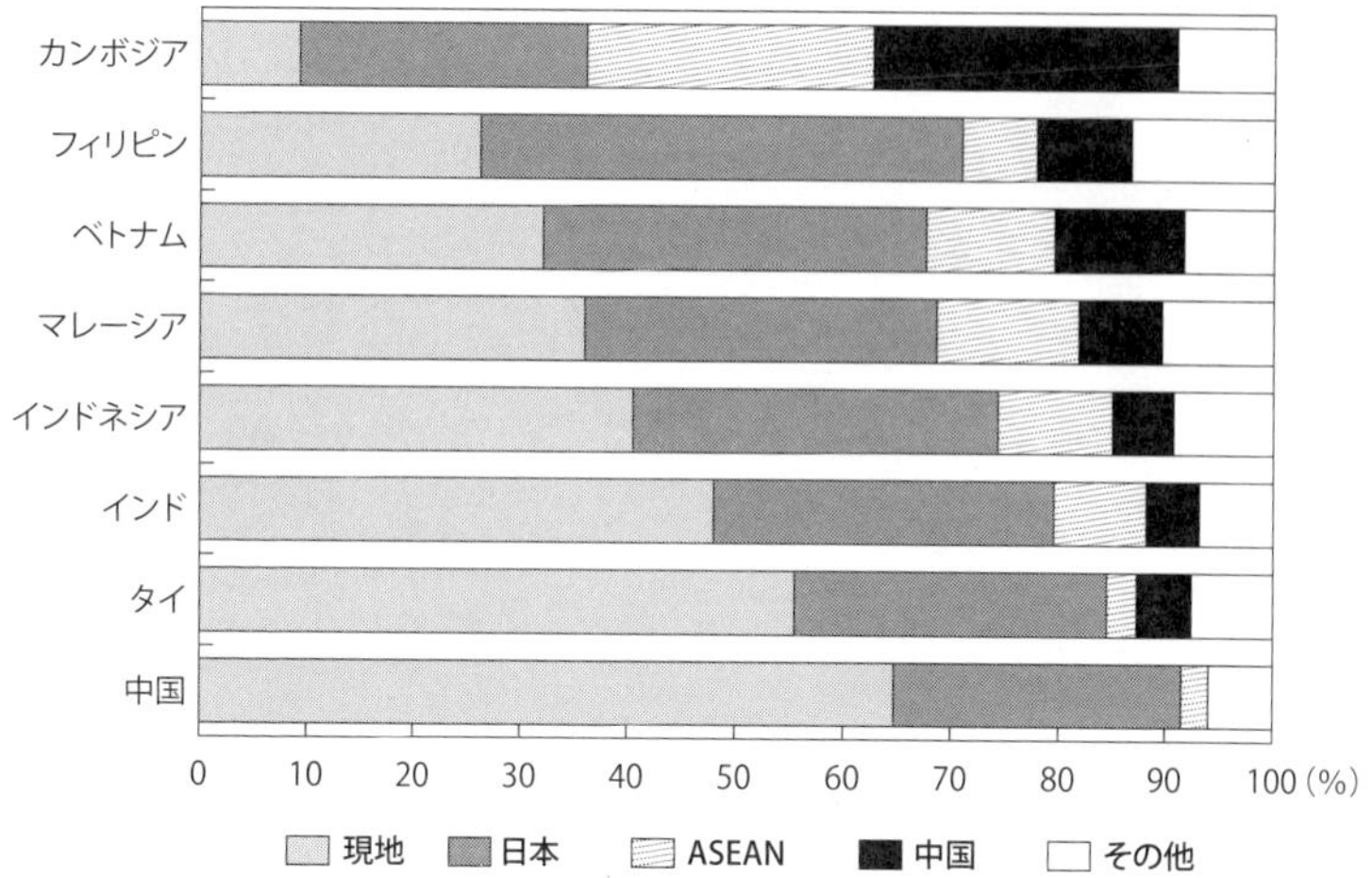

（注）ジェトロの「2015年度アジア・オセアニア進出日系企業実態調査」より抜粋
（出所）ジェトロ資料よりみずほ証券作成

らタイ、カンボジア、ベトナムのホーチミンに至る）といった高速道路の整備が進んでいることにより物流コストが低下しており、タイや中国からの生産移管が続くことで高めの経済成長が続くとみられる。特に、ベトナムは韓国のサムスンやLG等による直接投資が急増し、スマートフォンや家電の生産・輸出が増加している。政府が工業団地の組成促進や投資優遇策の実施に努めているほか、政治的な安定が寄与しているとみられる。カンボジアについても外資規制が比較的緩く、外資系企業により工業団地の組成が続いており、労働集約的な産業を中心に高めの成長が見込まれる。

③ASEANは政治的な安定がカギ、地政学リスクに留意

政治・経済とも転換期にあるマレーシア

ASEANの経済成長が中期的に続くのかという点に関しては政治的な安定が重要になる。ここでASEAN各国の政治動向と政策面の取り組みを概観する。

まず、マレーシアについては、1957年にイギリスより独立して以来、与党連合の統一マレー国民組織（UMNO）による長期安定政権が続いている。政府の政策目標の1つは人口の約67％を占めるマレー人と華人系（25％）、インド系（8％）の人種間の融和である。政治・行政面ではマレー人が優位だが、経済面では裕福な華人系に対して、農村部を中心に低所得層が多いマレー人という所得格差が生じた。政府はブミプトラ（サンスクリット語で土地の子）政策を掲げ、大学入学や就職、株主資本等の面でマレー人を優遇する政策をとってきたが、こうした人種差別的な政策に反発する一部の華人が海外に留学・就職するといった頭脳流出が問題となっている。

もっとも、1981年に就任したマハティール元首相は日本の経済成長を見習い、「ルック・イースト」政策を掲げて、外資誘致や輸出増加に成功、高めの経済成長が続き、財政面からの所得底上げ政策が寄与して、政治的な安定が長く続いていた。

だが、ナジブ首相（09年～）の肝いりで設立された国策投資会社である1MDBの不正会計や不透明

な取引問題が発生し、同首相の汚職疑惑に発展している。中国が1MDBに対して資金支援を実施し、処理は進展しているものの、マハティール元首相とナジブ首相の個人的な確執もあってマハティール氏が与党から離党し、野党とともにナジブ首相の辞任を要求する等、政治的な混乱が続いている。与党UMNOの総選挙における得票率は中期的に低下傾向にあり、こうしたスキャンダルが続くと政権交代の可能性も将来的に出てくるとみられる。経済のみならず、政治的にさらに成熟するためには安定的な政権交代も必要になってこよう。現在はその過渡期とみられるが、短期的にはこうした政治的な混乱が収束するのか見ていきたい。

他方、2016年経済成長率は前年比+4%台前半と2年連続で鈍化し力強さがみられない。これは原油価格の下落による輸出や財政収入へのマイナスの影響や、パソコンや白物家電といったかつての輸出のけん引役が中国への生産移管が進んで低調となっていることが大きい。政府はこうした成長鈍化による財政収入の鈍化を受けて、2015年に付加価値税の導入に踏み切った。第1章でもふれたマレーシアの家計部門の負債GDP比は15年末時点で約89%と10年間で2割上昇した。中間所得層の増加により住宅ローンがけん引した。ただ当局による銀行に対する窓口指導により貸出は鈍化、不動産市場はスローダウンしている。また、家計資産GDP比は180%台となっており、家計のバランスシートは比較的健全である。今後は、国有企業改革を行い、資源やサービス部門を中心に民間企業や外資の新規参入を促して雇用を増加させ、成長の底上げにつなげる必要があるとみられる。

民政移管が遅れるタイ

タイでは1980年代後半から1990年代前半には円高を受けた日本の製造業等の進出により高成長が続いたものの、大多数の農民は貧しく、貧富の格差は拡大、政府・官僚の汚職が蔓延し、軍部によるクーデターもしばしば起こった。アジア通貨危機後の1998年にタクシン・チナワット氏は愛国党を結成、2001年には過半数の議席を得て首相に就任した。彼は、農民等貧困層の不満をうまく捉えバラマキにより圧倒的な支持を得て、2005年にはタイで初めて単独政権を樹立した。ただ、タクシン首相の不正献金疑惑やマスコミの報道統制等、強権的な手法は軍部や政界、司法等の既得権層や都市部中間所得層の反発を買い、脱税疑惑等により2006年4月に退陣に追い込まれた。その後、2006年9月には1992年以来となる軍部によるクーデターが発生した。その後、タクシン派と反タクシン派の対立が繰り返され、タクシンの妹であるインラック・チナワット首相（2011〜2014年）も国家安全保障会議の事務局長の人事に不当に介入したとして2014年に憲法裁判所により違憲とされ失職した。こうした対立の背景には、貧富の格差が大きいなかで、農民等の低所得層がタクシン首相によって権利意識に目覚めたことが大きいと考えられる。2014年に成立した軍事政権は、地方振興や富裕層に対する課税強化等を通じて所得格差の解消を図るが、時間がかかるとみられる。

他方、軍部のクーデターを含む頻繁な政権交代により、経済政策は変更や中断が目立っている。海外からの直接投資や経済成長率の鈍化をみても、2000年代以降の政治的な混乱がタイ経済に影を落としていることがうかがえる。近い将来、生産年齢人口比率の低下により労働力不足に拍車がかかるとみられ、カンボジア等周辺国への工場移転が進むリスクがある。政府は産業の高付加価値化や新

図表3-13　タイの実質GDP成長率と主要需要項目の寄与度（四半期：2009/3〜2016/6）

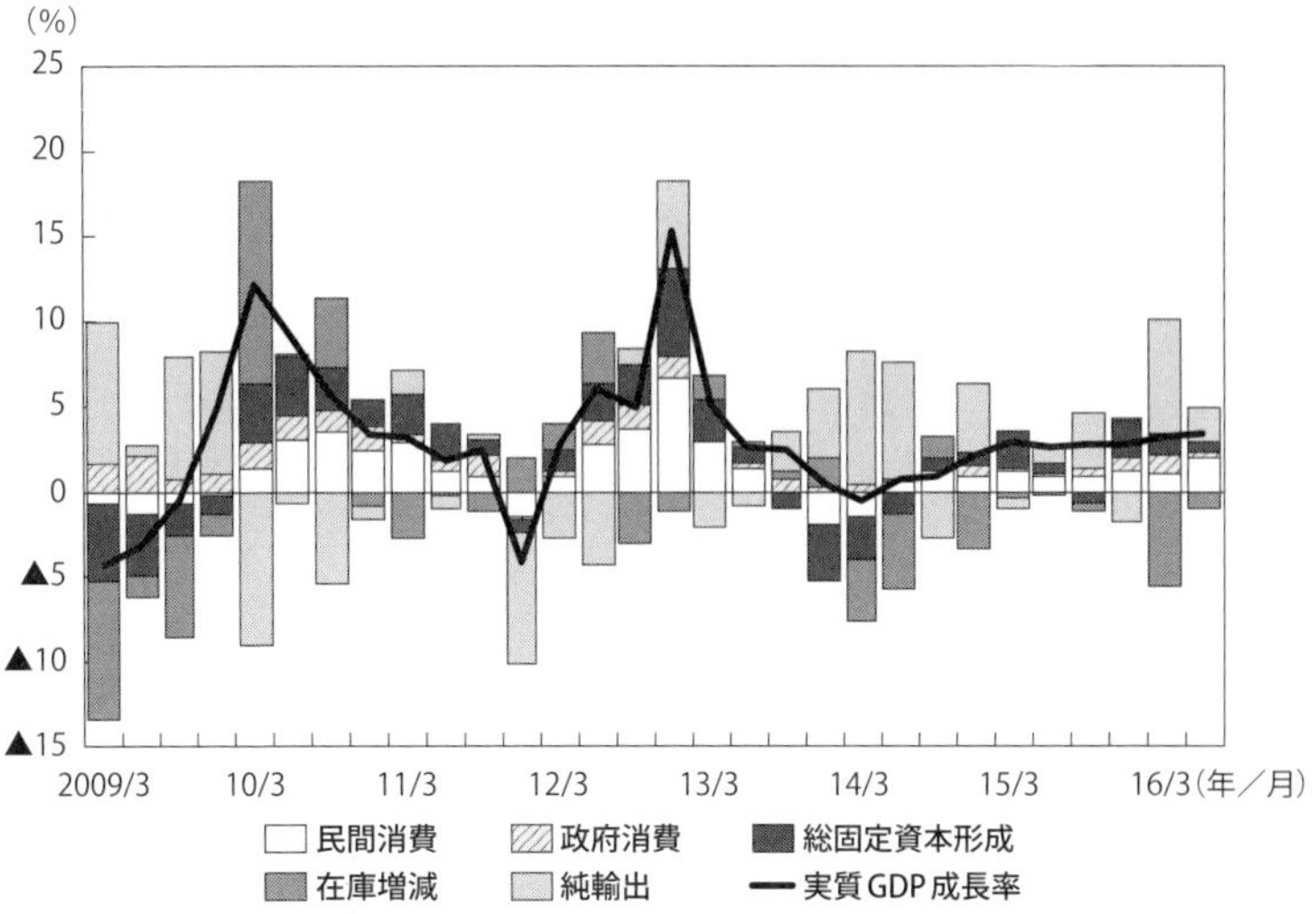

（注）前年比、統計上の不突合により各項目の合計は実質GDP成長率に一致しない
（出所）ブルームバーグのデータよりみずほ証券作成

規産業の育成を進めており、シンガポールがアジアの金融センターを志向しているのに対して、タイは製造業等のアジアの地域統括本部機能のハブとなることを目指している。こうした取り組みを強化して一体化が進むＡＥＣの成長を取り込んでいく必要がある。そのためには早期に民主化し欧米や日本等の先進国から投資を呼び込む必要があろう。

投資環境の整備進むインドネシア

インドネシアでは、第二次世界大戦後、スカルノ大統領（１９４５～１９６７年）、スハルト大統領（１９６７～１９９８年）といった長期独裁政権が続いたあと、アジア通貨危機以降の景気低迷が続くなかで短命政権が続き、政治的に不安定であった。こうした状況に変化をもたらし

図表3-14　インドネシアの実質GDP成長率と主要需要項目の寄与度
（四半期：2009/3～2016/6）

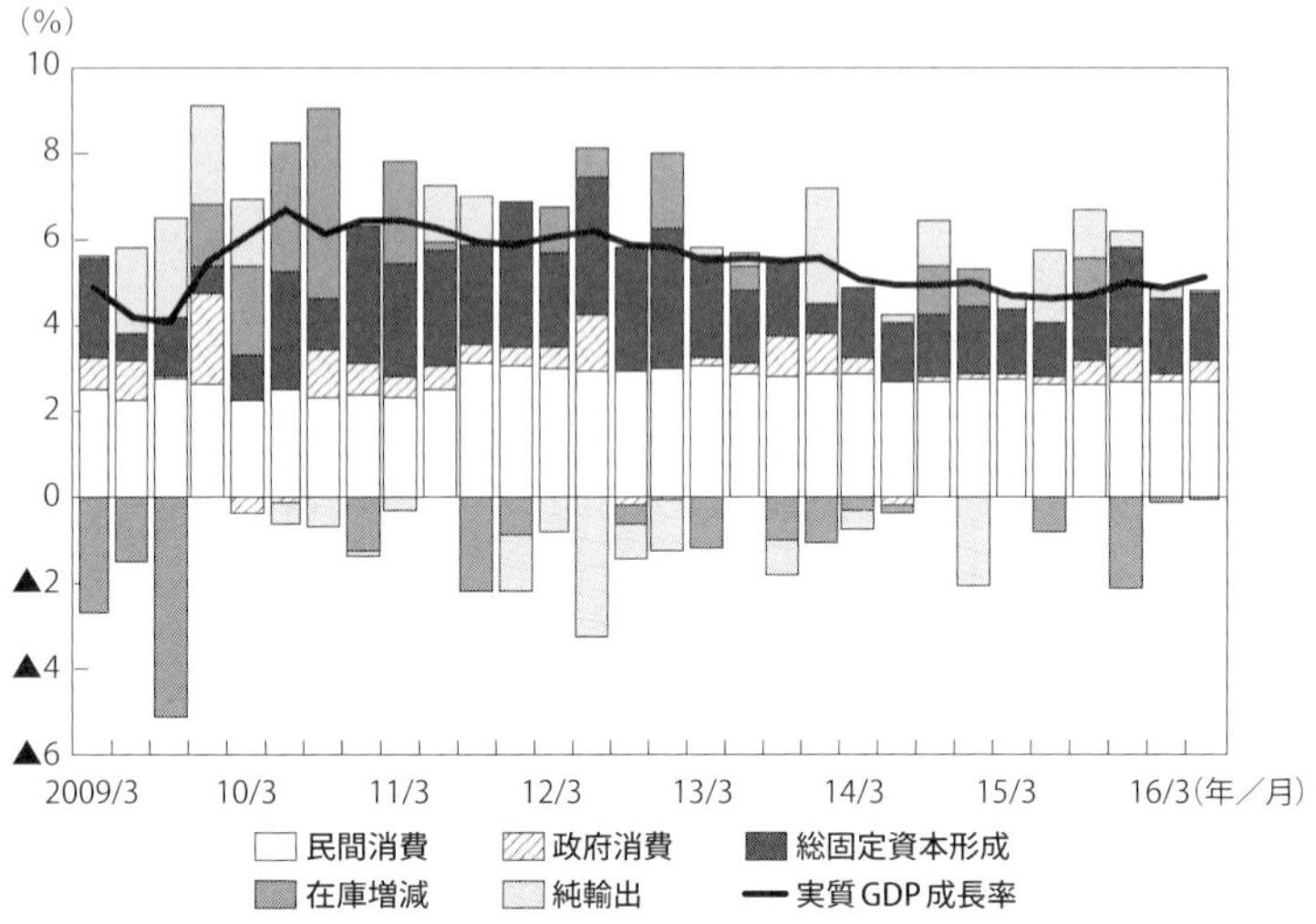

（注）前年比、統計上の不突合により各項目の合計は実質GDP成長率に一致しない
（出所）ブルームバーグのデータよりみずほ証券作成

たのが、ユドヨノ大統領（２００４～２０１４年）である。アチェ紛争（アチェ人による分離独立運動）を終結させたほか、相次ぐテロを起こしたイスラム過激派を掃討、治安の回復に貢献した。その後、２０１４年10月に大統領に就任したジョコ・ウィドド氏は自ら会社経営の経験があり、ジャカルタ州知事として投資環境の整備に実績のあったことから期待が高かったが、国会において当初、少数与党であったため政策執行の遅滞を招いた。しかしその後、多数派工作により野党の一部が鞍替えし、与党が過半数を得て国会運営の安定感が増した。

インドネシアでは過去の長期独裁政権の反省から、大統領は議会の解散権や法案の拒否権を持っていない。また、国会は比例代表選挙制のもと多くの政党からなり、意思決定に時間がかかり、汚職も多いと言われている。こうしたなか、ジョコ・ウィドド大統領はインフラ投資の増加に向けて州政府の財源を強化したり、海外からの投資誘致のため、投資認可の迅速化にも取り組む等のリーダーシップを発揮している。こうした取り組みが続けば中所得国に達し、自動車等の耐久財の需要が増加し始めている同国への関心が高まり、直接投資の増加が成長をけん引しよう。インドネシアの課題としては、1万3000余りの島々からなる世界有数の群島、海洋国家であり、ジャカルタ等の大都市部を除くとインフラ整備の遅れや所得水準が低い地域が多いほか、輸出については鉱物資源に対する依存度が高く、工業製品のシェアが低い。インフラ整備を通じて製造業や地方の振興が必要になろう。この点、アジア開発銀行等の国際機関や日本等の政府開発援助（ODA）がインフラ投資に貢献してきたが、2010年以降はシンガポール経由や日本企業に加えて、中国（香港含む）や韓国等の直接投資が多くなっている。業種では、輸送用機器や電機・機械、化学といった製造業に加え、電力・ガス・水道、運輸・通信・倉庫といったインフラ関連も目立っており、外資系企業がインドネシアのインフラ分野を有望な投資機会と捉え始めていることがうかがえる。

治安改善が期待されるフィリピン、外交政策のスタンス確認に時間も

フィリピンではマルコス独裁政権（1965〜1986年）下で反共親米路線が続いた。ただ、フィリピン共産党やイスラム過激派による武装闘争が一部で続き、多数の死傷者や拉致・誘拐事件が発生してきた。治安が安定しない地方では貧困が深刻であり、都市に貧民が流入することでスラム問題も生

じた。1986年のエドゥサ革命でマルコス大統領が失脚したあと、コラソン・アキノ大統領（1986〜1992年）時代には軍部によるクーデター未遂事件が度々起き、政情が安定しなかった。続くフィデル・ラモス大統領（1992〜1998年）は国営企業の民営化や外資誘致を行い、経済を回復させ、アジア通貨危機の影響も比較的緩やかとなった。ただ、エストラダ大統領（1998〜2001年）は汚職により任期途中で辞任、アロヨ大統領（2001〜2010年）も大統領退任後の11年に汚職疑惑で逮捕されている。こうしたなか、ベニグノ・アキノ3世大統領（2010〜2016年）はイスラム教徒が多いミンダナオ島を中心に活動するモロ・イスラム解放戦線（MILF）と2014年3月に和平合意に達し、治安改善に貢献した。汚職撲滅に向けた取り組みも評価されている。

経済的には2000年代以降、前年比＋4％〜＋6％台の成長が続いたが、2010年以降は＋6％〜＋7％台に伸びが拡大した。海外からの出稼ぎ送金や国内でのコールセンター業務の拡大、治安改善による直接投資の増加が成長をけん引した。また、中国やタイにおける人件費の上昇や人手不足、日中関係の悪化、タイにおける軍事クーデターにより、チャイナプラスワン（中国に生産拠点を集中することのリスクを避けるため、ASEAN等、中国以外に生産を分散）、タイプラスワン（タイの人件費上昇等で周辺国に生産を一部移転）の動きもフィリピンにプラスに寄与した。経常収支は1990年代まで赤字基調だったが、2000年代初め以降、黒字基調に転じ、財政収支GDP比も小幅な赤字にとどまった。海外からの直接投資や政府のインフラ投資の増加も成長をけん引し、「アジアの病人」と揶揄された時代は過去のものとなりつつある。

2016年5月に行われた大統領選挙では、検事出身でミンダナオ島ダバオ市長を長年務めたロド

図表3-15　フィリピンの実質GDP成長率と主要需要項目の寄与度
（四半期：2008/3～2016/6）

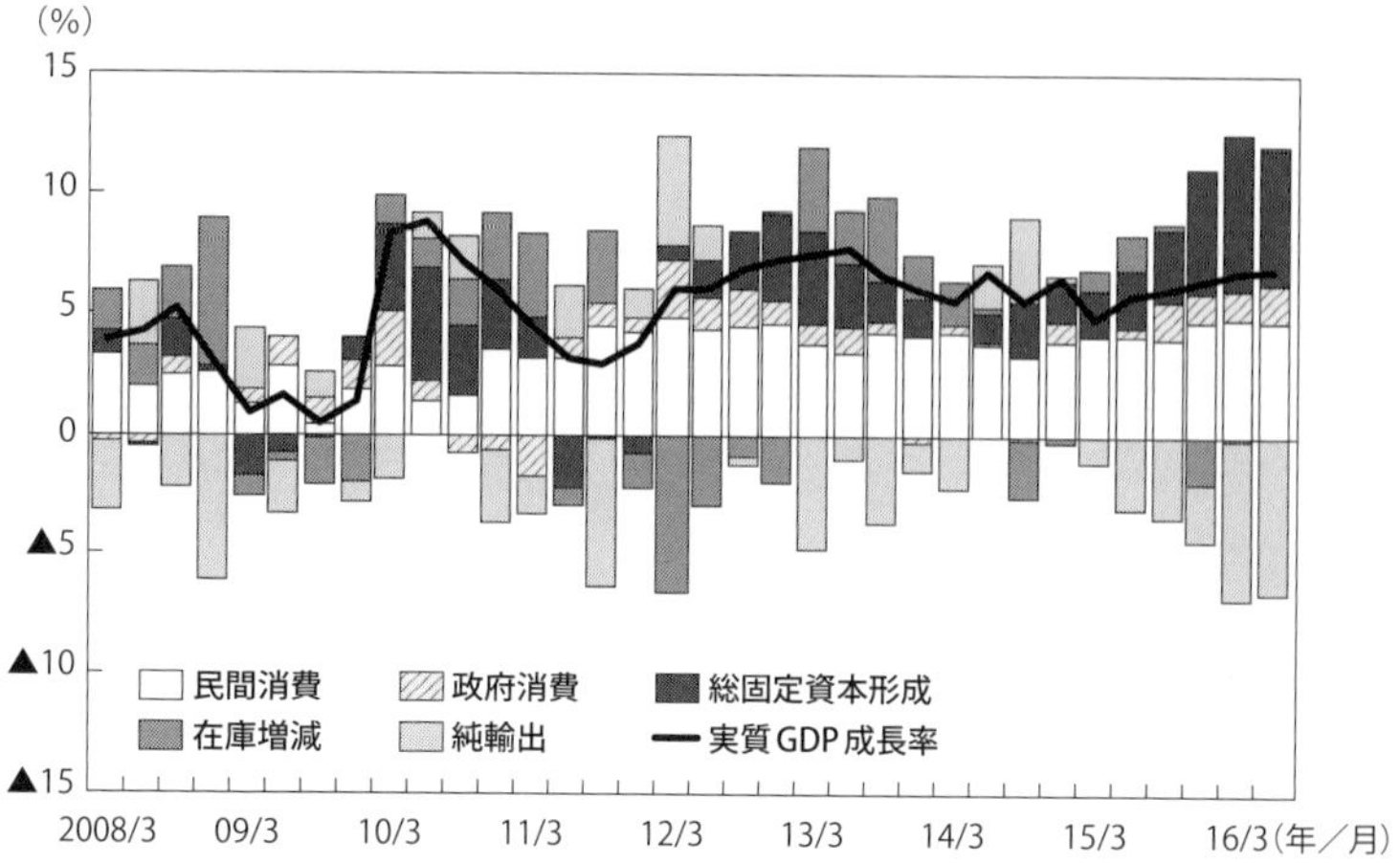

（注）前年比
（出所）ブルームバーグのデータよりみずほ証券作成

リゴ・ドゥテルテ氏が勝利した。同氏はダバオ市長時代に警察力を強化し治安の改善に貢献した一方、自警団を組織して犯罪組織のメンバーを処刑したと噂されているほか、過激な発言が多く、政治に対する不透明感がくすぶった。政権発足後、麻薬捜査の過程で死亡する容疑者が増えており、米国等から反発を受けている。一方、外資導入やインフラ投資の促進、地方振興等を行うと表明しており、こうした点は市場から評価されている。新大統領の課題としては、アキノ大統領が行った治安改善やインフラ投資をさらに進めること、財閥による国内市場の寡占の改善や雇用の増加、等が挙げられる。こうした課題が前進すれば、アジア経済のフロントランナーとしての地位を維持できるだろう。

南シナ海をめぐる中国やASEANの地政学リスクに留意

ＡＳＥＡＮは歴史的に中国と華僑や華人ネットワークを通じて貿易や投資、人的交流等の面で結びつきが強い。２０００年代以降、中国経済の急速な拡大や経済のグローバル化を受けてこうした動きは加速しているとみられる。一方、中国は資源の獲得や外交・軍事面でのプレゼンス向上を目指すなかでアジア周辺国や米国との軋轢が生じている。中国とフィリピン等の間で生じている南シナ海の領有権問題については、オランダ・ハーグの仲裁裁判所が２０１６年７月、中国が歴史的に南シナ海を支配してきた事実はないとして、中国の主張する九段線（１９５３年以降中国が南シナ海の領有権を主張する領域、９つの破線で示される）を無効とした。原告であるフィリピンの主張を全面的に認めるもので中国のメンツは丸つぶれとなった。ベトナムやマレーシアも南シナ海において中国と領有権を争っており、今後同様の訴えがなされる可能性がある。中国は判決を無効としており、国際的な批判が強まるおそれがあるなかでも人工島や飛行場の建設、艦艇や航空機の派遣を通じて南シナ海における覇権拡大の動きを続けるとみられる。中国はフィリピンのドゥテルテ新大統領に鉄道建設支援を申し出る等、懐柔を図っている。ドゥテルテ大統領は中国からの投資拡大という恩恵や国内のフィリピン共産党との紛争解決を目指すうえで中国との関係改善を進めたいところ。もっともフィリピンはアキノ３世前政権時代にフィリピンへの米軍再駐留を決定しており、米国との関係も重視しなければならない。また、南シナ海問題において中国に妥協すれば、国内世論の反発も予想されるため、ドゥテルテ大統領のやや反米的な姿勢が修正されていくのか注目される。他方、カンボジアやラオス、ミャンマー等は貿易や投資の対中依存度が高く、加盟国の全会一致を原則するＡＳＥＡＮでは中国に対する批判を一致して示すことは難しいだろう。今後も経済的な結びつきを背景に、中国のしたたかな外交攻勢が続くとみられる。一方、米国は外交・軍事面で中国に対する圧力をかけつつ、紛争等の発生は望まないとみられる。米国の新大統領の対中・対アジア外交政策が変化するのか注目される。ただ、中国とフィリピンやベトナム等の現場レベルでの不測の衝突には留意したい。そうした場合には貿易や投資面でフィリピンやベトナム等の周辺国へ一時的に重しとなることにとどまらず、中国自身にとっても一帯一路構想やＡＩＩＢを通じたアジアへのインフラ投資促進、人民元の国際化等の構想が遅れるリスクとなろう。

中国はすでに米国と並ぶ大国となったが、２０３０年にはインドも主要な経済大国になっているとみられる。中国とインドという2大国に挟まれたＡＳＥＡＮは地理的に重要な位置にあり、両国から投資や貿易面で恩恵を受け続けるとみられる。また、ＡＳＥＡＮ経済共同体の発足により域内の経済統合がさらに進むとみられ、周辺国とのＦＴＡと合わせてグローバルなサプライチェーンの核としてＡＳＥＡＮの重要性は高まり、ＲＣＥＰ等が成立すればその動きは加速するだろう。マレーシアやタイにおいて中所得国の罠を回避するためにはこうした動きを進め、成長の底上げを図る必要がある。また、政治的な安定に加え周辺国・地域と良好な外交関係が維持される必要がある。そのため、目先は南シナ海問題において米国や日本と協力しつつ中国とどう現実的な打開策を見出すことができるか注目される。

④モディノミクスが成長を底上げするインド

良い意味で期待を裏切ったモディ政権の発足

２０１５年のインドの実質ＧＤＰ成長率は前年比＋７・６％と中国（同＋６・９％）を上回った。これは米国のＩＴバブルや２０００年問題の影響でインドのＩＴサービス輸出や投資が成長をけん引した99年以来となる。背景には、２０１４年５月の総選挙でナレンドラ・モディ氏率いるインド人民党（ＢＪＰ）がシン首相（２００４～２０１４年）率いるインド国民会議派を破り、下院では１９８４年以来となる単独過半数の議席を占め、経済改革の進展に対する期待が高まったことが大きい。

国民会議派が大敗した背景として、景気減速やインフレ圧力を招いたことや政府のリーダーシップの欠如が挙げられる。当時のシン首相は、経済改革について与党党首のソニア・ガンジー氏ら幹部の十分なサポートを得られず、１９９１年のインド通貨危機時に財務相としてみせたようなリーダーシップを発揮することができなかった。他方、モディ氏がグジャラート州首相時代に強力なリーダーシップのもと、外資規制緩和やインフラ整備等の投資環境の整備を進め、高成長や雇用の増加に貢献したといった実績に対する国民の期待から、２０１４年の総選挙は野党ＢＪＰの地滑り的な勝利につながった。

矢継ぎ早に政策を打ち出したモディノミクス、直接投資が増加

モディ首相は就任当初、精力的に改革に取り組んだ。「最小の政府で最大の統治」をスローガンに閣僚数の大幅削減や官僚の働き方の変革を目指した。また、防衛産業や保険業への外資規制の緩和、鉄道部門への外資解禁、２０１５年度予算では石油補助金の削減やインフラ投資を増加させた。さらに、「メーク・イン・インディア」（製造業誘致による雇用拡大）や「デジタル・インディア」（デジタルインフラの充実や行政サービスのデジタル化、電子商取引の拡大）、「スキルアップ・インディア」（若年層の能力開発促進）、「クリーン・インディア」（トイレの整備や街のごみ清掃の推進）、「スタートアップ・インディア」（ベンチャー企業支援）等、さまざまなキャンペーンを立ち上げ、企業やメディアが参加するセミナーを多数開催している。こうしたインドの抱える問題の把握や人々の関心を高める宣伝力は特筆すべきものがあろう。外交面では中国や日本、欧米との首脳間外交を積極的に行い、中国や日本から大型の投資表明を引き出し、欧米企業のインドに対する関心を高めることに成功した。実際、インドに対する対内直接投資をみると、２０１５年度は５５５億ドルと前年比＋23％増加し過去最高となっている。国別ではシンガポール、米国、日本等、業種別では金融・不動産・ビジネスサービスやコンピューターソフトウェア・ハードウェア、商業等がけん引した。

モディ首相でも一筋縄ではいかないインドの構造問題

もっとも２０１５年春頃からモディ首相の改革にも息切れ感が目立ち始める。改革の本丸とみられていた物品サービス税（ＧＳＴ）の導入や土地収用法の改正について、成立のメドが立たなくなったた

めである。インドでは中央政府が物品税（物の製造に課す）やサービス税（サービスの提供）、中央サービス税（州をまたぐサービスの提供）の課税権を有する一方、各州政府も付加価値税（州内の物の販売）の課税権を有する等、課税主体や税率がばらばらとなっており、企業にとって税にからむコストが膨大となっている。GSTはこうした税を一本化するもので、GSTの導入によって経済成長率が中期的に1・5％〜2・0％程度押し上げられるとの試算もある。ただ、GSTの導入には憲法改正が必要であり、そのために上下両院の3分の2の賛成と州政府の過半数の同意が必要となっている。モディ政権は下院では過半数となっているが、上院では少数与党となっており、2015年4月の下院で法案が通過したものの上院では野党の抵抗により、当初の導入目標であった2016年4月を過ぎてしまった。

上院の議席は州議会の議席分布に応じて間接的に議席が配分される。上院議員の任期は6年であり、2年ごとに3分の1が入れ替えられるが、上院で多数を占めるためには、州議会選挙で勝ち続ける必要がある。モディ政権は就任当初の州議会選挙では勝利したものの、その後は苦戦が続いている。背景には、中央と地方のねじれがある。インドにおける全国政党は人民党や国民会議派、インド共産党等に限られ、少数の州にのみ地盤を有する地方政党が多数存在し、州政府で政権を担っているものが多い。インドは多数の人種や宗教、言語、無数のカースト集団からなるいわばモザイク国家であり、国民はみずからの利益を代弁する政治家を州議会に送り込む。また、州政府はインフラ投資や教育・医療、税制等の面で独自の権限を有している。予算でみると、州政府全体の歳出規模が中央政府の歳出規模を上回る。中央政府が改革を唱えても、州政府がすんなりと従うようなインセンティブが働か

図表3-16　インド下院の政党別総選挙結果（年次：1971～2014）

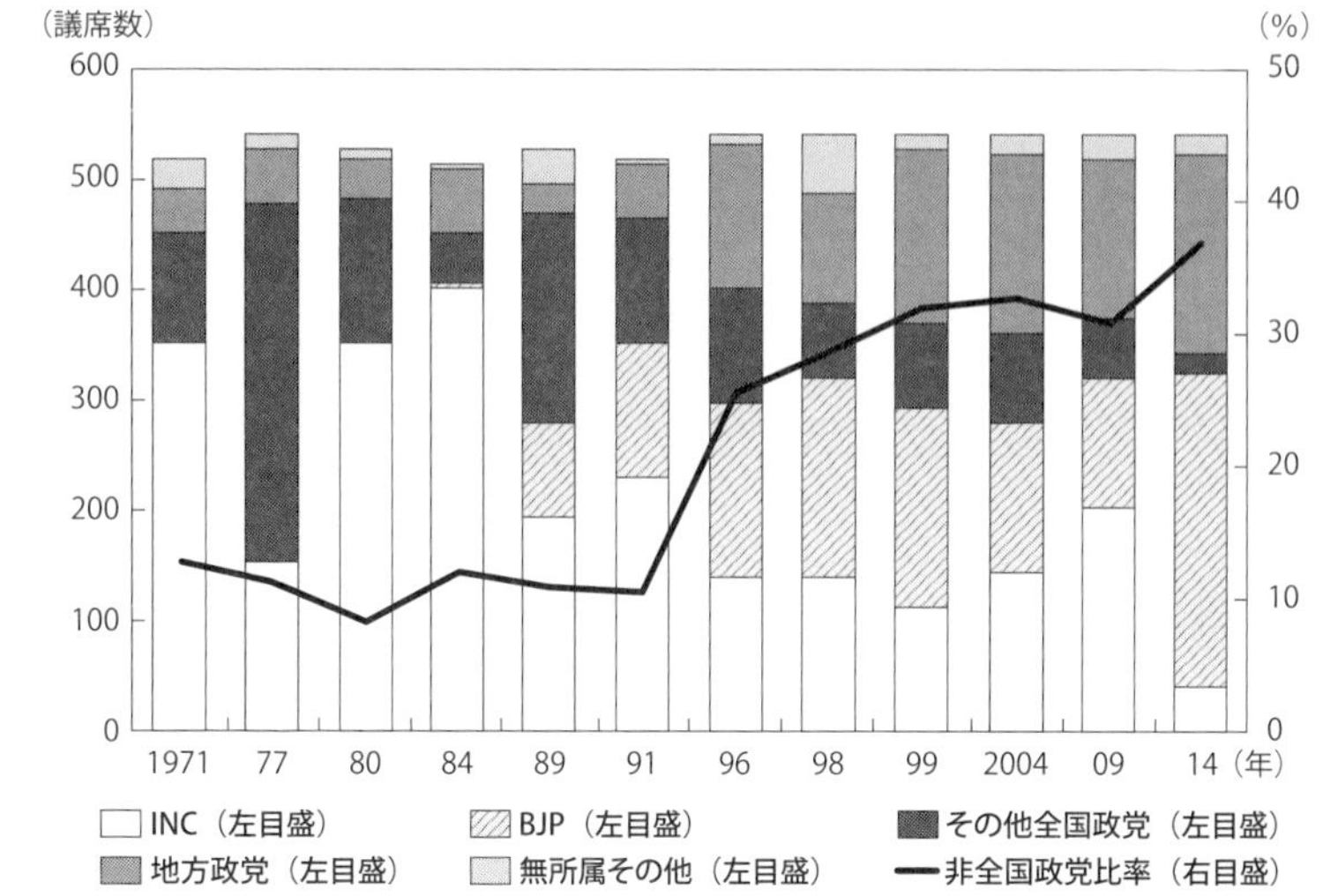

（注）全国政党は国民会議派（INC）、人民党（BJP）等、4州以上勢力のある政党
（出所）インド選挙管理委員会資料よりみずほ証券作成

ない面がある。こうしたなか中央政府の国会運営については、特に州議会の議席が反映される上院がその影響を大きく受けている。実際、上院において2大政党の議席シェアは4割台にとどまる（下院においては約6割）。予算案については下院の議決が優先するが、通常の法改正では上下両院が対等となっていることが、GSTのような重要法案の成立を難しくしている。

他方、土地収用法については、シン前政権が2013年に農民等の地権者から土地を収用する場合に、地権者に対する補償が十分でないといったことを改善するために、土地収用法を改正した。ただ、収用に際して地権者の70%～80%の同意が必要になる等、企業にとっては改悪となった。インドでは土地の買収や工業団地の組成に時間がかかり、外資系企業の進出のネックとなっている。

こうしたなか、モディ政権はインフラ開発等の特定の土地収用に限り、地権者の同意を不要とするような再改正案を導入しようとしたが、野党や農民の反発により難航した。大統領の暫定令という時限的な措置により土地収用法の改正案を一時的に導入したが、最終的に少数与党である上院において承認を得られず、暫定令は失効した。与党内からも反発が強まり、モディ政権は２０１５年夏場に土地収用法の改正を事実上断念した。

終わらないモディノミクス、高成長に向け地殻変動は始まっている

モディ政権に対する期待がしぼみかけるなか、２０１６年８月上院においてＧＳＴが可決されるというサプライズが起こった。抵抗していた野党インド国民会議派を含む全会一致での可決となっている。背景には、野党インド国民会議派の改革に対する抵抗姿勢に対して国民の不満が高まり、州議会選挙で敗北が続いていたことがあったとみられる。一方、モディ政権は２０１６年度予算で農民向け各種支援策を盛り込み、地方の支持獲得に動いていた。モディ政権のリーダーシップにより劣勢を跳ね返した形だ。同月下院でも可決しており、９月に大統領の署名を経て成立した。関連法やインフラを整備して17年４月以降の導入を目指す。他方、16年11月には、高額紙幣が廃止された。ＧＤＰ比で２割とも４割とも言われる地下経済の封じ込めや税収増が中期的に期待される。

紆余曲折を経ながらも、中央レベルで改革が進んでいることに加えて、地方においても改革機運が出てきている。政府は２０１５年９月、世界銀行等とともに「インドの州ごとのビジネス環境の改善

図表3-17　対内直接投資の地域別シェア

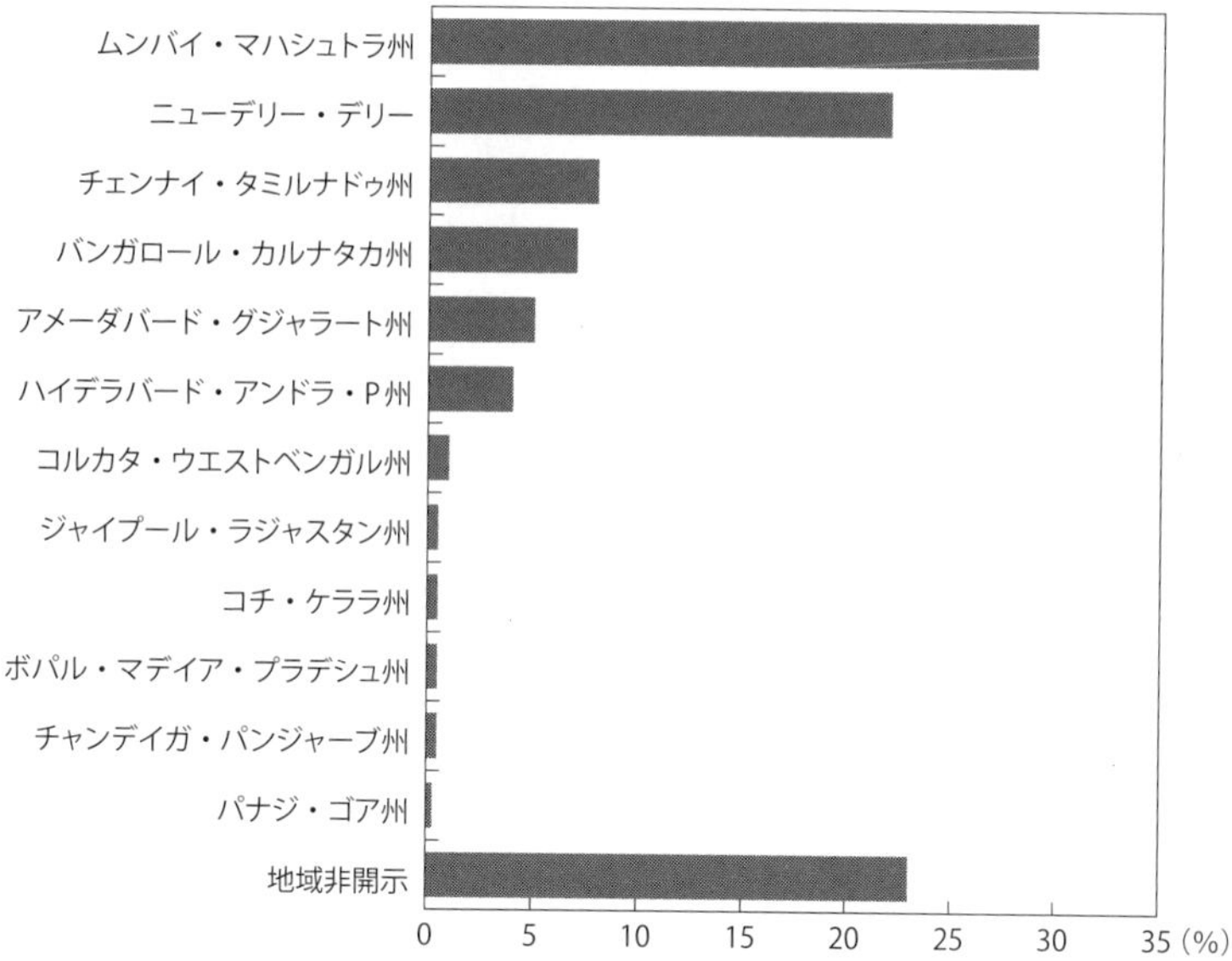

（注）2000年4月から2015年12月までの累計、中銀の支店所在地で分類、下位の州省略。デリーは連邦直轄地
（出所）インド商工省資料よりみずほ証券作成

に向けた進捗状況調査」を発表した。評価方法としては、起業のしやすさ、土地の収用や建設許可、環境アセスメントや労働規制に対する対応、電力ガス水道といったインフラ整備等の項目を挙げている。ランキングの上位にきているのは、グジャラート州、アンドラプラデシュ州、ジャールカンド州、チャッティスガル州、ラジャスタン州、マハシュトラ州といった与党人民党が政権を担う州が多い。こうした州では州首相が来日し、日本企業にインドへの投資を呼びかける州の投資セミナーが頻繁に開催されている。また、日本政府や日本企業が中心になっ

て投資が予定されているデリー・ムンバイ大動脈構想（東京から九州に至る距離）もようやく一部が動き始めており、将来的に貨物鉄道の新設や高速道路整備、工業団地の組成を通じて大きな経済効果が期待されている。こうした動きはすでに直接投資の州別の累計額や州別経済成長率にも現れている。インド西部の州を中心に発展が続く一方、北東部の州は改革が遅れる等、対照的な動きとなっている。インドの地殻変動は一部の州を通じてすでに始まっているとみている。

インドが中国を抜く日は来るのか

前述のようにＩＭＦの予想によると２０２１年にかけて中国の経済成長率が前年比＋６％程度まで緩やかに減速する一方、インドは同＋７％台後半の高水準を維持すると見込まれている。当面、インドは中国を上回る成長が続く見込みだ。経済成長率が高く安定している国については海外企業や投資家の関心が高まりやすい。中国に対する直接投資が頭打ちの兆しがみられる一方、インドについてはモディ政権の改革や、各州政府の投資誘致に向けた取り組みが続くことで直接投資が増加するとみられる。

業種別にみれば、ＩＴサービスやジェネリック医薬品といった分野で強みがある。ＩＴサービスはコンピューター２０００年問題を契機として、米国等の海外のグローバル企業からＢＰＯ（ビジネス・プロセス・アウトソーシング）やソフト開発業務の受注により成長してきた。英語を話す豊富な理系人材が成長を下支えした。タタ・コンサルタンシー・サービス（ＴＣＳ）等、インドＩＴ大手は、グローバルなＩＴサービス分野では売上高上位となっており、インドを代表するＩＴ企業の集積都市であるバンガロールはインドのシリコンバレーと言われている。また、米国においてマイクロソフトやグーグル等、インド人がＩＴ企業の経営者や技術者に占める存在感は大きい。彼らの一部がインドに帰国し新しい企業を立ち上げたり、大手企業の経営者となってインドの産業のけん引役になりつつある。近年は海外経済の減速や人件費の上昇によりＩＴ企業の業績の伸びが鈍化しているが、インドの経済成長や既述のようなモディ政権の「デジタル・インディア」や「スタートアップ・インディア」といった政策もきっかけとなり、外需に加えて内需がけん引しよう。

ジェネリック医薬品については、インドが世界の輸出の約2割を占め、世界1位となっている。近年ではインドでのジェネリック医薬品生産の管理体制に不備があるとして、米国から輸出禁止措置を受けた大手企業もある。ただ、こうした問題が改善されれば、高齢化で医療費抑制が課題となる先進国や、安価なジェネリック品の需要が強い新興国向けに、インドのジェネリック医薬品輸出が堅調に推移しよう。

また、自動車産業については、インド国内の自動車生産台数は２０１５年に約４１３万台と10年間で約２・５倍に増加、世界第6位となっている。将来的に韓国（約４５５万台）やドイツ（約６００万台）を抜いて日本（約１０８０万台）に次ぐ4位になる可能性は十分ある。インドで操業する一部の自動車メーカーは国内販売のみならず、インドを小型乗用車や商用車の輸出拠点として位置付け、欧州や中東・アフリカ、アジアへ輸出を増やしている。インド自動車工業会（ＳＩＡＭ）は「Automotive Mission Plan 2016～2026」において２０２６年までに小型車生産で世界1位、乗用車やトラック生産で世界第3位を目指すとしている。２０２６年のＧＤＰに占める自動車産業のシェアは12％となり、雇用は10年間

図表3-18　世界の自動車生産台数（2005年と2015年）

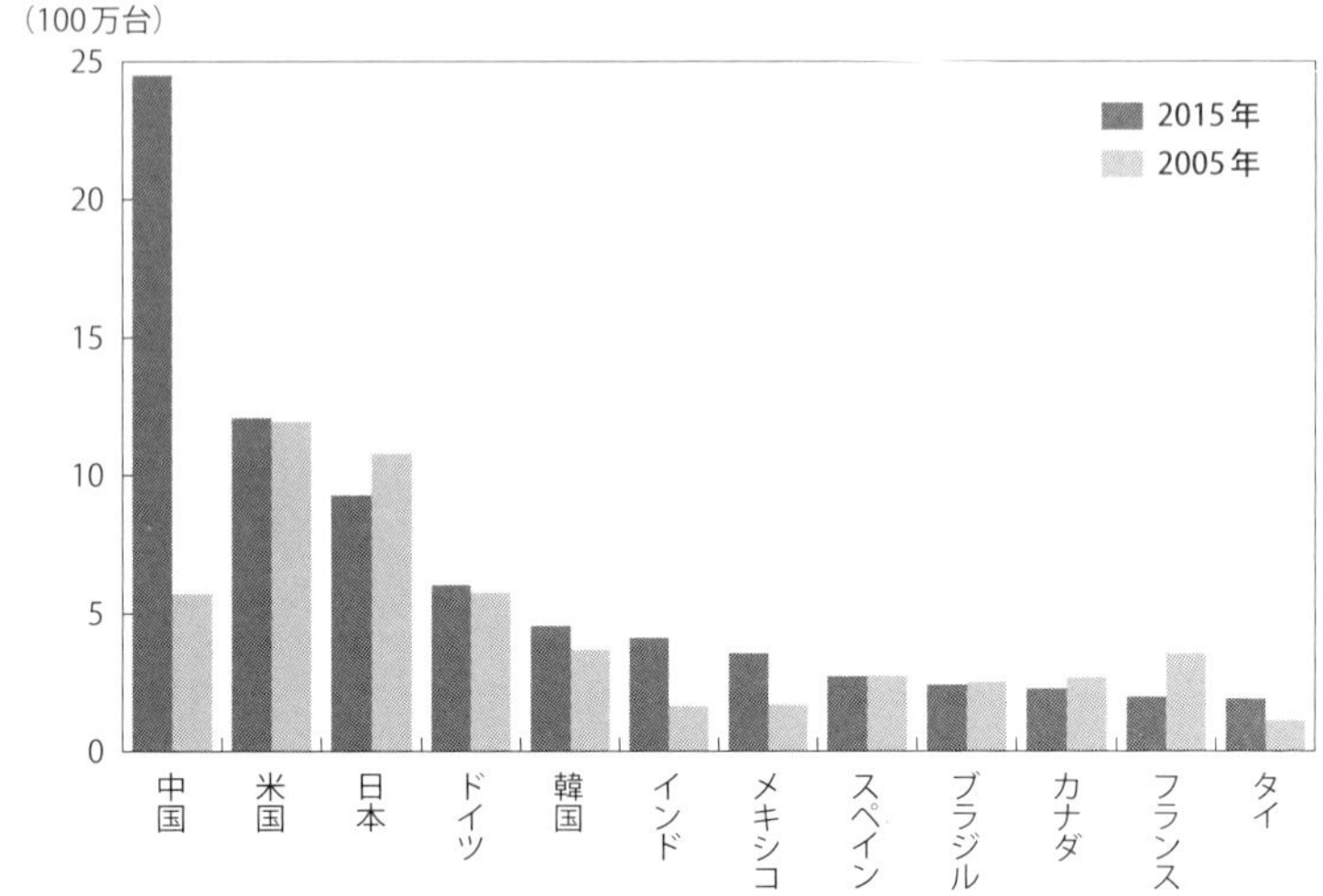

（注）2015年の生産台数上位12カ国を左から並べた
（出所）世界自動車製造業協会（OICA）資料よりみずほ証券作成

で6500万人創出する、としている。自動車産業が発展すれば自動車部品や機械、そのほかの素材産業への波及効果も大きく、製造業の発展や雇用の増加が期待できる。

電気機器については、テレビや白物家電、携帯電話等の分野で韓国企業の優位が続いているが、インド地場企業も健闘している。家電の世帯普及率が未だ低く市場の伸びしろが大きいことから、業種・製品によっては徐々に地場企業がシェアを高める可能性もあろう。インドの地場企業は外資系と合弁により技術を吸収し、代わりに国内の販路を提供する等、ウィン・ウィンの関係となっているようだ。また、インド企業の特徴として業種を問わずM&Aを積極的に行い、欧米先進国企業のブランド力や技術力を獲得し、海外市場での足がかりとする企業も多い。
日本企業は、輸送用機器等を除いてインドへの進出において韓国や欧米企業に出遅れているが、中期的なインド市場のポテンシャルは大きく、現地企業の買収や合弁によりキャッチアップしていく必要があろう。日本企業の従来のターゲット層であった富裕層や上位中間所得層向けの高付加価値製品だけでなく、普及価格帯でも勝負できるかがカギとなろう。現地への大胆な権限移譲や資本投入によって大規模かつ迅速な広告・マーケティング戦略や、現地のニーズにあった商品開発が必要になろう。

第３章
まとめ

成長のダイナミズムが続くＡＳＥＡＮとインド

ＡＳＥＡＮ経済共同体（ＡＥＣ）が２０１５年末に発足したことで、ＡＳＥＡＮの市場としての一体化がさらに進む見通し。ＡＳＥＡＮは日本や韓国、中国等、周辺国とＦＴＡを締結し、グローバルなサプライチェーンに組み込まれている。ＲＣＥＰ等が成立すれば、こうした動きが加速しよう。また、人口６・３億人の巨大市場を取り込むため、海外から直接投資が増加するといったことも成長を下支えしよう。一方、ＡＳＥＡＮでは中国経済の減速による輸出へのマイナスの影響や中所得国の罠に陥る懸念がくすぶっている。ＡＥＣの統合促進やサービス業や公的部門において規制緩和や外資導入を進める必要があろう。また、タイ等、一部の国では政治的な安定を回復することも重要だろう。ＡＳＥＡＮの成長のけん引役は、かつてはマレーシアやタイだったが、今後はインドネシアやフィリピンに加え、ベトナムやカンボジアといったインドシナ半島の後発国にシフトしつつ、全体として成長のダイナミズムが続く見込み。

インドでは２０１４年５月にモディ政権が発足した。連邦下院において１９８４年以来の単独過半数となり経済改革の進展期待が高まった。実際、モディ首相は日本や中国等を歴訪し各国からインフラ等の投資表明を引き出した。また、「メーク・イン・インディア」をスローガンにインフラ整備を進めているほか、前政権から引き継いだ課題のうち、物品サービス税の導入にメドをつけた。複雑な税制が簡素化され企業の納税コストが低下、投資が促進されるとみられる。インドはＩＴサービスやジェネリック医薬品等、国際的に競争力のあるセクターを持っているが、成長の底上げには自動車や電機等の製造業の振興による輸出や雇用の拡大が必要である。そのためには、国民の反発の強い土地収用法の改正等がモディ首相のリーダーシップにより再び検討されるか等が注目される。

〈第３章　参考文献〉

浦田秀次郎、牛山隆一、可部繁三郎編著（２０１５）『ＡＳＥＡＮ経済統合の実態』（文眞堂）
みずほ総合研究所（２０１５）『図解　ＡＳＥＡＮを読み解く　ＡＳＥＡＮを理解するのに役立つ60のテーマ』（東

洋経済新報社）
大泉啓一郎（2007）『老いてゆくアジア　繁栄の縮図が変わるとき』（中央公論新社）
小峰隆夫、日本経済研究センター編（2007）『超長期予測　老いるアジア――変貌する世界人口・経済地図』（日本経済新聞出版社）
日本経済研究センター（2015）『アジア経済中期予測　岐路に立つアジア　持続的成長の要件と日本の役割』（日本経済研究センター）
後藤康浩（2014）『ネクストアジア　成長フロンティアは常に動く』（日本経済新聞出版社）
ルチル・シャルマ著、鈴木立哉訳（2013）『ブレイクアウト・ネーションズ』（早川書房）
ジム・オニール著、北川知子訳（2012）『次なる経済大国 世界経済を反映させるのはBRICsだけではない』（ダイヤモンド社）
佐藤百合（2011）『経済大国インドネシア　21世紀の成長条件』（中央公論新社）
中島久雄、岩垂好彦編（2012）『転換期を迎えるインド――変化をチャンスに変える日本企業の戦略』（東洋経済新報社）
須貝信一（2011）『インド財閥のすべて　躍動するインド経済の原動力』（平凡社）
内閣府（2013）「世界経済の潮流2013年Ⅱ――中国の安定成長に向けた課題」
経済産業省（2015）「通商白書」2015年版
日本貿易振興機構（2016）「ジェトロ世界貿易投資報告」2016年度版
日本貿易振興機構（2015）「特集　発足！ＡＥＣ　ＡＳＥＡＮ経済共同体総点検」（ジェトロセンサー）2015年11月号
日本貿易振興機構（2015）「特集　メガＦＴＡ新時代　世界通商にパラダイムシフト」（ジェトロセンサー）2015年12月号
International Monetary Fund (2016) “India: 2016 Article IV Consultation-Press Release; Staff Report; and Statement by

the Executive Director for India" IMF Country Report No.16/75
Asian Development Bank and Asian Development Bank Institute (2014) "ASEAN, PRC, and India: The Great Transformation"

第4章 新興国の国・地域別の投資戦略

金岡直一
折原豊水
由井謙二
五十嵐聡

①経済連携強化により成長押し上げを図るASEAN

AEC設立までの経緯と今後の加盟国の展望について

東南アジア諸国連合（ＡＳＥＡＮ）は１９６７年にインドネシア、マレーシア、フィリピン、シンガポール、タイの原加盟国５カ国によって結成された。１９８４年にはブルネイが加盟、ベトナム（１９９５年）、ミャンマーとラオス（１９９７年）、カンボジア（１９９９年）と順次加盟国が増加して現在は10カ国で構成されている。

ＡＳＥＡＮ成立と同じ年には欧州連合（ＥＵ）の前身である欧州経済共同体（ＥＥＣ、１９５８年設立）が域内関税同盟を完成させ、欧州諸共同体（ＥＣ）へと改組した。ＡＳＥＡＮ、ＥＣともに米ソ間の冷戦期における西側経済圏（資本主義陣営）の代表的な地域協力機構という性格を有していた。ただ、ＡＳＥＡＮ加盟国は国土の広さや人口規模、政治や経済体制、経済の規模や所得水準はさまざまであり、キリスト教的な価値観をある程度共有できる欧州に比べ、多様性に富んでいる。２度の世界大戦を経験し安全保障上の結びつきを強めつつ、加盟国の石炭や鉄鋼産業に関する資源の共同管理や関税同盟の創設を推し進めてきたＥＣ・ＥＵと比べれば、ＡＳＥＡＮの地域・経済的な統合は緩やかに進んできたと言える。ＥＣは関税同盟からさらに非関税障壁の撤廃を目指して、ヒト（労働力）や資本移動の自由化を進め、ＥＵの設立に至った。ＥＵは加盟国を拡大しながら（２０１６年6月現在で28カ国）経済政策の統一や通貨の共通化（ユーロ導入）、共通の外交・安全保障政策の導入等、国家を超越した機関の設置等、より高い統合に向けた歩みを着実に進めている。

欧州に比べればＡＳＥＡＮの経済統合は緩やかに進展したが、１９９２年にＡＳＥＡＮ自由貿易地域（ＡＦＴＡ）が創設され、域内で段階的な関税の引き下げが始まった。また、ＡＳＥＡＮプラス・ワンと呼ばれるＡＳＥＡＮと日本や中国、韓国やインド等の域外国との自由貿易協定（ＦＴＡ）や包括的経済連携を締結することで経済統合を進めていった。第３章で述べられた、２０１５年末に発足したＡＳＥＡＮ経済共同体（ＡＥＣ）は、こうした経済統合をさらに進めていくための枠組みの１つである。ＡＳＥＡＮは２００３年にＡＥＣと政治・安全保障共同体（ＡＰＳＣ）、社会・文化共同体（ＡＳＣＣ）の３つの共同体の形成を通じてＡＳＥＡＮ共同体（ＡＣ）を創設することで合意。その後、ＡＣ形成に向けた取り組みが進められてきた。具体的にいえばAECとは、ACの3つの柱（組織）の1つだが、加盟国間の経済統合をより進化させるためのけん引力となる枠組みである。

AECが組織された背景には、近隣の中国やインドといった国々の経済的な台頭に対して、ASEANが力を結集して対応しなければならないといった危機感も作用している。2007年発表のASEANブループリントでは、AECは①単一市場と生産基地、②競争力ある経済地域、③公平な経済発展、④グローバル経済への統合の4つの柱から成る。分かりやすくいえば関税を撤廃し、ヒト（労働者）・モノ（貿易）・カネ（投資）の動きを自由化することでより活発な貿易を促進するものだ。

ASEANにとってAECの発足は、AC創設のための通過点にすぎないが、貿易手続きの簡素化等に関して未達成の課題も残された。そのため、2015年11月のASEAN首脳会議では「AECブループリント2025」が採択され、2016～2025年の10年間でさらなる統合深化とともに課題の解決を目指していくこととされた（第3章に既述）。ASEANは人口、経済ともに成長が続いており、現地マーケットの今後の成長性を考慮すると投資先としての期待は高い。今後、経済統合の深化が進めば、ASEAN経済の成長は一段と加速していくだろう。世界経済との関わりでは多国間の巨大なFTAを軸とした統合への流れが強まりつつある。2015年10月には環太平洋経済連携協定（TPP）交渉が合意に達し、東アジア地域包括的経済連携（RCEP）協定も交渉が続いている。2017年から米大統領に就任したトランプ氏が米国のTPP離脱を表明したこともあり、TPP発効に不透明感が漂い始めているが、経済的に小規模の国が多いASEANが持続的な成長を成し遂げていくうえで経済の一体化は避けて通れず、今後も経済連携強化の動きが注目される。

本項ではＡＳＥＡＮのうち、ポストＢＲＩＣｓとして注目されるインドネシア、タイ、フィリピン、ベトナムの４カ国に焦点を当てる。経済動向をみていくうえでの基礎情報と各通貨の見通しをまとめたので参考にしていただければ幸いである。

〈インドネシア〉

原油安がマクロ経済のぜい弱性改善に寄与

インドネシアは赤道を挟んでユーラシア大陸とオーストラリア大陸の間に位置し、広大な熱帯雨林を有する。天然鉱物資源にも恵まれ、石油、天然ガス、石炭等のエネルギー資源のほか、ボーキサイトや銅、ニッケル等を産出する。２億５０００万人を超える人口はＡＳＥＡＮ10カ国中で最大であり、中国、インド、米国に次いで世界第４位。全人口の約９割がイスラム教徒であり、世界で最も多くのイスラム教徒を擁する国である。２０１５年の１人当たりＧＤＰは３３６２ドル。１人当たりＧＮＩ（国民総所得）だと３４４０ドルで、世銀の所得水準分類によれば中所得国のうちの下位（１０２６〜４０３５ドル）に位置する。

インドネシアの主要産業は製造業やインフラ開発にともなう建設業、大規模生産が行われているパーム油やゴム等の農林水産業。観光業がＧＤＰに占める比率も高い。同国は石油や天然ガスを産出する資源国だが、１９９０年代より脱石油化と製造業の育成を進めてきた。現在は２００５〜２０２５年の長期開発計画を推進している。２０２５年までに１人当たり所得を中所得国の水準に引き上げ、失業率を５％以下にすること等を目標としている。２０１４年10月に発足したジョコ・ウィ

図表4-1　インドネシアの政策金利と消費者物価指数上昇率（月次：2012/1〜2016/10）

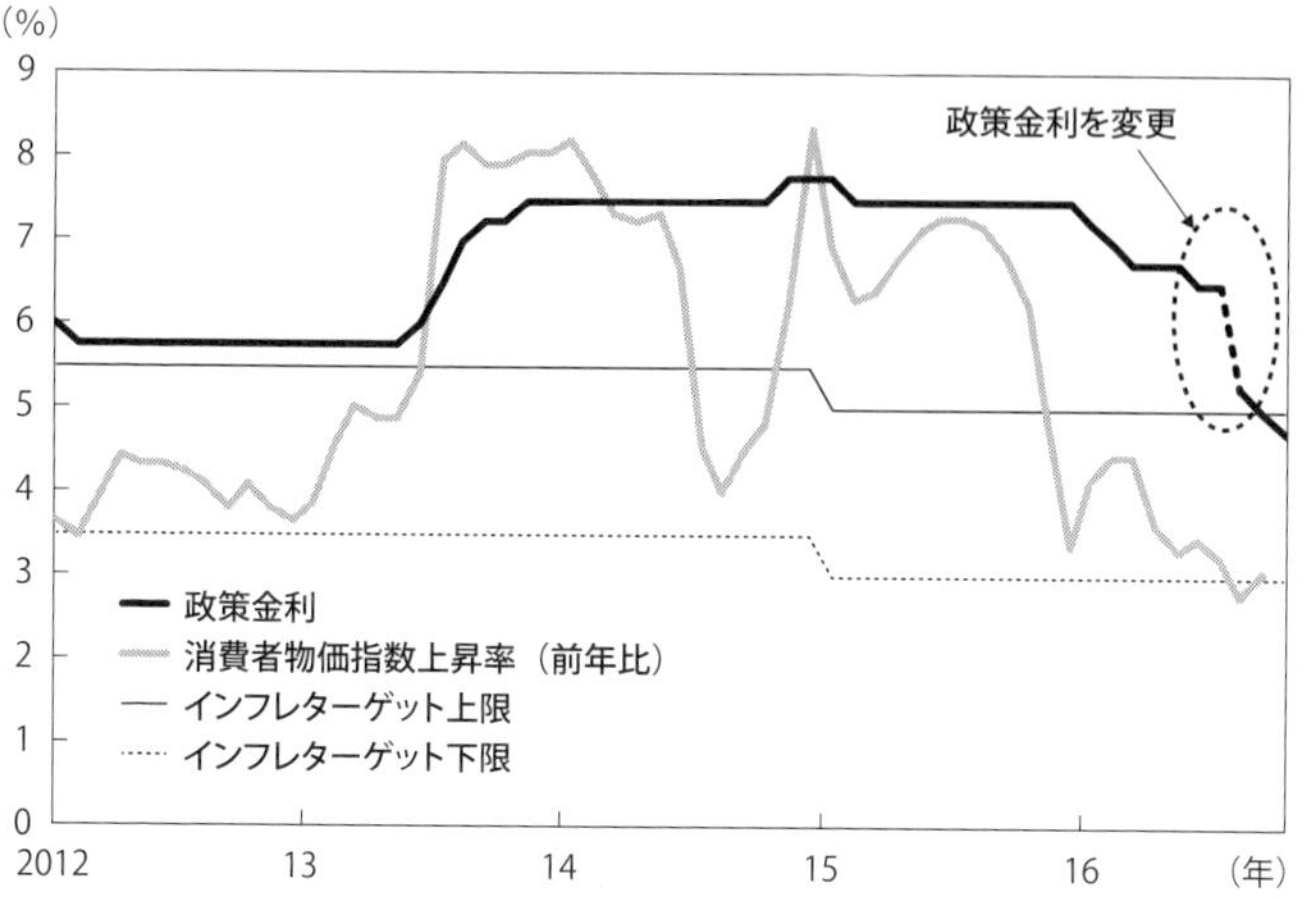

（注）インドネシア中銀は2016/8より政策金利をBIレート（6.50%）から7日物リバースレポ（5.25%）に変更
（出所）インドネシア中銀資料、ブルームバーグのデータよりみずほ証券作成

ドド政権は、①インフラ開発の促進、②社会保障の充実、③汚職撲滅等の構造改革を推進。

インドネシアの実質GDP成長率は2000〜2015年平均で前年比+5.4%。2015年は同+4.8%とやや鈍化した。民間消費の伸び悩みや国際商品市況の下落による鉱業部門の低迷、中国経済の減速や公共投資の予算執行の遅れ等が成長鈍化要因となった。ただ、インドネシア政府は2015年より十数回に及ぶ経済政策パッケージを公表。外資誘致活性化方針を打ち出したほか、インフラ開発の本格化にともなう投資が景気のけん引役となり、成長率は2016年以降、緩やかに伸びを拡大していく見通し。2017年度予算に基づく政府の成長率見通しは2016年が前年比+5.2%、2017年が同+5.

3％である。

インフレ率は、2015年1月に政府がガソリン等に対する補助金支出を撤廃したことや、ルピア安の進行を背景に、同年夏にかけて上昇傾向をたどった。その後、補助金支出撤廃にともなうガソリン値上げの影響が一巡したほか、世界的な原油安を背景にインフレは鈍化。同年11月以降はインドネシア中央銀行（中銀）が目標とするターゲット（前年比＋3・0％～＋5・0％）の範囲に収まる形で推移している。国内景気の回復を背景に緩やかなインフレ傾向が続くとみられるが、為替相場の安定を重視する中銀の政策により目標レンジ内で推移する見通し。

ルピア相場はタックス・アムネスティ等が下支えも、米次期政権の動向を注視

インドネシア・ルピアは1978年に管理変動相場制を採用。その後、1997年7月にタイを発端としたアジア通貨危機が発生すると、同年8月に完全変動相場制に移行した。

通貨価値の長期的な尺度とされる購買力平価と併せてルピア相場の動向をみると、ルピア相場は2008年のリーマンショック後に急落したものの、2009年頃から世界景気の底入れ期待を背景に投資家がリスク資産に回帰し始めたことや、インドネシアが近隣諸国に比べ高い成長率を示したこと等を背景に上昇し、2011年にかけて購買力平価を20％以上、上回る大幅な割高状態となった。しかし、2011年頃から欧州債務危機の深刻化にともない投資家のリスク回避姿勢が強まるなか、経常赤字の拡大等、インドネシアが抱えるぜい弱なマクロ経済構造がルピアの売り材料とみなされるようになった。2013年にかけて購買力平価とのかい離が縮小する展開が続いた後、2015年にか

図表4-2　インドネシアの経常収支と対GDP比の推移（年次：1995～2015）

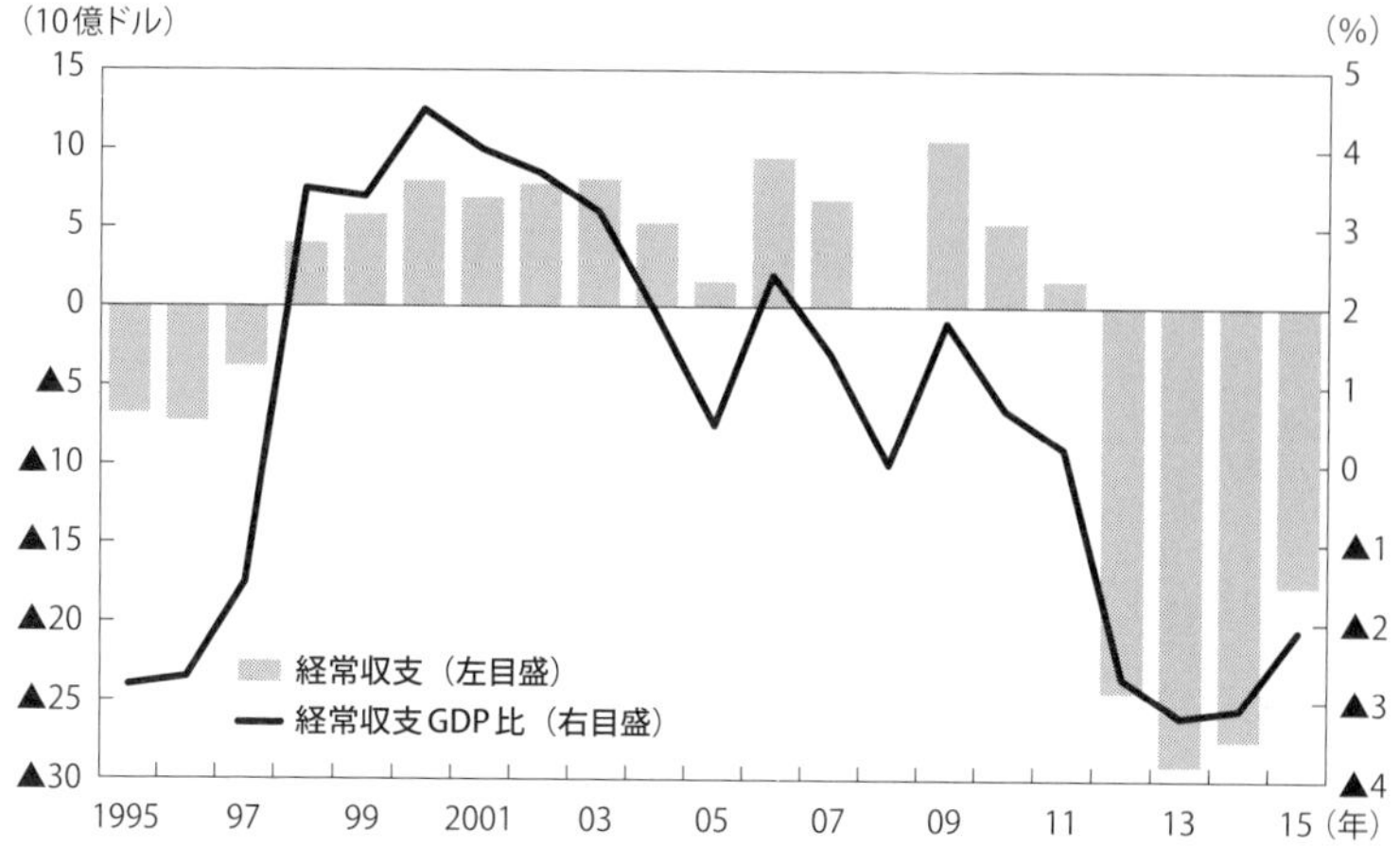

（出所）IMF「世界経済見通し」（2016年10月）のデータよりみずほ証券作成

けては米国の利上げ観測の高まりや中国の景気減速懸念、人民元の切り下げ等が加わりルピア相場の下落基調が強まり、一時１ドル＝１万５０００ルピア台をうかがう水準まで下落、約17年ぶりの安値をつけた。しかし、国際的な原油相場の下落はインドネシアのインフレ抑制とともに、輸出を上回る輸入の減少等を通じて貿易・経常収支の赤字減少につながり、マクロ経済のぜい弱性は緩やかに改善。また、２０１５年秋以降は前述した要因に加え、インドネシア中銀が外貨建て対外債務の為替ヘッジ規制やルピア建て取引の義務化、先物市場への為替介入を実施。短期金融市場におけるルピアの流動性調節手段の拡張等の政策を導入する等、為替相場の安定化策を打ち出したこともあり、ルピア相場も持ち直しに転じ、２０１６年以降は対ドルで比較的安定的に推移した。２０１６年７月からは２０１７年３月までの時限措置となる租

図表4-3　インドネシア・ルピア相場と購買力平価の推移（四半期：1997/3〜2016/11）

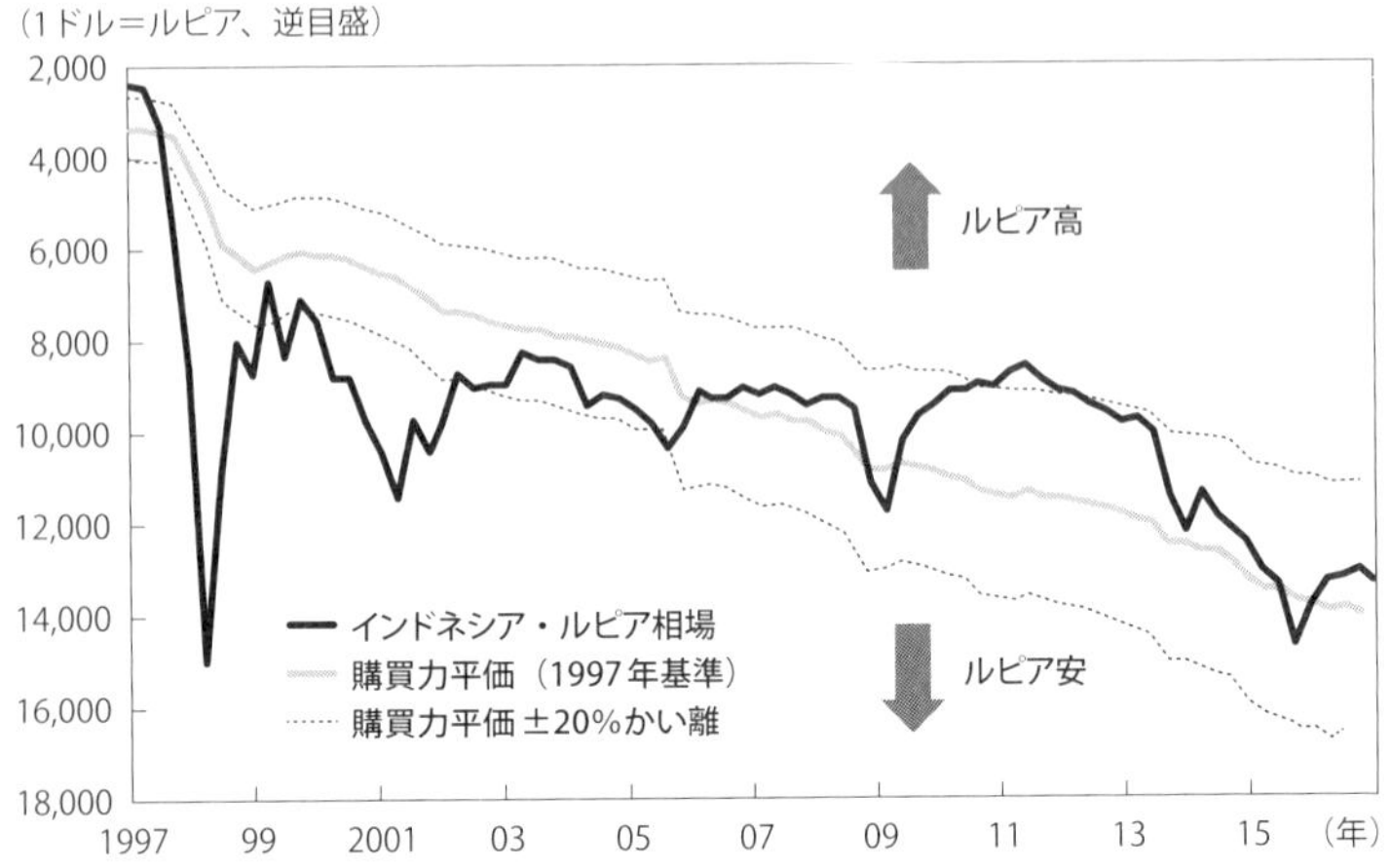

（注）購買力平価は消費者物価指数ベース。インドネシアが完全変動相場制に移行した1997年を基準に計算、直近値は2016/9まで、実績値は2016/11/17時点まで
（出所）OECD（経済協力開発機構）、ブルームバーグのデータよりみずほ証券作成

税特赦（タックス・アムネスティ）が実施され、課税逃れを目的とした海外資産が国内に還流した後、株式や社債等の流動性拡大や政府歳入の増加につながることが期待されており、ルピアにとって下支え要因となる見通しである。

２０１６年11月の米大統領選では大方の予想を覆してトランプ氏が勝利したが、ＡＳＥＡＮ諸国にとって米国は貿易や国防にかかわる最重要の国の１つであるだけに、トランプ政権の動向に対する関心は高い。インドネシアにとって米国はＡＳＥＡＮ、日本に次ぐ輸出先であり、ＴＰＰ離脱を表明したトランプ米大統領がさらに保護主義的な貿易政策を採るようだと輸出減少のリスクがルピアの重しとなることが考えられる。イスラム教徒が多いインドネシアにとっては、トランプ氏のイスラム教徒の米国入国禁止に関する発言も重大な関心事となっている。ルピア相場は２０１６年11月に一時１ドル＝１万３８００ルピア台と約９カ月ぶりの安値をつけた後、中銀による為替介入が実施されたものの軟調な地合いが継続した。中期的に見た場合、ジョコ・ウィドド政権の構造改革やインフラ投資の推進を背景とした成長期待がルピアの下値を支えるとみられるが、米トランプ政権の動向には一定の注意を払いたい。

〈タイ〉

政治混乱の収束と内需刺激策により景気は徐々に上向き

タイはインドシナ半島の中央部に位置しマレーシア、カンボジア、ラオス、ミャンマーと国境を接する。国土面積は日本の約１・４倍。人口は約６９００万人。宗教は仏教徒が９割以上を占めるがイスラム教徒も存在する。２０１５年の１人当たりＧＤＰは５７４２ドル。１人当たりＧＮＩは５７２０ドル。世銀の所得水準分類によれば中所得国のうちの上位（４０３６～１万２４７５ドル）に位置。

タイではタクシン派と反タクシン派双方による対立が続いた後、２０１４年５月のインラック首相失職にともなう政治混乱の深刻化を受けて、軍部がクーデターにより全権を掌握。２０１５年４月に戒厳令が解除されたが、新憲法草案が軍の強い影響力が残る点が非民主的であるとして同年９月に否決されると、起草作業がやり直され、２０１６年３月に改めて新憲法の草案が公表された。同年８月の国民投票では賛成多数で承認され、民政復帰に向けた総選挙が２０１７年末までに実施される見通しとなっている。

図表4-4　タイの政策金利と消費者物価指数上昇率（月次：2012/1〜2016/10）

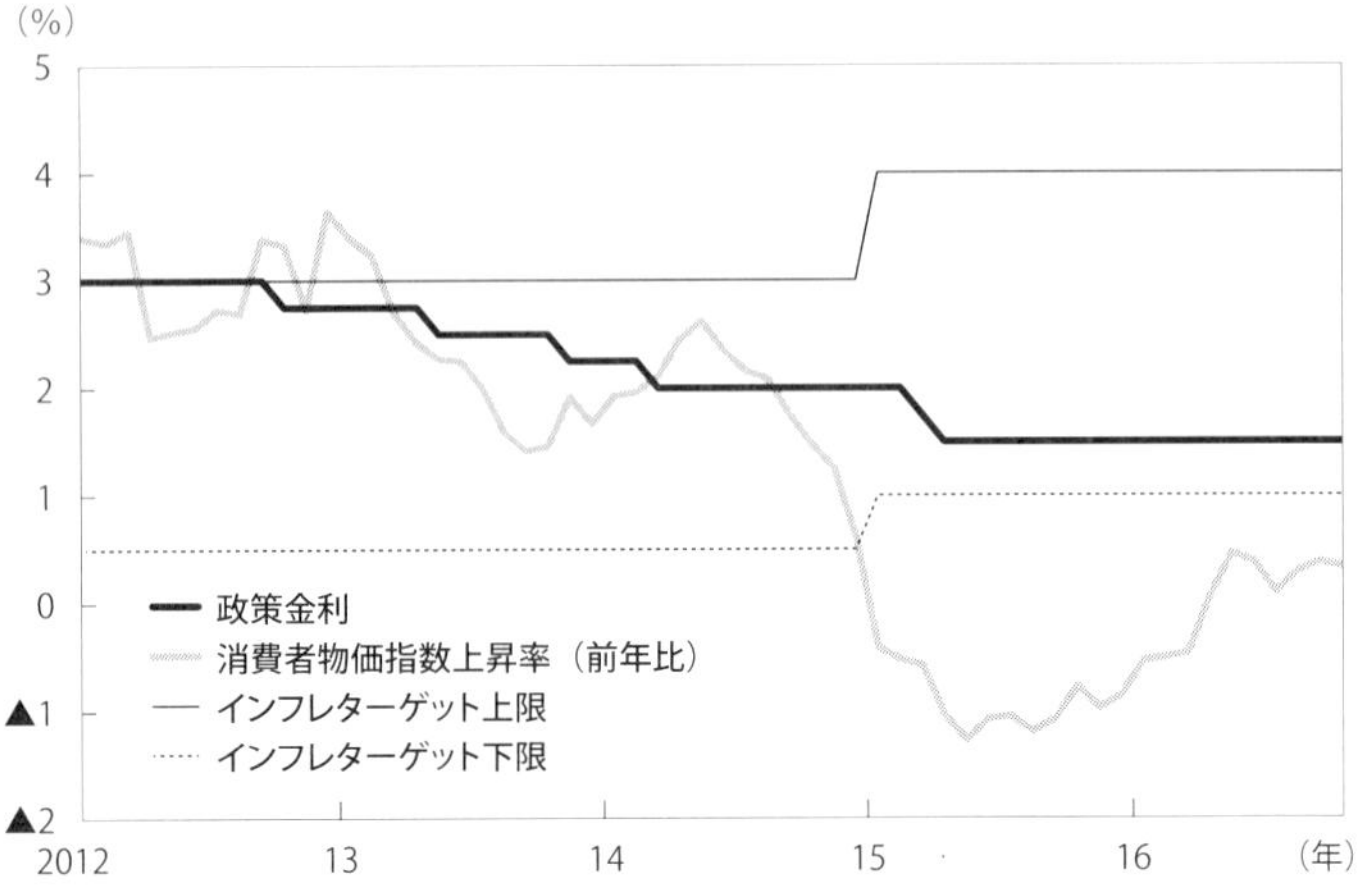

（注）タイ中銀の現行インフレ目標はCPIで前年比＋1.0%〜＋4.0%
（出所）ブルームバーグのデータよりみずほ証券作成

タイ経済は２０１４年にかけて政治混乱が続いたため、消費や投資が低迷。同年の実質ＧＤＰ成長率は前年比＋０・８%と２０１１年以来の低い伸びとなった。２０１５年は暫定政権のもとでの安定的な政権運営に加え、内需刺激策が奏功し、通年の成長率は＋２・８%まで回復。２０１６年以降も公務員の昇給や外国人観光客の増加、大型インフラ投資の実施により景気は徐々に上向いている。政府は２０１６年の成長率を前年比＋３・０%〜＋３・５%と予想している。一方、世界経済の回復の遅れや国内でテロとみられる爆弾事件等の頻発は景気下振れ要因。新憲法草案も国内外から非民主的との批判が出ている。

タイ経済は外資の積極導入による工業化促進を企図した政策を取っており、海外企業にとっては現地マーケットの今後の成長性や安価な労働力が同国へ進出する魅力となってい

図表4-5　タイの経常収支と対GDP比の推移（年次：1995～2015）

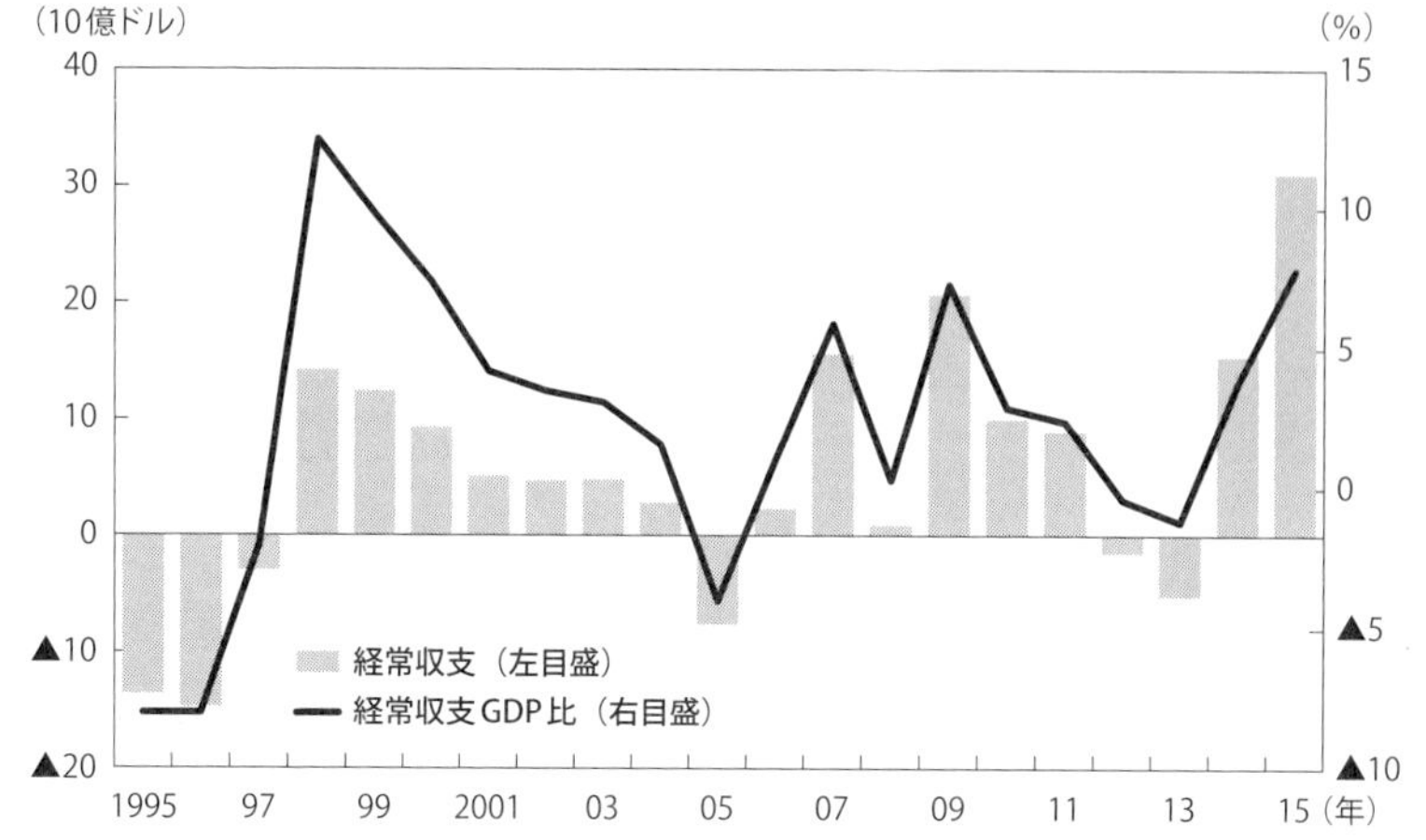

（出所）IMF「世界経済見通し」（2016年10月）のデータよりみずほ証券作成

る。海外からの投資受け入れによる経済成長を図っていくうえでも、総選挙実施に向けたロードマップを明確にする必要があろう。インフレ率は原油価格の下落や内需の低迷から2015年以降、前年比マイナス圏で推移していたが、2016年4月以降はプラス圏に上昇。ただ、タイ中央銀行（中銀）のインフレ目標（同＋1・0%～＋4・0%）は下回る状況が続いている。

2017年は国内外の政治情勢の動向がバーツ相場の行方を左右

タイ・バーツは1984年から通貨バスケット制により事実上ドルペッグが続けられてきたが、1990年代半ばから貿易・経常収支の赤字が拡大。ドルペッグによるバーツの割高感が意識されるなか、短期対外債務の急増による同国金融システムへの信認低下により、1996年頃から短期資金の国外への流出が始まり、

図表4-6　タイ・バーツ相場と購買力平価の推移（四半期：1997/3〜2016/11）

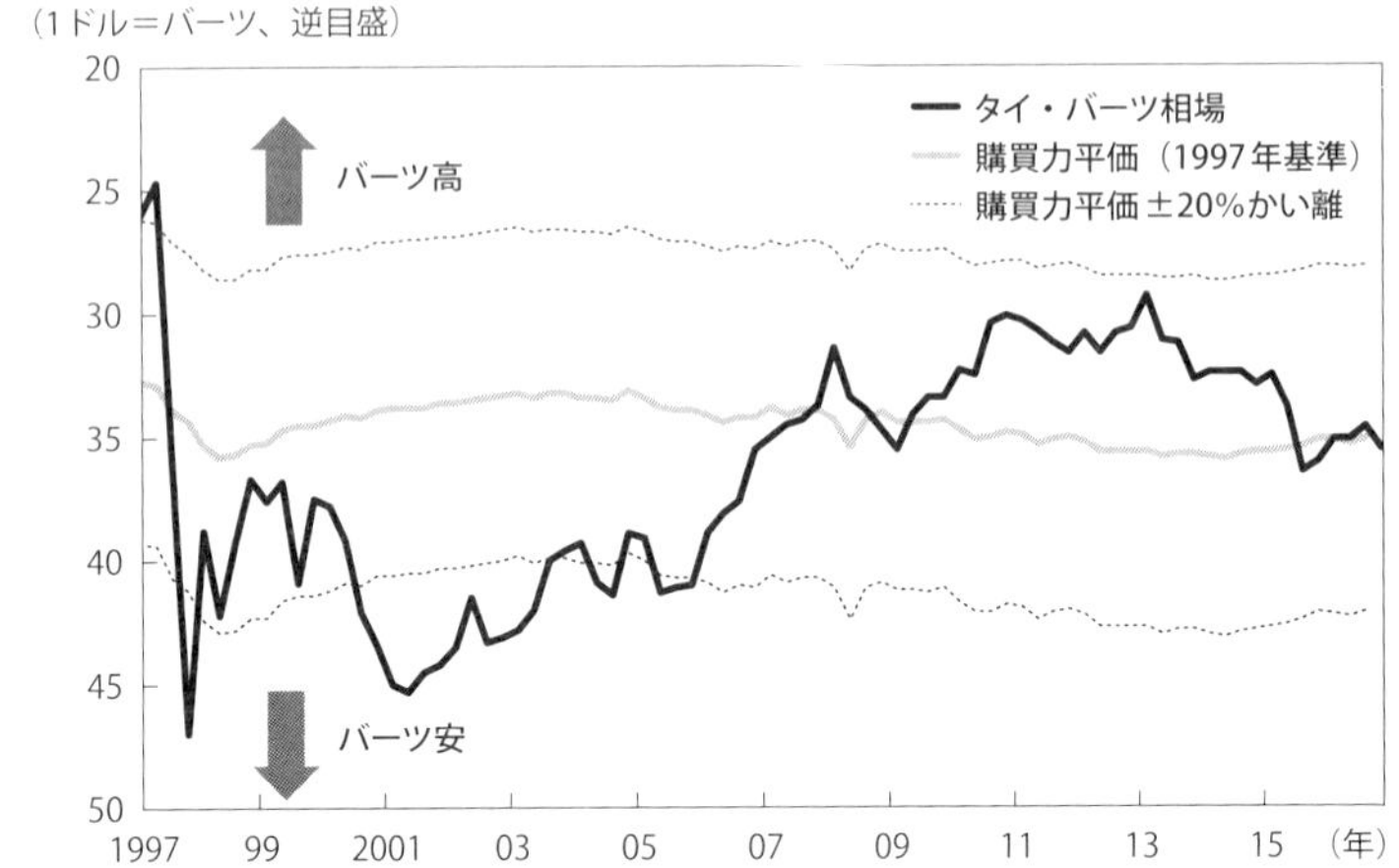

（注）購買力平価は消費者物価指数ベース。タイが変動相場制に移行した1997年を基準に計算、直近値は2016/9まで、実績値は2016/11/17時点まで
（出所）ブルームバーグのデータよりみずほ証券作成

1997年にはそうした動きが一段と強まった。外貨準備の急減等もあり、当局は為替制度の維持を断念、同年7月にバーツの変動相場制への移行を決定した。後にアジア通貨危機と呼ばれる金融ショックの発端となったバーツは1ドル＝23バーツ台から55バーツ台まで急落した後、国際通貨基金（IMF）の支援のもとで徐々に安定を取り戻した。ただ、タイ中銀は2006年にバーツの対ドル相場上昇にともなう輸出への影響を抑えるため、バーツ売り介入とともに非居住者の債券売買の制限等の為替規制を実施し、その後も2012年にかけて断続的にバーツ高対策と為替規制の緩和を繰り返す等、通貨当局が為替市場に介入する割合は比較的高いと言える。バーツ相場は2008年にかけて経常収支の悪化等から下落基調となったが、2009年春以

降は世界経済の回復期待を背景とした海外投資家のリスク資産への回帰を主因として緩やかに上昇。2013年春には1ドル＝28バーツ台まで買われ、通貨危機後の最高値を更新した。この間、購買力平価でみても上方にかい離する状況が続いたが、その後は米国の金融緩和縮小観測や国内の政情不安を背景とした対内証券投資の流出超や輸出の減速にともなう経常収支の赤字を背景にバーツ相場は下落に転じた。2015年は米国の金融緩和縮小観測や中国経済減速の影響で大幅に下落、同年秋にかけて1ドル＝36・5バーツ程度と2006年11月以来の安値をつけた。2016年に入ると原油安の一服や世界経済の回復期待、米利上げ後ずれ観測等から1ドル＝34・5バーツ近辺まで緩やかに持ち直したが、10月にプミポン国王が死去したことや、11月の米大統領選挙でトランプ氏の勝利後に米株高・米長期金利上昇・ドル高となった流れを受けて、35バーツ台まで軟化した。バーツはタイの安定的な貿易・経常黒字が今後も下支え要因となる見通しだが、プミポン国王死去にともなう服喪等から国内経済活動が停滞するケースや、米大統領選挙でのトランプ氏勝利により、米政権の通商政策次第でタイの輸出に変調をもたらす可能性には留意したい。米国の通商政策の変更により中国の対米輸出が減少するようなケースでは、間接的に中国の部品等の輸入減少を通じてタイの中国向け輸出が減少する可能性もある。また、2017年末までに実施予定の民政復帰に向けた総選挙に向けて再び混乱が生じるおそれもあり、王位継承の進ちょくや政治および経済への影響が注目される。

〈フィリピン〉

堅調な内需が景気押し上げに寄与し、アジア地域の成長のけん引役に

フィリピンは東インド諸島の北端に散在する7000の島々からなる。国土面積は約30万㎢で日本の本州と北海道を合わせた広さにほぼ等しい。人口は約1億人。宗教はカトリック教徒が8割超、その他キリスト教が1割だが、イスラム教徒（約5％）や仏教徒も存在する。2015年の1人当たりGDPは2863ドル。1人当たりGNIは3550ドル。世銀の所得分類水準では下位中所得国に位置する。

2016年5月に行われた大統領選挙ではダバオ市長のドゥテルテ氏が選出された。2010年に就任したアキノ3世大統領は汚職撲滅への取り組みを強化しフィリピンの政治に安定感をもたらし、堅調な経済成長や財政の健全化を理由に、主要格付会社から投資適格級の格付けを得る等、対外的なフィリピンの評価を向上させた。一方で、2015年末の失業率は6・3％と主要ASEAN諸国（フィリピン、インドネシア、マレーシア、タイ、ベトナム）で最も高い。所得分配の不平等さを測る指標であるジニ係数はインドネシアやタイ、ベトナムよりも高く（格差が大きい）、世界平和度指数では162カ国中141位と治安状況もかなり悪い。また、未発達のインフラ状況等から多くの国民は成長の恩恵を享受できなかったとする指摘もあり、そのため、凶悪犯罪が多発していたダバオをフィリピン有数の安全な都市にした実績をアピールしたドゥテルテ氏がアキノ政権に不満を持つ幅広い層の支持を得ることに成功したとみられる。

フィリピンは中国との南シナ海を巡る領有権問題について2013年1月にオランダ・ハーグの仲裁

図表4-7　フィリピンの政策金利と消費者物価指数上昇率（月次：2012/1～2016/10）

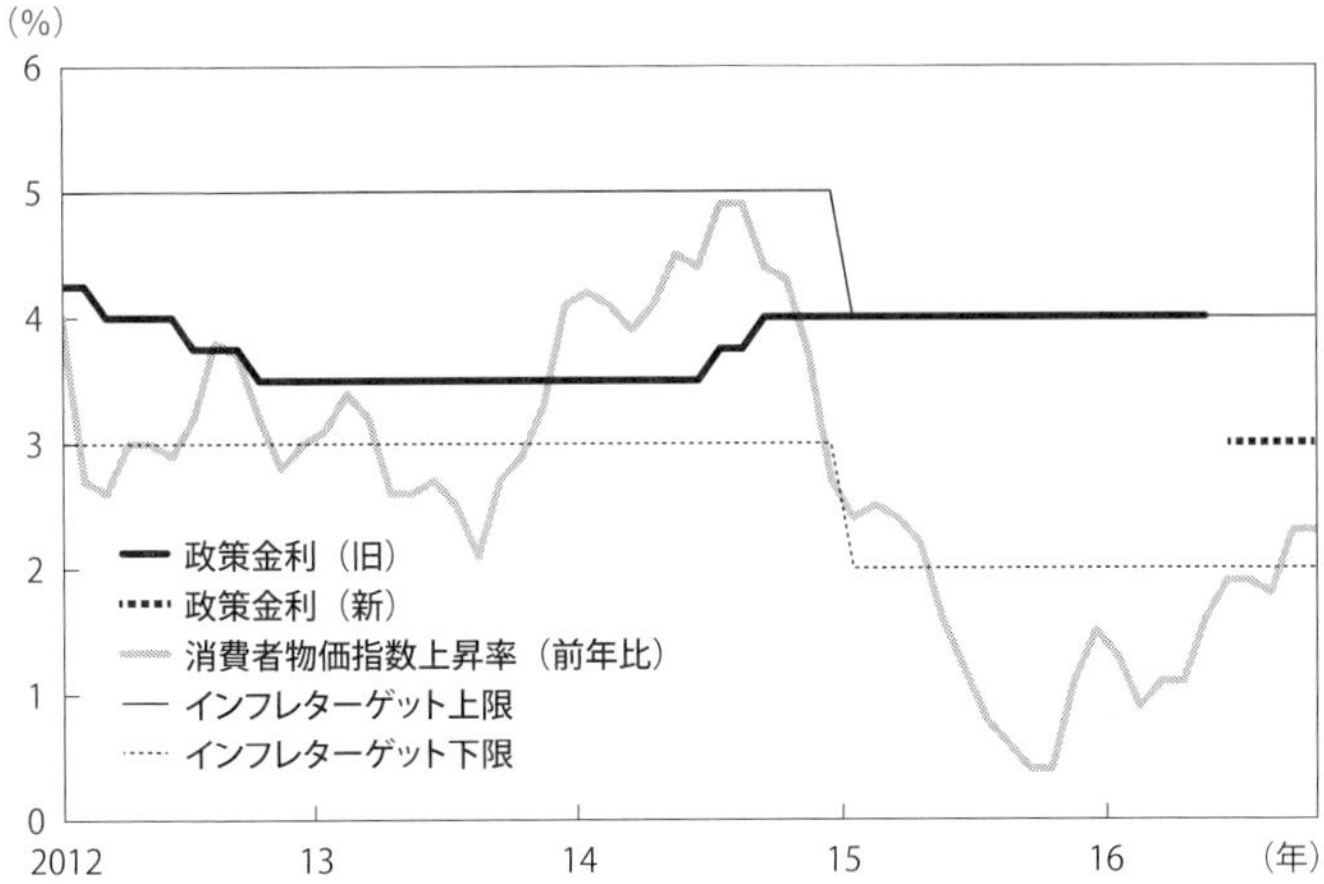

（注）フィリピン中銀は2016/6より政策金利をリバースレポファシリティ金利から翌日物リバースレポ金利に変更
（出所）ブルームバーグのデータよりみずほ証券作成

裁判所に提訴。２０１６年７月に同裁判所は中国に厳しい判決を下したが、中国政府は判決を受け入れない姿勢を表明。対立の構図が続く一方、フィリピンにとって中国は主要な貿易相手国であり、フィリピンがアジアインフラ投資銀行（ＡＩＩＢ）の正式加盟を通じてインフラ開発を促進する意向を示す等、中国の存在感は増している。ドゥテルテ大統領は施政方針演説で中国への直接的な批判を避ける等、同国に配慮を示しており、今後の領有権問題の行方が注目される。

　２０１４～２０１５年のフィリピン経済は実質ＧＤＰ成長率で前年比＋６％前後と堅調に推移。２０１６年も１－３月期が同＋６・８％、４－６月期が同＋７・０％、７－９月期が同＋７・１％と伸びが拡大。ほかのＡＳＥＡＮ諸国（ベトナム、インドネシア、マレーシア、タイ）との比較で最も高い成長率となった。世界経済が減速するなかにあって、フィリピンはインドやベトナムとともにアジアの成長のけん引役となっている。輸出の伸び鈍化から外需の寄与度がマイナスとなる状況が続いているにもかかわらず、底堅い消費と拡大を続ける投資が補う形となり、全体の成長を加速させている。低インフレや堅調な海外労働者の送金が民間消費を下支えしており、通年の実質GDP成長率は前年比＋6％台の成長となる見通し。インフレ率は石油製品価格の下落に起因する電気料金の下落につながっているほか、穀物等食料品価格の上昇鈍化を背景に、フィリピン中央銀行（中銀）のインフレ目標（前年比＋2・0％〜＋4・0％）の下限近辺で推移している。IMFは2017年から2021年にかけて同国の成長率は＋6％台後半程度の水準で堅調に推移すると予想している。

堅調な経済ファンダメンタルズがペソを下支え。政治リスクをにらみつつ戻りの機会をうかがう

フィリピン・ペソは1984年に変動相場制に移行したが、1997年のアジア通貨危機の際に為替相場の大幅な変動が起こったため、中銀はペソ建て預金の預入期間の設定や両替金額の上限引き下げ、投機的取引に対する罰則強化を行ってきた。これは、ペソ高による輸出産業への悪影響に加え、海外労働者送金のペソ換算額の目減りを通じて消費を鈍化させる可能性があるためと考えられている。フィリピン・ペソは2008年にかけて原油価格の高騰による貿易赤字の拡大や、リーマンショックを受けた海外投資家による資金引き揚げ機運の高まりから下落したが、2009年以降は世界的な金融緩和を背景とした新興国への資金流入加速を受けて上昇した。2013年には一時1ドル＝40ペソ台

図表4-8　フィリピンの経常収支と対GDP比の推移（年次：1995～2015）

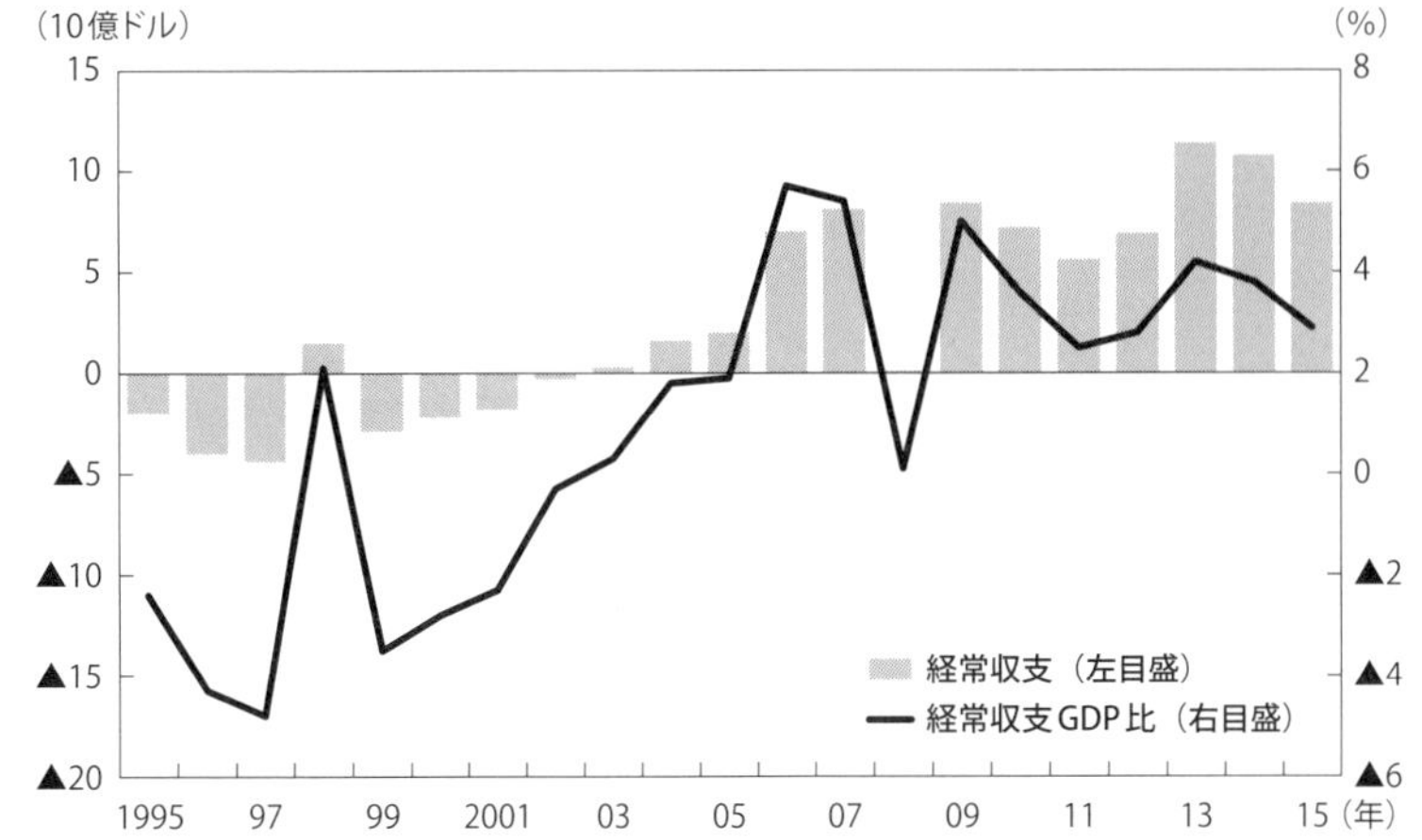

（出所）IMF「世界経済見通し」（2016年10月）のデータよりみずほ証券作成

をつける等、堅調に推移していたが、２０１３年５月頃から米国の金融緩和縮小観測が高まったことを背景に２０１４～２０１６年初めにかけてペソはやや上値の重い展開となった。依然として購買力平価を２０％近く上回る割高水準での推移は続いており、ほかの主要ＡＳＥＡＮ諸国の通貨に比べれば相対的に底堅く推移していると言える。ただ、２０１６年秋にかけてはペソ安傾向が続き、約８年ぶりのドル高・ペソ安水準をつけた。背景には、ミンダナオ島での爆弾テロ事件の発生を受けてドゥテルテ大統領が警察と国軍の権限を強める「無法状態宣言」を全土に発令したことや、米オバマ大統領に対して暴言を吐き、初の米比首脳会談が中止される等、主にドゥテルテ大統領の政治手法に対する懸念に加え、米大統領選でのトランプ氏勝利後の米国株高や長期金利の上昇等がペソの圧迫材料となった。フィリピンの持続的な経常黒字や

図表4-9　フィリピン・ペソ相場と購買力平価の推移（四半期：1997/3～2016/11）

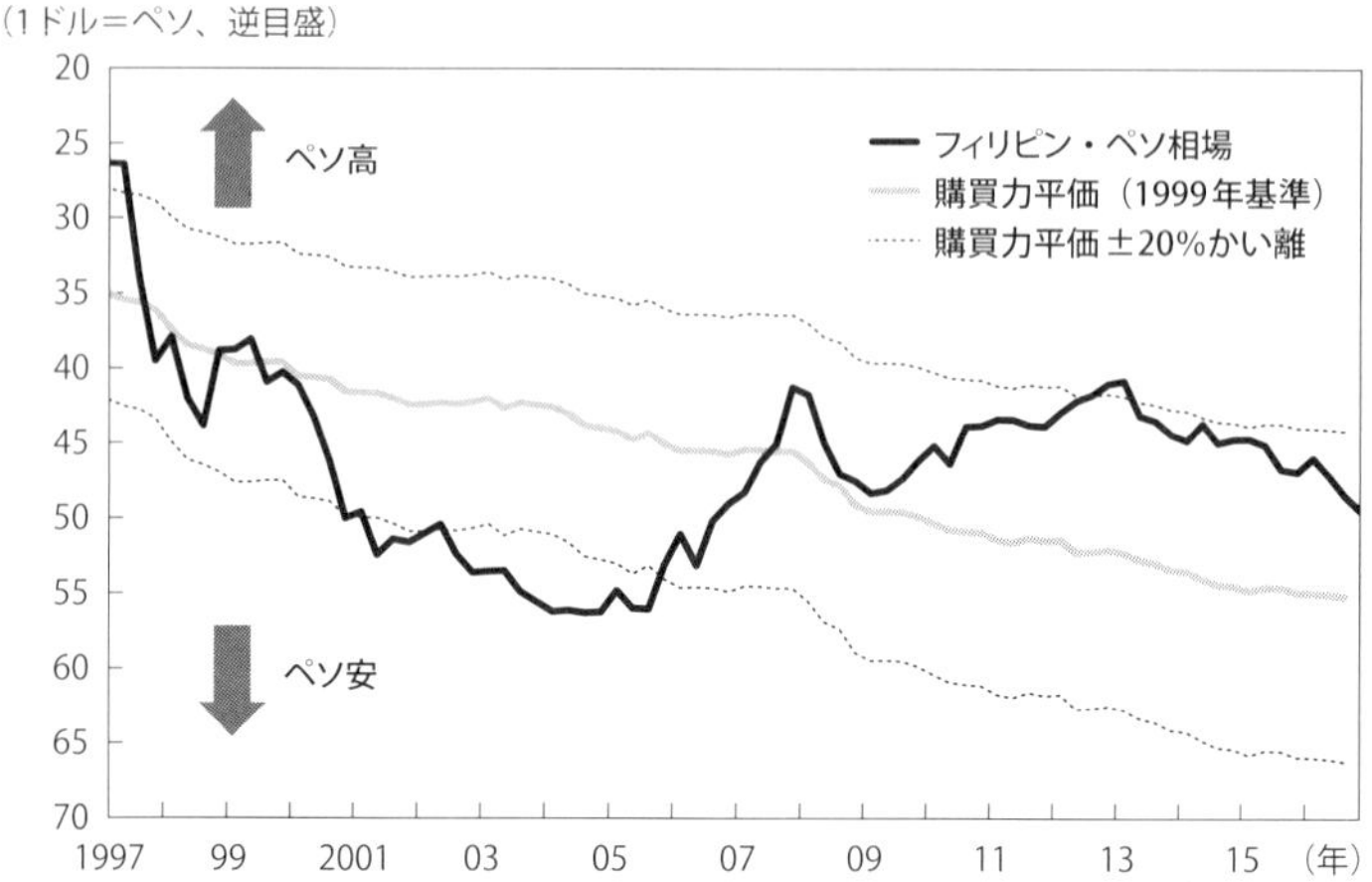

（注）購買力平価は消費者物価指数ベース。1997年のアジア通貨危機以降にフィリピンのインフレが落ち着いた1999年を基準に計算、直近値は2016/9まで、実績値は2016/11/17時点
（出所）ブルームバーグよりみずほ証券作成

海外労働者送金の両替需要に加え、インフレ率の安定や底堅く推移する国内経済等、堅調なファンダメンタルズや成長率見通しが引き続きペソを下支えする状況に大きな変化はみられない。また、ドゥテルテ大統領は米大統領選でのトランプ氏勝利後に米国との「けんかはやめる」と発言する等、反米的な姿勢を改める可能性を示した。しかし、ドゥテルテ大統領の言動は予想しがたいうえ、トランプ氏の移民政策が米国に多く住む在外フィリピン人に及ぼす影響への懸念や、南シナ海における中国との領有権問題等、外交面の問題がペソの上値抑制となる可能性には留意したい。2017年のペソ相場は、政治リスクに端を発する投資家センチメントの改善の行方を注視しつつ、戻りの機会を注意深くうかがう展開が見込まれる。

図表4-10　ベトナムの実質GDP成長率と主要需要項目の寄与度（年次：2006～2014）

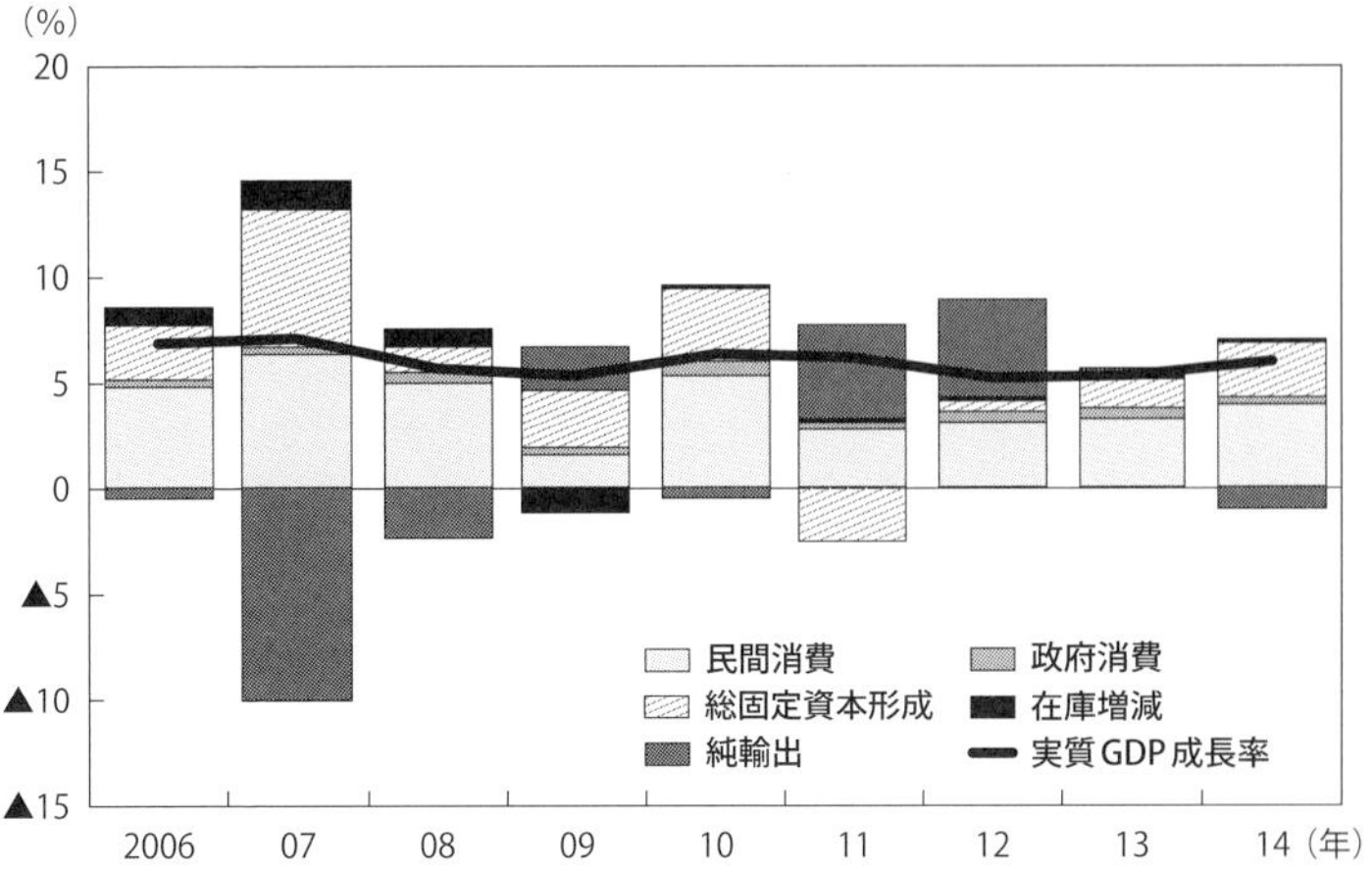

（出所）ブルームバーグのデータよりみずほ証券作成

〈ベトナム〉

経済活動の自由化促進を通じて成長加速期待が高まるが、米通商政策に注意

ベトナムはインドシナ半島の東に位置し南北に細長い地形となっている。国土面積は約33万㎢で九州を除いた日本の面積に相当する。中国、ラオス、カンボジアと国境を接し国土の４分の３は山岳、丘陵、高原地帯。長い海岸線は水産資源の宝庫とされる。鉱物資源は石炭や鉄鉱石、ボーキサイト等を有する。旧ソ連の援助で原油生産が開始され、現在でも主要な輸出品となっている。同国南部のメコンデルタ、北部の紅河デルタは稲作が盛んであり、１９８０年代後半以降は、コメの生産量や品質が向上、１９９０年頃からコメの輸入国から輸出国に転じた。２０１２年にはインドに次ぐ世界第２位のコメ輸出国である。人口は約９１７０万人。２０１５年の１人当たりＧＤＰは２０８８ドル、１人当た

図表4-11　ベトナムの政策金利と消費者物価指数上昇率（月次：2013/1～2016/10）

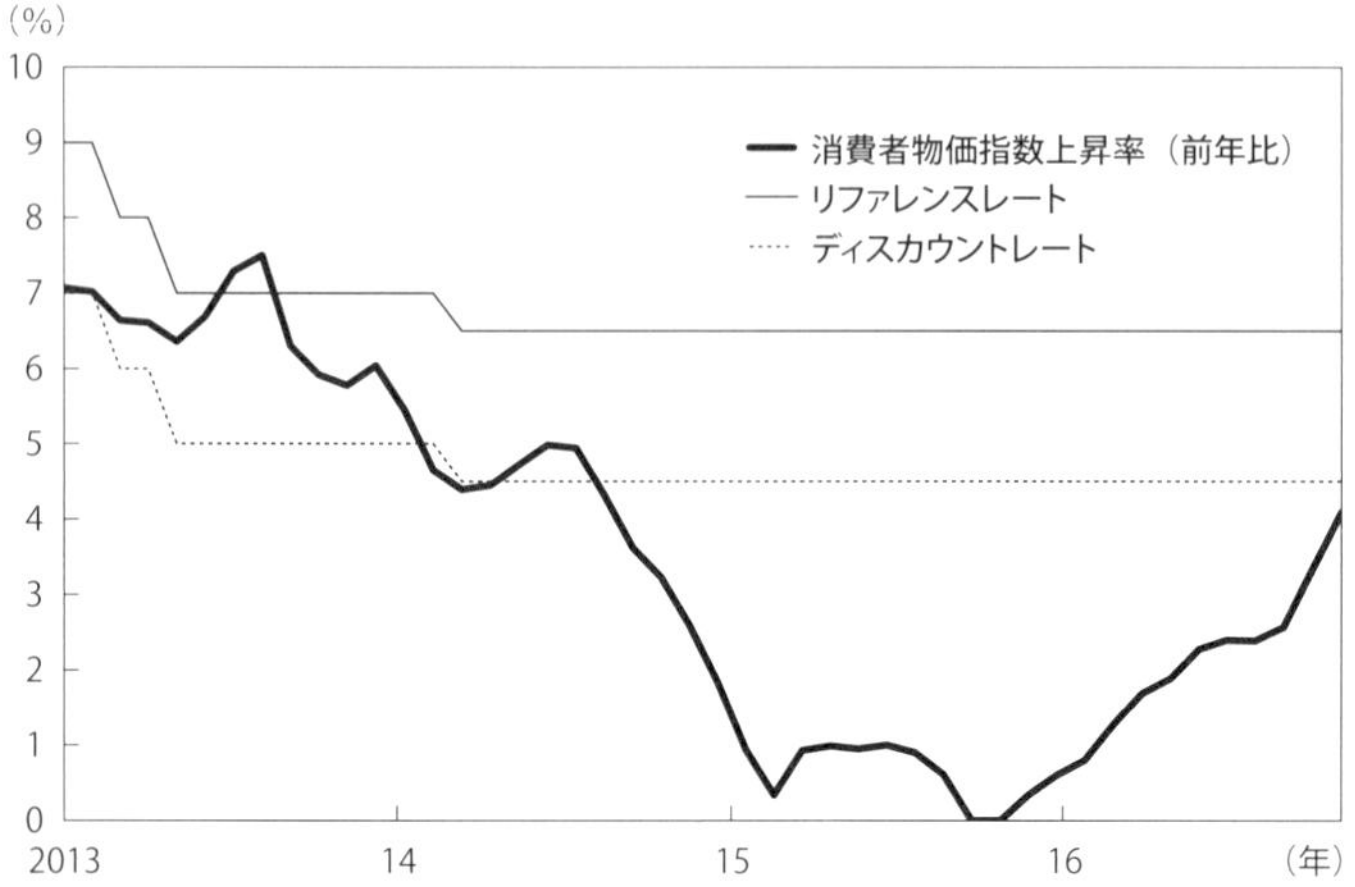

（注）ベトナムのCPIは2015年までが2009年基準、2016年以降は2014年基準の数字に基づいて算出
（出所）ベトナム統計局、ブルームバーグのデータよりみずほ証券作成

りＧＮＩは１９９０ドルで世銀の所得分類水準では下位中所得国に位置する。

ベトナムは共産党一党独裁のもとで社会主義共和制を採用しており、集団指導体制による市場経済化を進めている。第二次世界大戦後に対仏戦争、その後は米国とのベトナム戦争を経て、１９７６年に分断していた南北ベトナムが統一されたが、国家再建計画に失敗し経済危機に直面する。その後、１９８６年の党大会でドイモイ（刷新）と呼ばれる本格的な経済改革路線が採択されると、中央集権的な計画経済から市場経済への移行が図られた。１９８８年以降は改革が本格化し、財政・金融改革や国営企業改革、生産流通の規制や価格統制の緩和、為替管理の緩和が実施された。また、政府機能の共産党からの分離が図られ、国会や首相の権限強化が行われた。２０１１年に５年に１回開催される共産党大会で2020年までに近代工業国家に成長する目標が掲げられ、市場経済化とともに国際経済への統合を推進、2016年の共産党大会でも基本的な政策方針は継続されることが確認された。

ベトナムの主要経済は農林水産業、軽工業、鉱業。就業人口の産業別構成では農林水産業のシェアが約5割と全産業で最大だが、徐々に低下しており、その分、サービス業等のシェアが上昇している。

経済改革はマクロ経済の安定と成長をもたらしたため、党や政府はドイモイの継続を表明している。足元のベトナム経済は堅調な民間消費や外需主導の投資の拡大が寄与する一方、農業部門や鉱業部門は不調。今後はTPP発効に向けた投資の拡大が期待されているが、2017年1月に就任したトランプ米大統領がTPP離脱の大統領令に署名したことや、通商政策における保護貿易主義の立場を示している点には留意したい。ベトナムにとって米国は最大の輸出相手国であり、米政権の通商政策次第で輸出が大きなリスクを抱える可能性がある。2015年末にはASEAN経済共同体（AEC）が発足し、域内のGDPが2兆5000億ドル規模の巨大な経済圏が誕生した。これにより域内の経済活動の自由化や市場統合が促進され、ベトナム経済の成長加速が期待されていることもあり、米国の通商政策がベトナム経済に及ぼす影響が注目される。

米国の利上げ継続見通し等を背景に、2017年にかけて緩やかなドン安傾向が続くと予想

ベトナムでは1989年に管理変動相場制が導入されたが、ドンの対ドルレートは趨勢《すうせい》的に下落してきた。慢性的な経常収支の赤字に加え、度重なる通貨の切り下げがドンの信認を低下させ、ドル等への資本逃避を招いた点が背景にある。近年もインフレ高進にともなう輸入物価の上昇からドンの切

図表4-12　ベトナム・ドンの対ドルと対円相場（月次：2007/1〜2016/11）

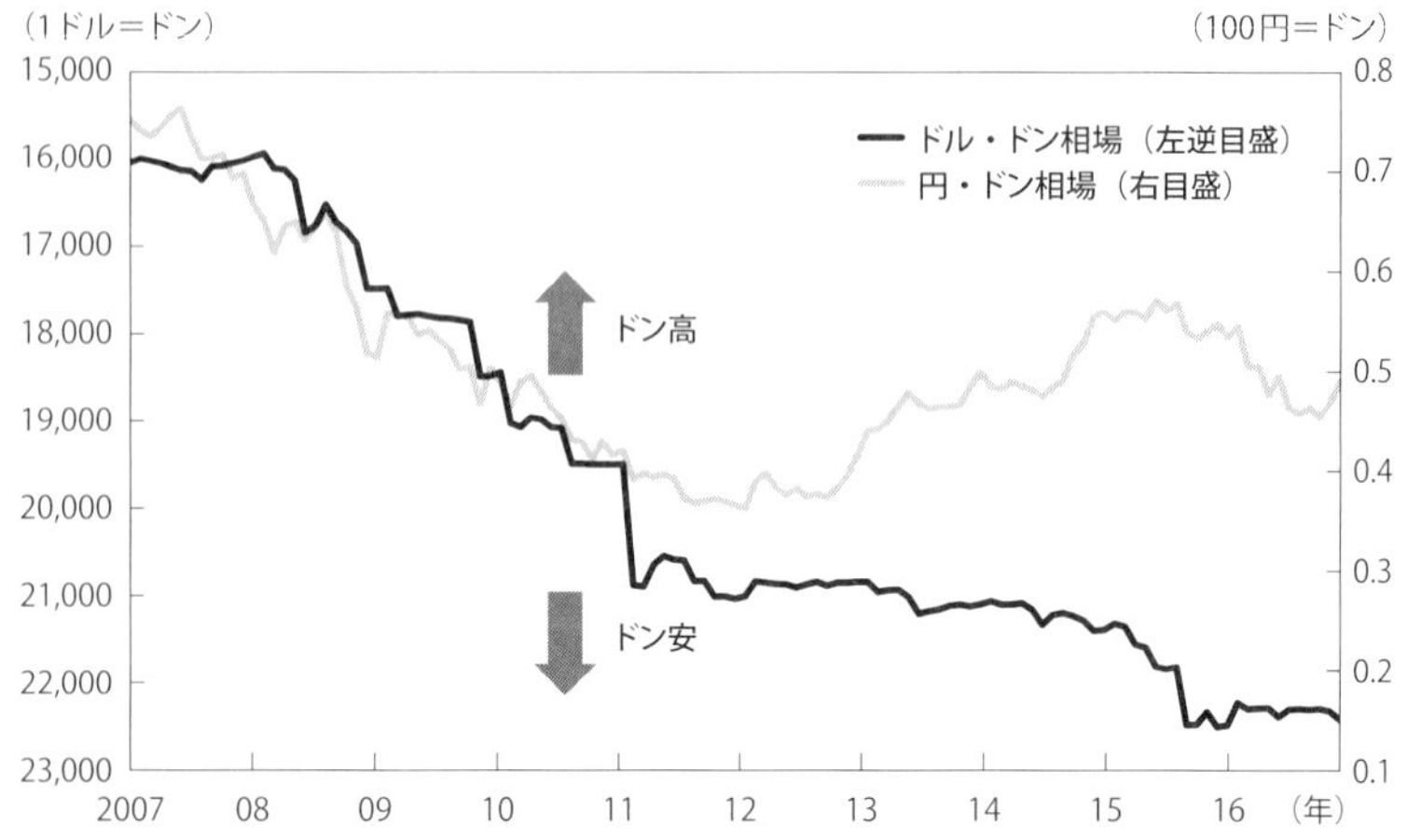

（注）直近値は2016/11/17
（出所）ブルームバーグのデータよりみずほ証券作成

り下げは累次にわたり実施され、輸出の増加や経常収支が改善すると、ベトナム中央銀行が公表する中心レートを基準とした取引バンドの前後で推移する展開となっている。２０１５年には中央銀行が為替市場の安定性や輸出競争力を確保する観点から、中国の人民元切り下げに付随する形で通貨ドンの切り下げや、対ドル取引バンドの拡大（±１％から±３％に）を実施。これによりドンは２０１５年初めの１ドル＝２万１３８０ドン台から同年末には２万２４００ドン台へと下落した。また、２０１６年からはドンの対ドル為替レートに中心レートを毎営業日見直すこととし、マクロ経済の安定と経済成長の支援のため、国際的な投資動向を勘案しつつ柔軟に管理する方針を示している。米大統領選におけるトランプ氏勝利後にドルを買う動きが強まるなか、11月中旬以降はドンの対ドルレートも一時1ドル＝2万2500ドン台をつけて年初来安値を更新した。国内経済は堅調であり、貿易収支の赤字が拡大する可能性や、米国の利上げ継続見通し等を背景に、2017年にかけて緩やかなドン安傾向が続くとみられる。

〈「アジアの世紀」の実現に向けて〉

域内の経済連携強化により、成長力の押し上げとともに格差是正等を実現できるか

アジアが「世界の成長センター」と言われて久しい。1990年から2015年の世界全体の成長率は年平均で＋3％台、先進国が＋2％台だったのに対して、新興国全体では＋5％、ASEANは＋6％近くだった。アジアでは1980年代に韓国や台湾、続いてタイやマレーシアが高成長を果たし、中国も目覚ましい成長を示し始めた。1997年のアジア通貨危機で各国の成長ペースはいったん鈍化を余儀なくされたが、2000年代に入るとインドネシアやフィリピン、インド、ベトナムが比較的高い成長をみせた。2010年代以降はカンボジアやラオス、ミャンマーでも＋6％～＋7％程度と成長ペースを高めており、ASEAN後発国においても経済発展の広がりがうかがえる。

2011年にアジア開発銀行（ADB）は「アジア2050――アジアの世紀は実現するか」と題する報告書を発表したが、同報告書によれば経済成長が続くシナリオが実現すれば、アジアの1人当たりGDPは2010年の6600ドルから2050年に3万8600ドルと欧州並みの水準に達し、30億人が新たに富裕層の仲間入りを果たす。楽観シナリオでは、GDPは2010年の17兆ドルから148兆ドルに拡大、世界のGDPに占めるシェアは27％から51％と半分超を占める。アジア諸国に

おける労働力人口の拡大といった人口ボーナスが寄与している部分は大きいが、年平均の実質GDP成長率で＋6％近くの成長が続くと仮定したこうした展望は、あくまでも楽観シナリオに沿ったものと言える。反対に所得格差の拡大が社会不安につながるケースや、政府・官僚組織の統治能力（ガバナンス）の低さを通じて「中所得国の罠《わな》」に陥る悲観的なシナリオも提示されている。この場合だとアジアのGDPは2050年に61兆ドル、世界GDPに占めるシェアも32％にとどまる。

2050年にアジアの世紀が実現するためには、日本、韓国、中国、インド、インドネシア、タイ、マレーシアの7カ国が推進力になるとされている。このうち、高所得国とされる日本と韓国を除いた中国、マレーシア、タイの上位中所得国、インド、インドネシアの下位所得国がそれぞれ「中所得国の罠」を回避して高所得国への仲間入りを果たすためには、前述した格差の是正や政治等の安定性の維持に加え、技術進歩やイノベーションを促進する必要があろう。

そのため、ASEAN諸国はAECによる地域経済協力と統合を進めつつ、自由貿易の枠組みに基づく経済連携を強化していくことで成長力の押し上げを図っていこう。こうした枠組みは各国の競争力の向上や労働市場改革を通じて資源配分の効率性を高め、格差是正へとつながることが期待される。

金融資本市場でも統合と自由化に向けた取り組みが進展

前出のAECの際に述べたが、ASEANでは段階的な引き下げにより関税が原則撤廃される等、モノ（貿易）の自由化が進展しているが、カネ（投資）についても金融サービス等の自由化や資本市場の統合に向けた取り組みが進んでいる。金融サービス等の自由化は、ASEANサービス枠組み協定

（ＡＦＡＳ）やＡＳＥＡＮ銀行統合の枠組み（ＡＢＩＦ）に基づき段階的な自由化が進められている。ＡＦＡＳでは、加盟各国が事前に合意したリストをもとに２０２０年の目標年度に向けて銀行、保険、資本市場の制限を実質的に除去することとされている。ＡＦＡＳが金融市場の自由化により銀行セクターの統合を進めるのに対して、ＡＢＩＦは各国規制の調和等、金融のインフラ作りを担う。ＡＳＥＡＮで銀行セクターの統合が進めば、①経営規模の拡大にともなう効率性向上により金融サービスのコストが低下する、②統合により強化されたＡＳＥＡＮ域内のネットワークを通じて域内の貯蓄がより生産的な投資に向けられ、ＡＳＥＡＮの潜在成長率を引き上げる、③カンボジアやラオス、ミャンマー、ベトナム等の後発ＡＳＥＡＮ諸国の金融監督能力の向上が見込まれる、等のメリットが期待される。

資本市場については、銀行セクターに先行して債券市場や株式市場の統合に向けた取り組みが進められている。債券市場の育成はＡＳＥＡＮ10カ国と日本、韓国、中国の３カ国（ＡＳＥＡＮ＋３）によるアジア債券市場育成イニシアティブ（ＡＢＭＩ）が、株式市場はＡＳＥＡＮ各国の監督当局によりＡＳＥＡＮ資本市場フォーラム（ＡＣＭＦ）が組成され、資本市場の統合が進められている。ＡＢＭＩは、２０１２年発表の新ロードマップ・プラスにおいて、①現地通貨建て債券発行の促進、②現地通貨建て債券の需要促進、③規制枠組みの改善、④債券市場関連インフラの改善等の４つのタスク・フォースが市場整備に関する諸課題に取り組んでいる。ＡＣＭＦのユニークな取り組みのなかには、ＡＳＥＡＮ域内の６カ国７取引所に上場する株式の情報を１つのウェブサイトに掲載したASEAN Exchange Web Siteや、域内外の投資家が域内の取引所に上場する株式を売買できるように取引所を電子ネットワー

図表4-13　ASEANと主要国の経済状況一覧（2015年）

	名目GDP（億ドル）	1人当たりGDP（ドル）	実質GDP成長率（%）	国土面積（1000km²）	人口（万人）	経常収支（億ドル）	CPI上昇率（年平均、%）	対外債務（億ドル）	外貨準備（億ドル）
インドネシア	8,590	3,362	4.8	1,890	25,546	▲177	6.4	3,085	1,033
タイ	3,953	5,742	2.8	514	6,884	310	▲0.9	1,297	1,513
マレーシア	2,963	9,501	5.0	330	3,119	89	2.1	1,910	940
シンガポール	2,927	52,888	2.0	0.7	554	579	▲0.5	23,384	2,475
フィリピン	2,925	2,863	5.9	299	10,215	84	1.4	777	740
ベトナム	1,915	2,088	6.7	329	9,168	9	0.6	778	283
ミャンマー	629	1,213	7.0	680	5,185	▲49	11.4	64	70
カンボジア	178	1,144	6.9	181	1,554	▲19	1.2	93	69
ラオス	126	1,787	7.6	240	703	▲29	5.3	116	10
ブルネイ	129	30,993	▲0.6	6	42	16	▲0.4	—	—
米国	180,367	56,084	2.6	9,628	32,160	▲4,630	0.1	282,245	1,185
日本	41,242	32,479	0.5	378	12,698	1,356	0.8	50,578	12,070
中国	111,816	8,141	6.9	9,600	137,349	3,306	1.4	14,183	33,452
インド	20,730	1,604	7.6	3,287	129,271	▲221	4.9	4,796	3,343
豪州	12,253	51,181	2.4	7,692	2,394	▲580	1.5	22,663	465
ロシア	13,260	9,243	▲3.7	17,100	14,346	690	15.5	4,677	3,198
ブラジル	17,726	8,670	▲3.8	8,512	20,446	▲589	9.0	5,434	3,542
メキシコ	11,438	9,452	2.5	1,960	12,101	▲327	2.7	4,263	1,735
南アフリカ	3,147	5,727	1.3	1,220	5,496	▲137	4.6	1,379	416
トルコ	7,179	9,186	4.0	781	7,815	▲322	7.7	3,979	929

（注）人口はタイが2014年、シンガポールが2014年、ベトナムが2014年、ミャンマーが2014年、カンボジアが2012年、ラオスが2012年、インドが2012年、ブラジルが2014年、メキシコが2010年。その他の国は2015年。外貨準備はミャンマーが2012年

（出所）IMF「World Economic Outlook」、世銀「International Debt Statistics」、ブルームバーグ、外務省資料等よりみずほ証券作成

クで結んだASEAN Trading Link等がある。ＡＳＥＡＮでは、アジア金融市場の中心地と目されるシンガポールが先行して投資環境の整備を進めるなか、マレーシアやタイもイスラム金融センターやメコン地域の投資受け入れ窓口としての特色を生かした取り組みを進めている。

ＡＳＥＡＮ諸国は１９９７年のアジア通貨危機と２００８年のリーマンショックを乗り越え、為替制度の柔軟化や外貨準備の積み増しに加え、緊急時に外貨を融通し合う仕組みであるチェンマイ・イニシアチブ等の金融セーフティネットの創設等により、外部ショックに対する耐久力は増した。しかし、経済成長が続く半面、資金供給を後押しする金融セクターの発展は十分とは言えず、不足分を先進国からの資金流入に依存している点が結果的にＡＳＥＡＮ地域の資本フローの不安定化を招いているとも指摘されている。また、アジア諸国における企業債務等、民間部門の債務拡大を問題視する動きもみられるようになっている。米国の利上げ観測の高まり等を背景にアジアの新興国から資金流出の動きが強まるような事態となれば、通貨安が債務負担の増大を招くほか、国内金利の上昇等が景気の下押し圧力を高めかねない。２０１７年春には日中韓とＡＳＥＡＮ諸国がチェンマイ・イニシアチブの拡充等、ドル資金の融資枠拡大を通じて通貨防衛姿勢を強化する方針を示している。ＡＳＥＡＮ諸国にとっては、経済連携強化の動きと併せて、金融市場の統合等を着実に進めていけるのかどうかが、ＡＳＥＡＮを中心としたアジアの世紀が実現するカギを握る重要な要素となろう。

次章の第5章ではアジアの債券や株式市場の最近の情勢にも触れており、今後の見通しを立てるうえでも参考になろう。

②モディノミクスの進展で安定化に向かうインド・ルピー

ファンダメンタルズの弱さが通貨安要因に

インド・ルピーの特徴としては従来、慢性的な経常赤字や財政赤字、インフレといったファンダメンタルズの弱さが挙げられている。経常赤字拡大の背景には原油価格や金価格の上昇が影響している。インドは原油の輸入依存度が約8割と高いことや、政府が価格統制により石油小売価格を低く抑えていたことで、原油価格が上昇しても原油輸入が大きく減ることがなかった。また、インドは世界第2位の金消費国であり、宝飾品需要のみならず、インフレヘッジや投資対象として人気がある。輸出の低迷に加え、原油や金輸入の高止まり、財政赤字基調（2011年はGDP比▲8・2%）により、2012年の経常収支GDP比は▲4・8%まで拡大、91年のインド通貨危機前の経常収支GDP比▲3・0%（1990年）を上回った。

政府は2012年頃から徐々に石油製品の価格自由化や石油補助金の削減を開始したが、短期的にはかえってインフレ圧力を強めた。消費者物価は干ばつや通貨安による輸入物価の上昇もあり2012〜2013年頃には前年比で2ケタ前後の高い伸びとなった。2013年の米国におけるQE3（量的金融緩和第3弾）の縮小観測によるドル高も加わり、ルピーは大幅に下落、フラジャイル・ファイブ（ファンダメンタルズがぜい弱な5カ国通貨）と揶揄《やゆ》された。

図表4-14　インドの経常収支GDP比と消費者物価（年次：1986〜2016）

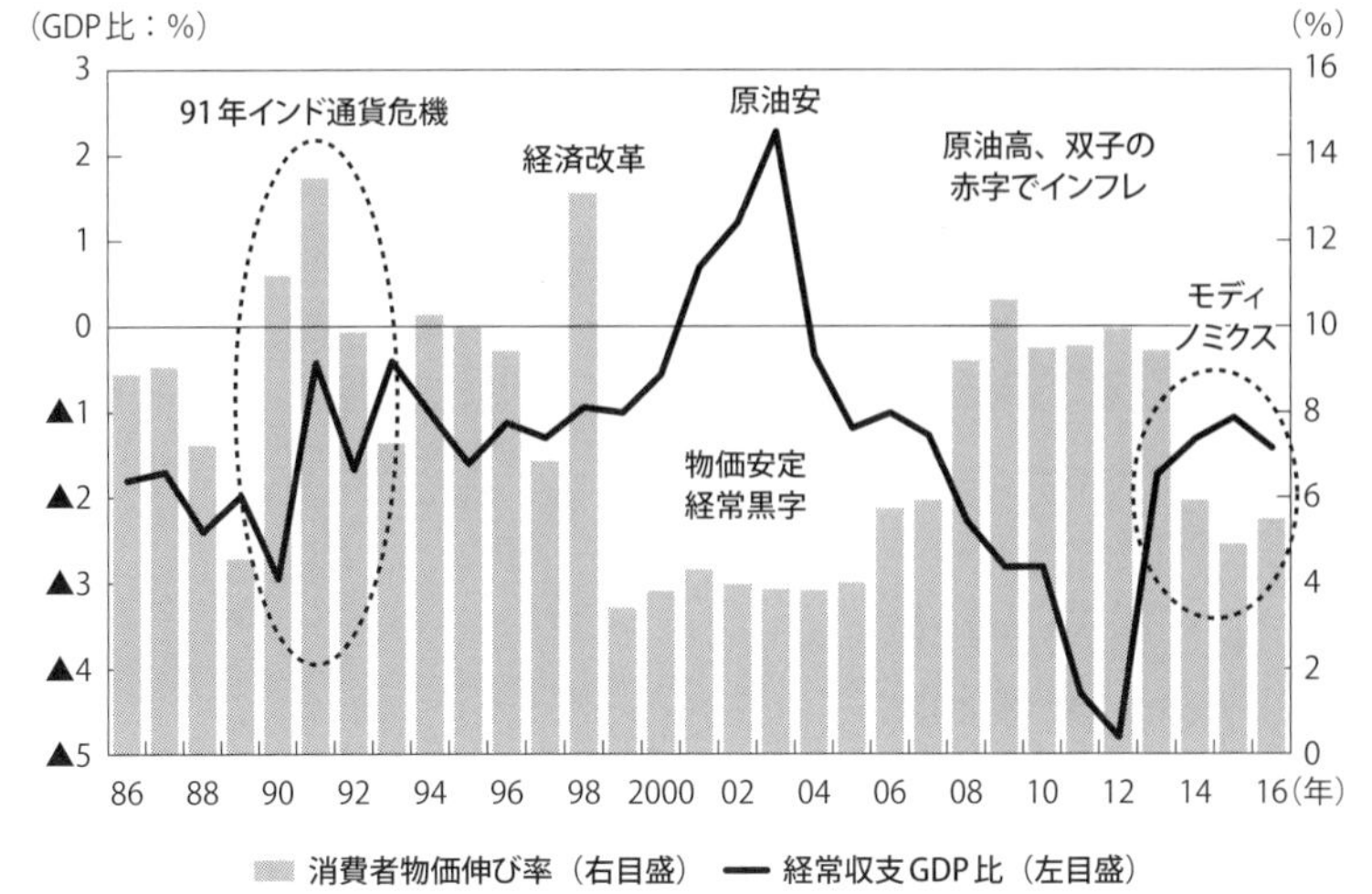

（注）IMFの世界経済見通し（WEO、16年10月時点）ベース
（出所）IMFのデータよりみずほ証券作成

ラジャン中銀総裁やモディ政権の発足で改革期待が高まり、資金流入が増加

もっともここ数年はこうした傾向に変化がみられ、ルピーは売られにくくなっている。背景には、①シン前首相のもとでの石油補助金削減や石油製品価格の自由化が進展したほか、金に対する輸入関税や規制が需要を抑制した。そうしたなかで原油や金価格が下落し２０１３年以降、経常収支GDP比は▲１%台まで低下し安定した、②２０１３年９月には国際的に知名度の高いラグラム・ラジャン氏が中銀総裁に就任し、金融政策に対する信認が向上し物価が安定した、③２０１４年５月にモディ政権が発足し、規制緩和やインフラ投資促進、税制改革等の経済改革が進むとの期待から海外からの資金流入が増加した、等が挙げられる。

図表4-15　海外機関投資家の証券投資とインド・ルピー（月次：2009/1～2016/10）

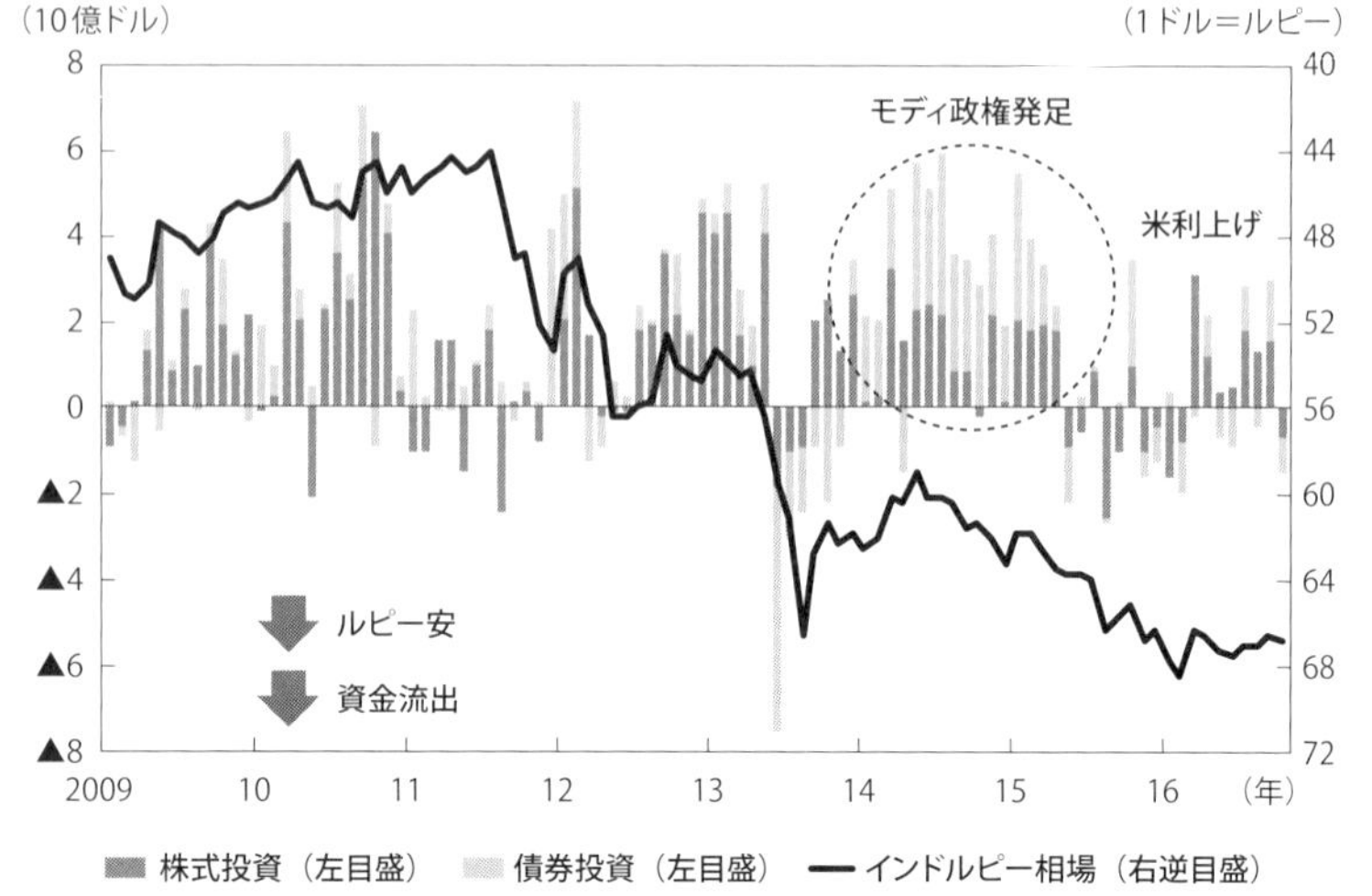

（注）投資はネット・ベース
（出所）CEICデータよりみずほ証券作成

今後は、２０００年代以降のコモディティのスーパーサイクルが終了し、原油価格等、商品市況が低位安定する可能性があり、エネルギーの輸入依存度が高いインド経済やルピーにとって中期的にポジティブに寄与しよう。

通貨当局は介入や資本規制で為替変動を抑制

ここでインドの為替制度を振り返ると、１９９１年の通貨危機をきっかけにして、それまでの通貨バスケットに対して変動幅を±５％以内とするペッグ制（固定為替相場の一種）が見直され、１９９３年３月には管理変動為替相場に移行した。１９９４年には貿易等にからんだ経常取引においてはルピーの取引はほぼ自由化された。また、直接投資は段階的に規制が緩和され、現在

図表4-16　海外投資家の国債保有比率（四半期：2004/3～2016/6）

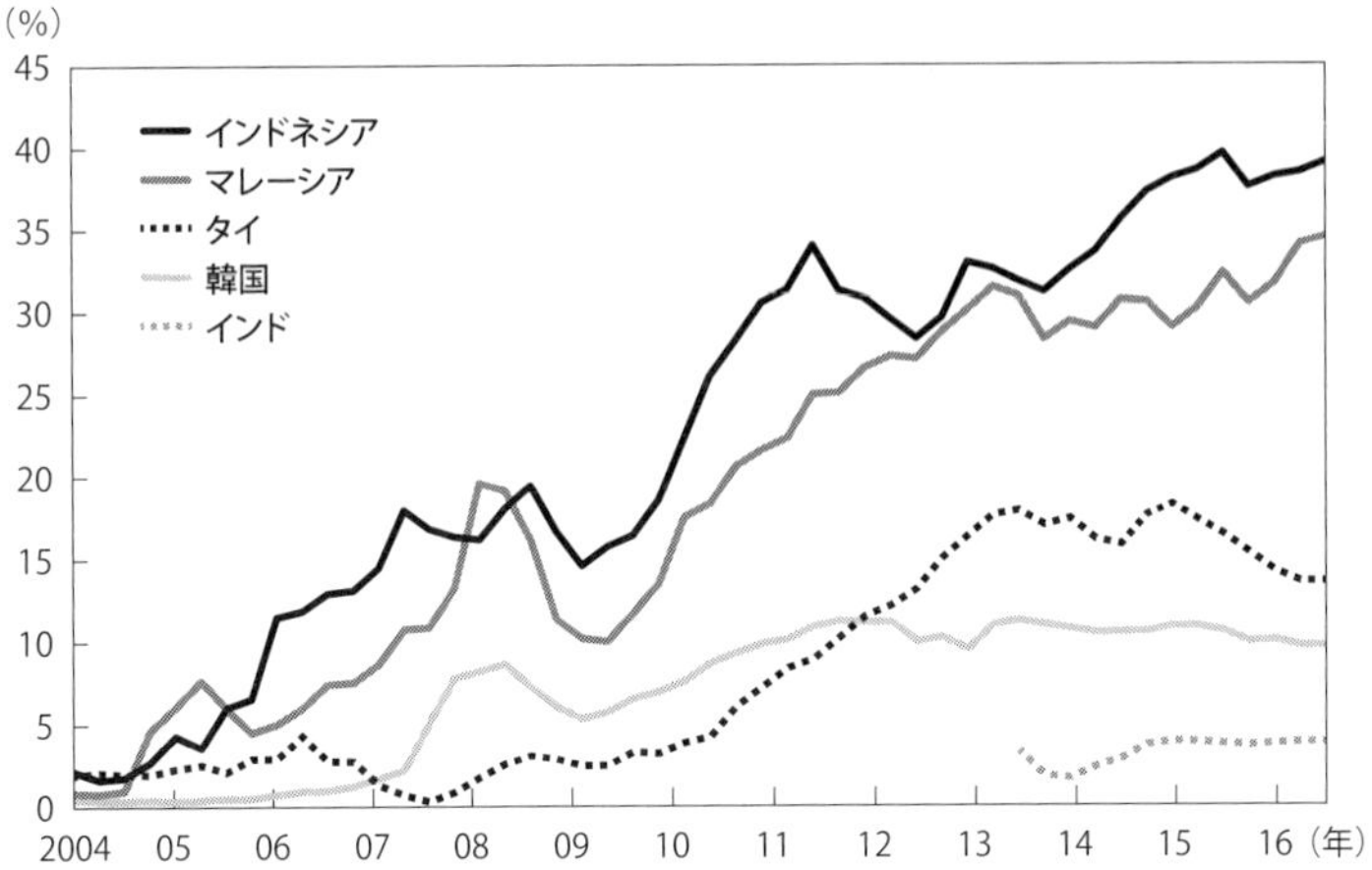

（出所）IIFの資料よりみずほ証券作成

では一部の業種を除いて外資が１００％出資可能となっている。一方、証券投資や対外借り入れ等のその他の資本取引については規制がある。例えば、①非居住者によるインドへの株式投資については、外国証券投資家（ＦＰＩ）は個別株式の発行済株式の10％が投資上限となり、ＦＰＩ全体では24％が上限となる（一定の条件で引き上げ可能、また海外の個人投資家は12年より株式投資が可能）、②非居住者による国債や社債等の債券投資についてはＦＰＩ全体で上限額が設けられており、国債では発行残高のわずか３・７％（16年３月時点）にとどまる（将来的に５％へ引き上げ予定）、③居住者による非居住者からの対外借り入れについては、金額や満期、借り入れ金利、資金用途等の規制がある、等が挙げられる。

加えて、インドは資金流入が加速した場合にはルピー売り介入や投機的資金へのモニタリング強化等を行って為替の変動を抑制してきた。反対にリーマンショック以降の資金流出場面ではルピー買い介入や海外投資家の債券投資上限額の引き上げ、在外インド人のインド向け預金の優遇金利引き上げ、対外借り入れの一部規制緩和等を行ってルピーを下支えした。

以上のような、ルピーが変動した場合の柔軟な資本流出入規制の変更や、国債等の債券投資に対する上限規制により海外投資家の国債保有がわずかだったことが、ルピーのボラティリティが新興国通貨のなかで低めとなっている要因として挙げられる。

そもそも資本規制がある背景には、金融や企業部門が発展途上ななかでインドへの資金流入が大きくなると金融市場が過熱しバブルが発生したり、反対に外的ショックにより資金流出が加速して景気や金融システムに深刻な影響が出ることを避ける狙いがある。実際、金融セクターは資産ベースで全体の3分の2を占める国営銀行が多額の不良債権を抱え、リスク管理等、経営改善の余地が大きく、海外からの資金フローが大きくなった場合に不安が残る。ラジャン中銀総裁は2016年9月に任期満了で退任したが、物価安定に加え、銀行の不良債権問題にも精力的に取り組んだ。今後、不良債権問題が進展し、銀行の財務の安定性やリスク管理能力が向上したり、ファンダメンタルズの弱さ（双子の赤字やインフレ体質）が克服されていけば、中期的に資本流出入規制の緩和を一段と進める要因となろう。

ルピーを中期的にみるものさし

ルピーを中期的にみるものさしとして例えば購買力平価がある。インドが管理変動為替相場に移行

図表4-17　ドル・ルピーの購買力平価と実勢相場（月次：1994/1〜2016/10）

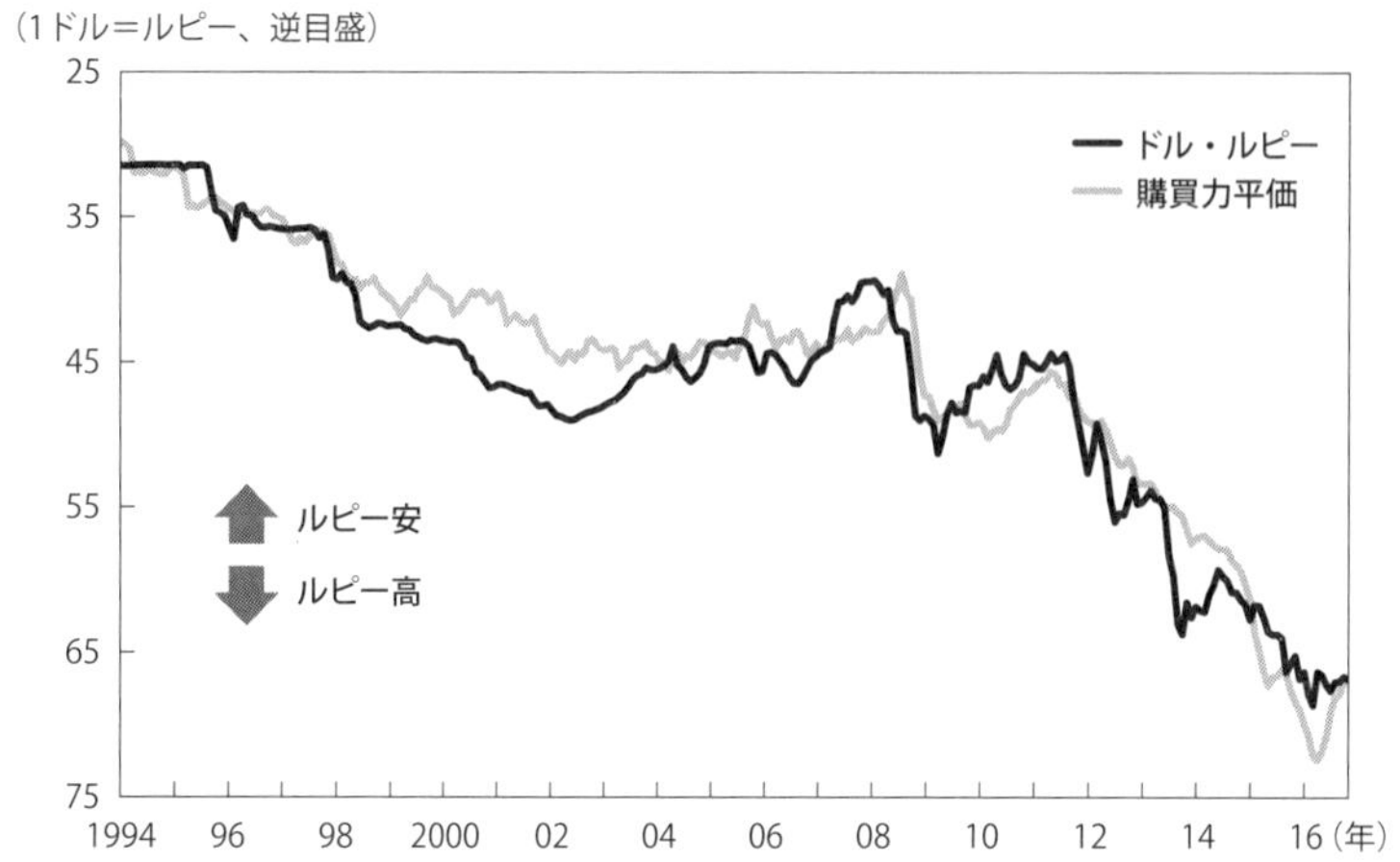

（注）ルピーが管理変動相場制に移行した1993年の翌年を基準年とする、インドは卸売物価（WPI）、米国が生産者物価（PPI）、インドはCPIの精度が低かったため、中銀は長らくWPIをメインに参照してきた。購買力平価は9月まで
（出所）CEIC、ブルームバーグのデータよりみずほ証券作成

した1993年3月の翌年の94年を基準年とすると、ルピーの実勢相場は購買力平価と大きくかい離することなく緩やかに下落してきたことが分かる。これは資本流出入に対してさまざまな規制や為替介入を行ってきたことで海外投資家のリスクオン、オフでルピーがその他の新興国通貨のように購買力平価から大きくかい離せず、米国とのインフレ格差に応じて緩やかに下落してきたことによる。インフレ格差の背景には、既述のように経常赤字や財政赤字が続いてきたことがある。今後は、双子の赤字の縮小やインフラ不足等の改善により、物価の伸びが中期的に安定に向かうとみられ、購買力平価も低下ペースが和らぐと見込まれる。

２０１７年のルピー相場はモディノミクスの進展で安定に向けた動き

既述のように２０１６年９月に長年の課題であった物品サービス税（ＧＳＴ）が成立した。モディ首相のリーダーシップの成果とみられ、17年はＧＳＴに続いて次のような政策課題が進展すればルピーの下支えが見込まれる。具体的には、①金融政策の枠組み強化、②銀行の不良債権問題、③土地収用法の再改正、④総合小売業への外資参入の促進、⑤ＲＣＥＰ交渉の進展である。①については、中銀はインフレターゲットを導入し、金融政策委員会を創設して総裁１名から合議制による政策決定に移行した。ラジャン総裁時代同様に、政府が中銀の政策的な独立性に配慮していくなかで、こうした枠組みが機能すれば、中期的に物価安定に寄与して通貨の安定にも寄与しよう。②については、銀行の不良債権問題の進展に向けてテコ入れが必要となろう。国営銀行の労働組合や与党を説得し、国営銀行の再編や政府保有株式の市場売却が進むかがポイントだろう。③については、土地収用法の再改正は第３章で述べたように、与野党からの反発によりいったん成立を見送ったが、再び成立を目指すような動きがあればポジティブサプライズだろう。④については、スーパー等、複数ブランドを扱う総合小売業に対する外資規制は51％まで緩和されたが、インフラへの投資義務や現地調達義務等が重しとなって、外資参入はほとんど進んでいない。ただ、現地企業によるショッピングモール建設は盛んなほか、外資でもナイキや無印食品といった単一ブランドの小売業や卸売業では外資系企業の進出が行われている。支持基盤である中小小売業者や与党の説得が必要になる。⑤については、ＴＰＰが停滞するなかＲＣＥＰ交渉は中国やインド主導で進む可能性がある。日本などが求める大胆な関税引き下げによって外資系製造業にとって使い勝手の良い枠組みにすることが直接投資（ＦＤＩ）の増加にとって重要となろう。

このようにインドは依然としてさまざまな重要課題を抱えており、モディ首相がこうした問題にリーダーシップを発揮できれば、経済の中期的な伸びしろは大きく、インドに対する証券投資が再び活況となり、2017年以降、ルピーが安定する可能性があろう。なお、海外投資家の国債保有比率は前述のように依然として低い。ソブリン格付けが投資適格水準で、国債利回りも7％前後と高く、中期的な成長期待が高いことから、上限枠の引き上げにより債券投資が増加し、ルピーの下支え余地は大きくなるだろう。リスクとしては、米国の利上げによる新興国からの資金流出圧力の再燃や、原油価格の上昇等が挙げられる。

③資源投資ブームに揺れたブラジル・レアル

商品市況の上昇がレアル高をけん引

ブラジル・レアルの特徴としてまず挙げられるのが、資源国通貨であり鉄鉱石や原油価格等の商品市況の影響を受けやすいことである。特に2000年代以降、中国等の資源需要の高まりや商品市況の大幅な上昇により、ブラジルの中国向け輸出はピークの2013年に460億ドルと10年間で約10倍に増加、輸出全体の約2割を占め、輸出をけん引した。また、2007年11月にブラジル沖合で大

図表4-18　ブラジル・レアルの推移（週次：1998/1/3〜2016/11/4）

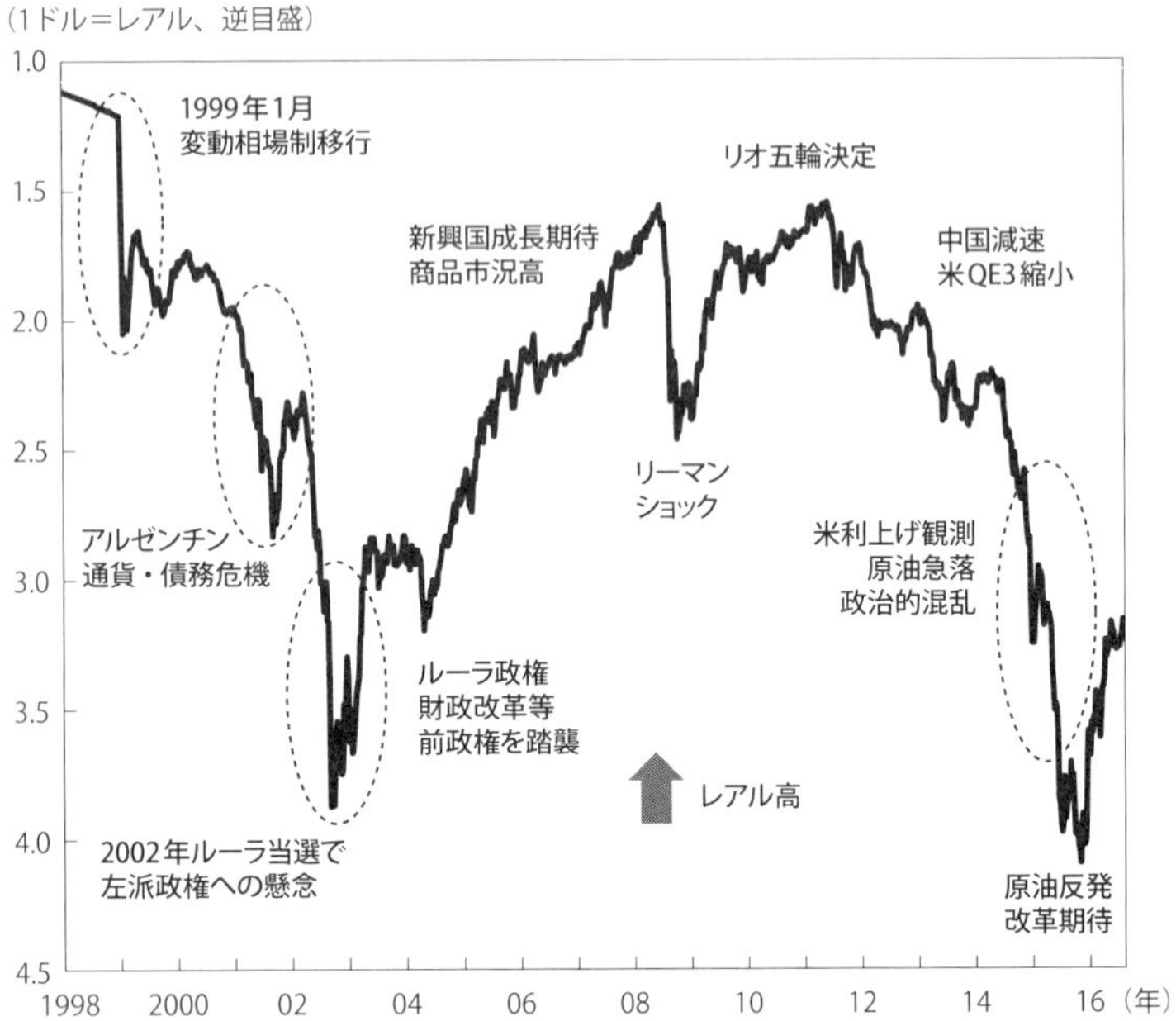

（出所）ブルームバーグのデータよりみずほ証券作成

型深海油田（プレソルト）が発見され、国営石油大手ペトロブラスは2008〜2015年の8年間で総額3157億ドル（2015年GDP比17・8％）の大型投資（大半が油田の探索や採掘向け）を行った。こうした資源関連の輸出や投資が経済成長をけん引し、レアル高につながった。ただ、その後は商品市況の急落により、一転して資源関連需要の悪化がブラジル経済やレアルの重しとなった。ペトロブラスは過去の資金調達にともなってドル建て債務が急増、格付けが投機的水準となったことで資金調達コストも上昇し、財務が悪化している。リストラや資産売却を進めているが、政府による同社への金融支援観測によりブラジルの財政負担の増加が懸念され、レアル急落の要因となった。ただ、２０１６年に入ると原油価格や鉄鉱石価格の上昇により、資源関連株やレアルは反発している。

２００７年以降、格付け上昇や高金利を受け、ブラジルへの資金流入が加速

レアルは高金利通貨としての性格をもつ。政策金利（Ｓｅｌｉｃ）は２０１６年10月時点で14・00％と主要な新興国のなかでも高い。もっとも、高金利であるにもかかわらず、ブラジル・レアルは長らく海外機関投資家等の主な投資対象ではなかった。それが大きく変化するきっかけとなったのが、２００８年にブラジルのソブリン格付けが投資適格級となったことである。格付け上昇の背景には、①１９９９年に変動為替相場制やインフレターゲットを導入し、中銀がタカ派的な姿勢を続け、物価が徐々に安定した、②２０００年には財政責任法を導入し、財政規律の維持に努めたことで公的債務残高ＧＤＰ比が低下した、③資源関連輸出の増加により経常収支が一時黒字となり、外貨準備が増加した、等が挙げられる。

海外投資家の証券投資（株式や債券投資）は２００６年の91億ドルの資金流入超から２００７年は４８４億ドルに急増している。２００８年はリーマンショックで11億ドルの流入超に鈍化したものの、２００９年はオリンピックの開催決定や主要先進国の低金利環境が続いたことにより５０３億ドルと急回復、２０１０年は６３０億ドルの流入超とさらに増加した。海外投資家のブラジル国債の保有比率をみると、２００７年末時点で約１％にすぎなかったが、２０１５年には20％台まで上昇した。

図表4-19　ブラジル政策金利とインフレ率、国債利回り（月次：2004/1～2016/10）

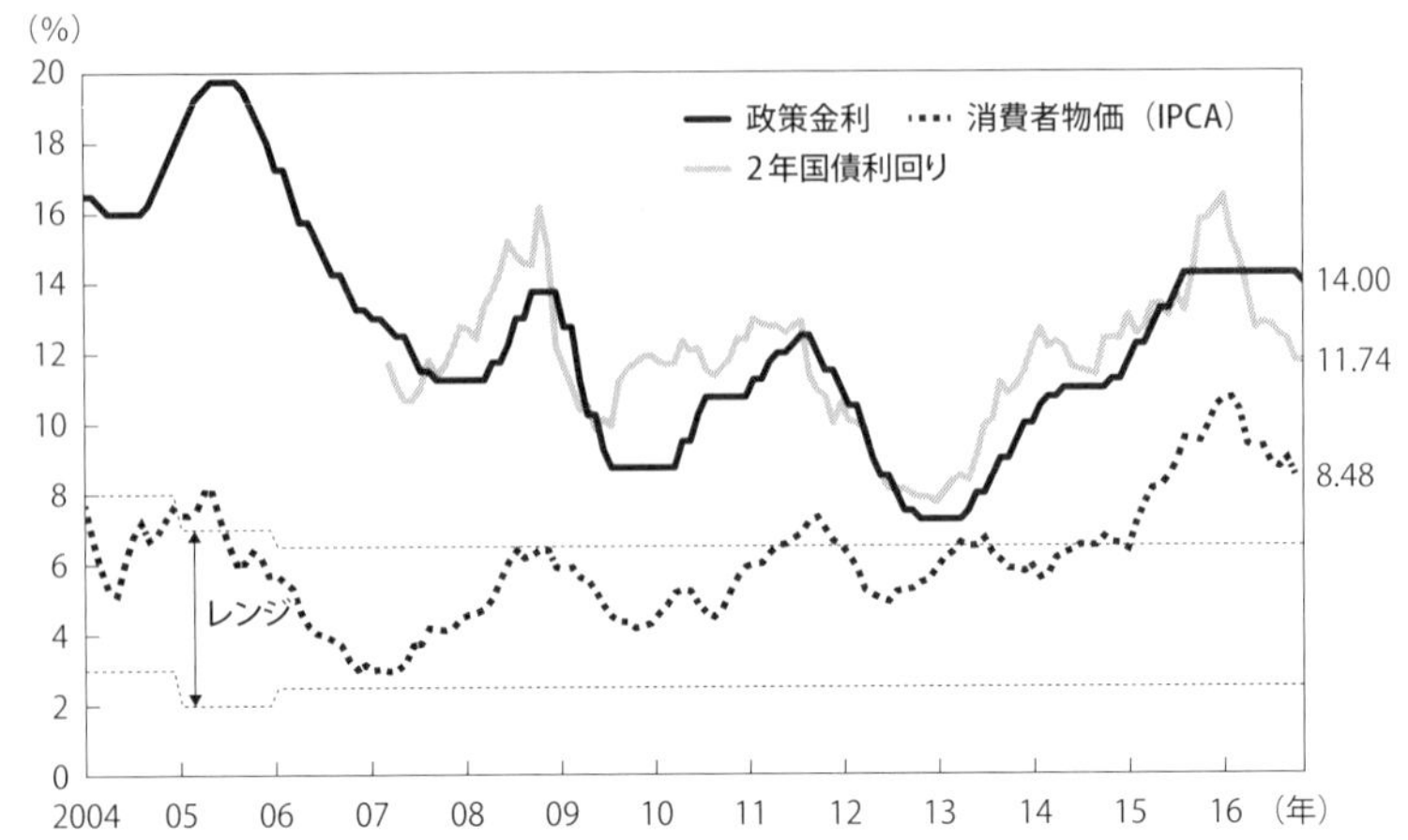

（注）レンジはインフレターゲット（06年以降は＋2.5%～＋6.5%）、なお17年は＋3.0%～＋6.0%、消費者物価は9月まで、国債利回りは2007/3～2016/10/27、政策金利は10/27まで
（出所）ブラジル中銀、ブルームバーグのデータよりみずほ証券作成

ヘッジファンドや投資信託等の海外機関投資家の資金がブラジル国内に流入したとみられる。

海外投資家の国債保有は増加も、格付けや資本規制、為替ヘッジ等、改善余地

他方、同時期にメキシコやポーランド、南アフリカでは海外投資家の国債保有が3～4割まで上昇したのに比べると見劣りする。こうした国ではソブリン格付けの引き上げや米シティグループが作成する世界国債インデックス（WGBI）に新興国の一部が採用され、投資家の債券ポートフォリオに組み入れる動きが進んだとみられる。実際、ポーランドは2003年、マレーシアは2007年、メキシコは2010年、南アフリカは2012年にWGBIに採用された。インデックスに組み入れられた背景

図表4-20　海外投資家の国債保有比率（四半期：2007/3〜2016/6）

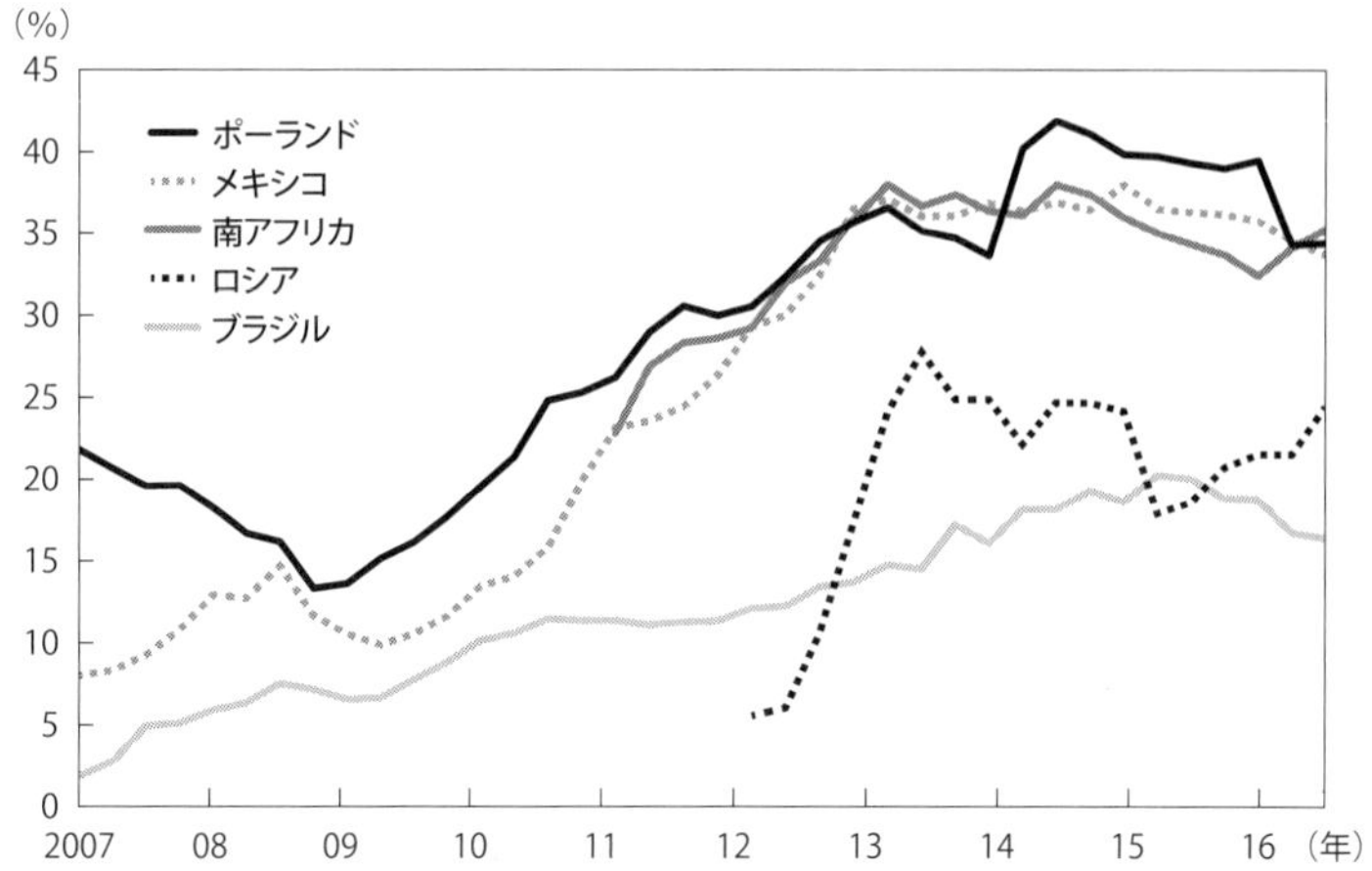

（出所）IIFの資料よりみずほ証券作成

には、ソブリン格付けの上昇や債券の市場規模が大きいこと、海外投資家の市場への参入規制が少ないといったことが挙げられる。ブラジルについてはソブリン格付けが基準に達していないのに加え、後述するように海外投資家に対する資本流入規制の導入や撤廃等、政策変更が相次いだこともマイナス要因になったとみられる。

また、ブラジル・レアルはノンデリバラブル通貨であり、海外投資家はレアルをブラジル国外で調達・取引できない。そのため、ブラジル国債を購入した海外投資家がレアルをヘッジする場合には、ＮＤＦ（ノン・デリバラブル・フォワード）等のデリバティブを用いる。ＮＤＦはスワップや為替先物に比べて流動性が低く、また、ブラジルの市場金利が高いことからヘッジコストが高くなりやすい。これに対して、ポーランド・ズロチやメキシコ・ペソ、南アフリカ・ランドはデリバラブル通貨であり、海外市場で金融機関同士が自由に取引できる。取引量やヘッジ手段、コストの面でレアルが見劣りしているといった点も、海外投資家の国債保有比率の差に表れていよう。

為替のボラティリティ抑制に追われたブラジル金融当局

また、レアルは上記のような高金利通貨としての性格が強いことにより、変動為替相場制のもと、通貨のボラティリティが高めになる。これは、世界経済の拡大が続き、投資家のリスク姿勢が改善している場面では内外金利差等から資金が流入して通貨高となりやすいが、リーマンショック等の外的ショック時には投資家の慎重姿勢により投資資金が流出しやすいためである。数十年に1度と言われるコモディティのスーパーサイクルもレアルの変動を大きくした。

ルーラ、ルセフ政権はレアル高の場面ではブラジルの輸出競争力の低下や雇用悪化、レアル安場面では企業のドル債務負担の増加や物価上昇圧力の高まりといったマイナス影響を和らげるため、対応に追われた。マンテガ元財務相(2006~2015年)はレアル高が続いた2010年9月、「先進国の歴史的な金融緩和が通貨安競争の様相となり、レアル高をもたらしており、我々は『通貨戦争』に直面している」と述べ、為替介入や金融取引税の導入等の資本流入規制を段階的に強めた。その後2011年半ば以降のレアル安場面では一転して資本流入規制を撤廃した。また、2013年以降はドル売り・レアル買いに相当するスワップ入札を頻繁に行い、レアルの下支えを図っている。スワップ残高はピーク時の2015年3月に約1150億ドルと、外貨準備の3割に相当する水準まで積み上がった。通常の為替スワップと異なり、満期時にドルではなくレアルで差金決済を行うため、外貨準備は減

図表4-21　ドル・レアルの購買力平価と実勢相場（月次：1999/1～2016/10）

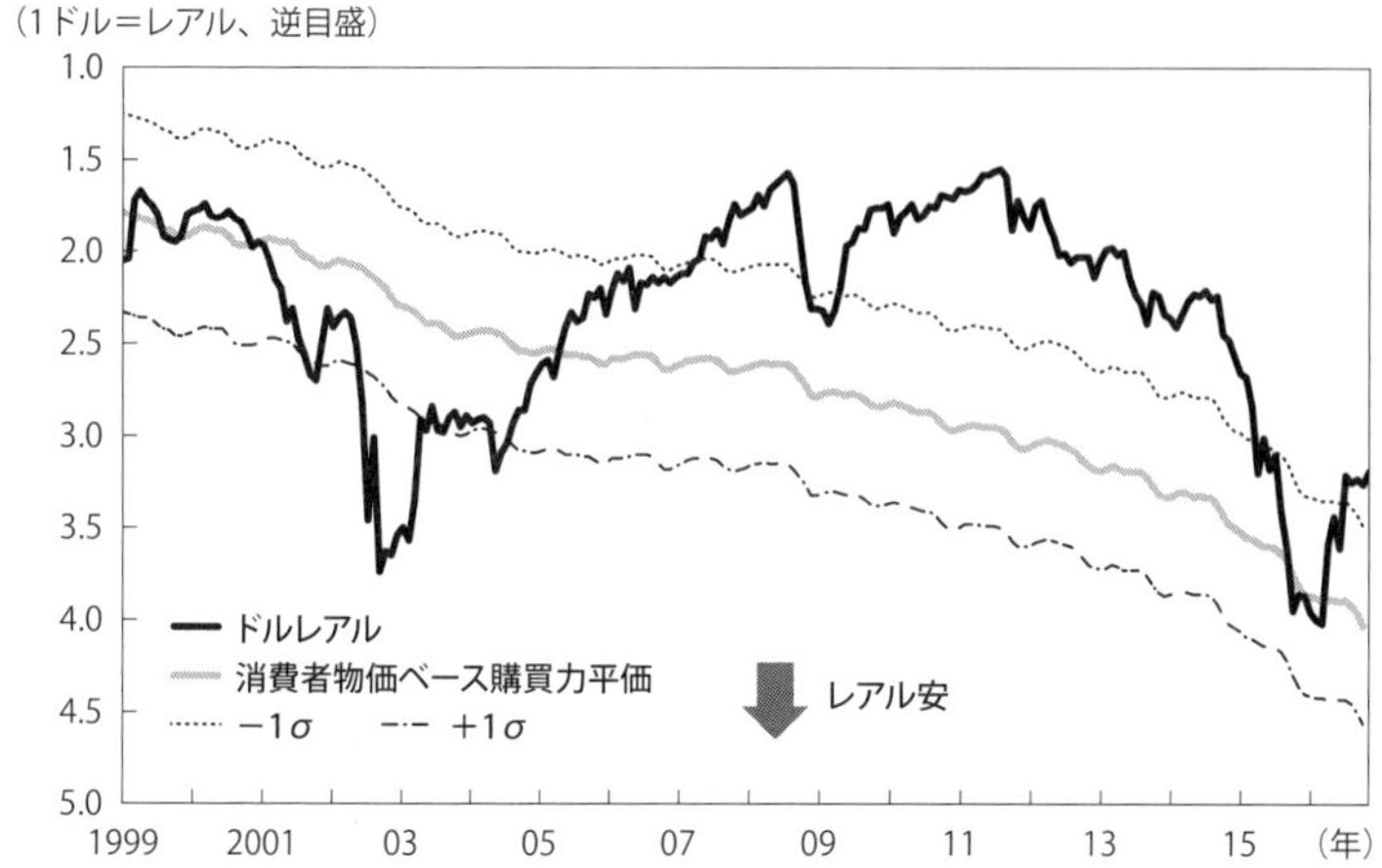

（注）レアルが変動相場制に移行した1999年を基準年とした、消費者物価はブラジルがIPCA、米国が消費者物価（都市部）で9月時点。±1σは購買力平価の標準偏差
（出所）CEIC、ブルームバーグのデータよりみずほ証券作成

少しない。ただ、設定時よりもレアル安が進んで為替差損となり、公的部門の財政負担につながった。その後、２０１６年２月以降のレアルの反発場面ではスワップ残高の圧縮が課題となっているが、政府・中銀はレアル売りドル買いに相当するリバーススワップ入札額は少額にとどめ、為替市場への介入の強まりと市場から受け取られることがないよう慎重に対応している。

ブラジル・レアルを中期的にみるものさし

現行のブラジル・レアルが導入されたのが１９９４年７月であり、しばらくはドルにペッグした固定為替相場が維持されたが、米国とのインフレ格差が蓄積されてレアルが割高な状況となり経常収支がＧＤＰ比▲４％台まで拡大した。加えて、１９９９年

図表4–22　ブラジルの経常収支GDP比率（年次：1994～2016）

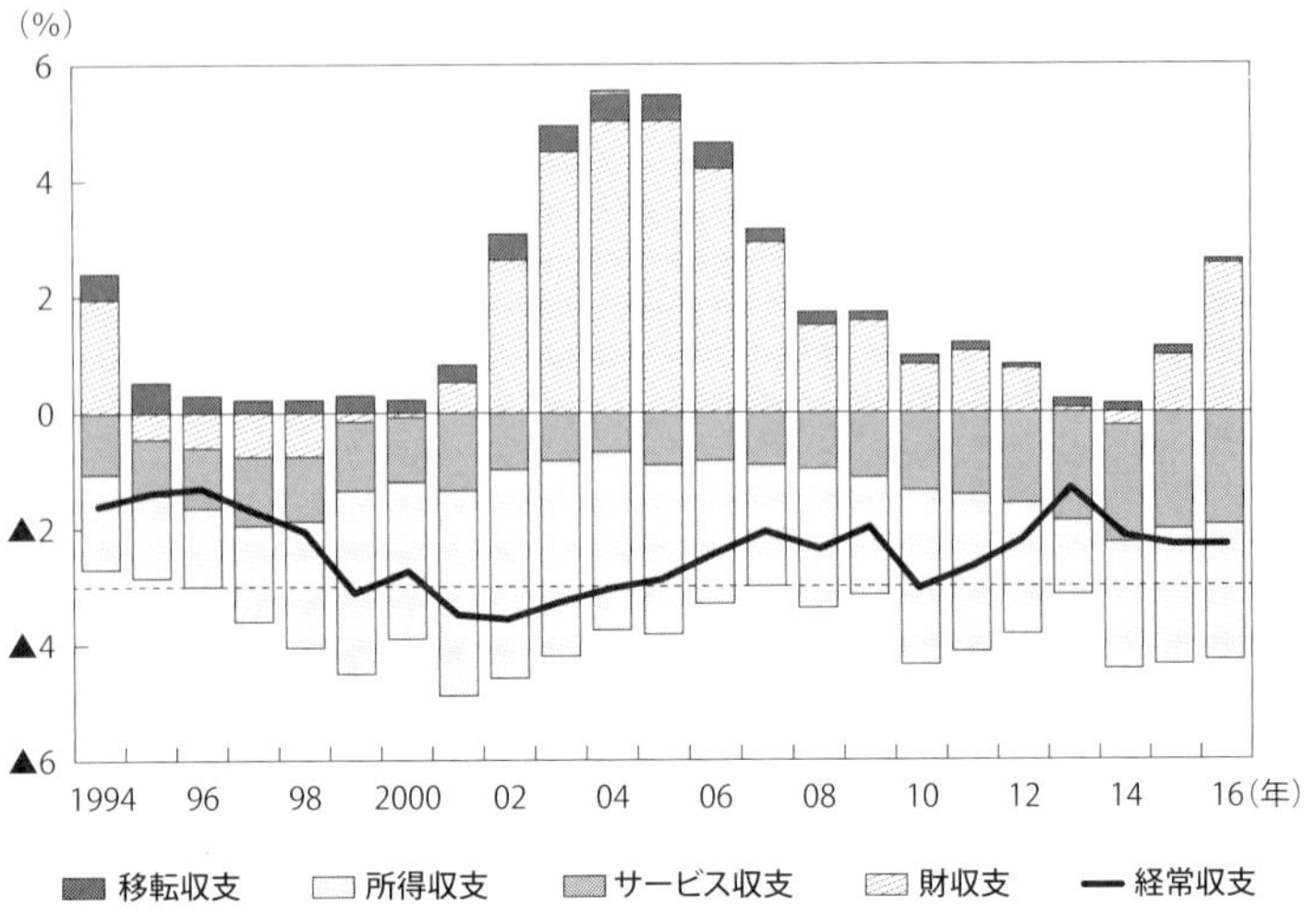

（注）2010年以降はIMFのBPM6、それ以前はBPM5ベース、16年はみずほ証券予想
（出所）CEICデータよりみずほ証券作成

のロシア通貨危機等の海外金融市場の不安定な動きが波及して資金が流出、外貨準備が急減したことで1999年1月、変動為替相場制に移行した。レアルを中期的にみるものさしとして購買力平価があるが、1999年を購買力平価の基準年とすると、レアルは2002年にかけて購買力平価との下方かい離が大幅に拡大した。これは2001年のアルゼンチン通貨・債務危機が波及したことや、2002年のブラジル大統領選挙で、アルゼンチンのように対外債務の支払い停止を行うことや、財政面からのバラマキを主張したルーラ氏が当選するとの懸念が高まり、海外投資家の資金が流出したためである。その結果、レアル安により経常収支GDPは2003年に＋0・7%と黒字に転じた。

ただ、その後は反対に、新興国の高成長期待や商品市況の上昇によりブラジルへの資金流入が過熱し、購買力平価を大きく上回る水準までレアルが上昇、経常収支GDP比は2011年に▲3・4％まで悪化しており、レアルはかなり割高感が目立っていたことがうかがえる。実際、2011年にはブラジル人がフロリダで液晶テレビや携帯電話等の買い物をし、ディズニーワールドに行くといったツアーが増加したとの報道が目立った。

2014年以降は、政治的な混乱や財政の悪化懸念により、レアルは購買力平価近辺まで急落した。2014年に▲4％台だった経常収支は2016年に▲2％弱まで縮小する見込み。足元はルセフ大統領の罷免《ひめん》による政治的な混乱の収束や財政改革期待により、レアル高となっているが、概ね購買力平価の1標準偏差近辺にとどまっている。今後は物価安定により購買力平価の下落ペースは和らごう。こうしてみるとレアルは上下にオーバーシュートを繰り返し、そのたびに経常収支が調整されてきた歴史がある。購買力平価とレアル相場のかい離や経常収支の動向が中期的にレアルをみるうえで参考になろう。

2017年のレアル相場をみるうえでのポイント

2016年のブラジルはルセフ大統領の罷免が成立し、政治的な混乱が収束した年だった。また、歳出の伸びを消費者物価の伸び以下に抑制する歳出上限法案が成立した。今後は受給開始年齢の引き下げ等、年金改革法案が審議される見込み。成立すれば2000年の財政責任法導入以来の画期的な出来事となり、中期的な財政改善が見込まれる。経済についてはテメル政権が財政改革を進めるとの期待やインフレ圧力の緩和により企業や家計のマインドが改善した。また、インフレ圧力の緩和を受けて中央銀行が16年10月に約4年ぶりの利下げを行っており、内需の下支えにより17年は3年ぶりのプラス成長が見込まれる。こうした財政改革の進展や景気回復期待がレアルを下支えしよう。リスクとしては、米国の利上げ再開による新興国からの資金流出圧力の再燃が挙げられる。もっとも、経常赤字の縮小やインフレ安定によりファンダメンタルズは改善しており、レアルの下落圧力は和らごう。

外交面ではアルゼンチンやベネズエラで左派政権が行き詰まり、経済改革に向けた動きが始まっている。市場寄りとみられるテメル政権の発足とほぼ軌を一にする。両国ともブラジルとメルコスル（南米南部共同市場）という保護貿易主義的な関税同盟を形成している。対外的な共通関税を設けているほか、各国独自に輸入関税の例外品目を設け輸入を抑制している。域内各国の政治的な混乱や景気低迷によりＦＴＡ交渉は停滞している。メキシコやチリ等の中南米各国で構成される太平洋同盟が世界各国とＦＴＡを締結し、産業の輸出競争力を強化しているのとは対照的だ。こうしたなか、アルゼンチンでは２０１５年12月にマクリ大統領が就任し、過去のアルゼンチン債務危機時に債権カットに応じなかった一部の債権者との債務再編に合意、１６０億ドルのソブリン債の発行にも成功し国際金融市場に復帰する等、市場の評価が高い。貿易政策についてはＥＵ等とメルコスルとのＦＴＡを早期に妥結したい意向を示している。ブラジルでは政治的な混乱が収束しており、テメル政権が貿易政策面でアルゼンチンと協調していけば、停滞しているメルコスルのＦＴＡ交渉が進展する可能性がある。

２０１８年10月にはブラジル大統領選挙が予定されているため、同年は選挙一色になろう。そのため、政府は２０１７年に財政改革や景気回復により国民の支持を高める必要がある。改革が途中でとん挫し、市場や国民から見放された場合、反政府抗議デモや政権や与党幹部の汚職疑惑等を追及する動きが再燃し、連立政権の求心力が低下、レアルの重しとなる可能性があり、留意したい。

④ペニャニエト大統領のもと、構造改革を進めるメキシコ

中南米の中所得国。地の利を活かし、工業・貿易立国として発展

メキシコは1人当たりGDPが1万ドル程度と、中南米の中所得国となる。国土は196万㎢と、日本（約38万㎢）の約5・2倍。人口は約1億2000万人程度と日本とほぼ同様だが、平均年齢は27・4歳と非常に若い。国連の人口中位推計によれば、高度成長が可能とされる人口ボーナス期（15～64歳の生産年齢人口の割合が、従属人口と称されるその他人口の2倍以上となる）が2020年から2030年代後半まで続くとされる。南北アメリカ大陸に挟まれ、北アメリカと南アメリカの橋渡し的な役割を担うほか、東西に太平洋・大西洋の両洋に面し、アジアと欧州間の交易にも有利な地勢である。世界最大の消費市場である米国に隣接し、輸送上のコストが低いという地理的なメリットに加え、製造業の時間当たり労働コストは米国の5分の1、ブラジルの7割程度と、他の新興国と比べた労働コストの安さもあり、工業製品の対米輸出拠点としての地位を確立した。自由貿易協定（FTA）ネットワークを利用した経済開放政策を推進する等、製造業の有望な事業展開拠点として魅力が高まりつつあり、自動車産業を筆頭に日系企業の進出も相次いでいる。

図表4-23　メキシコの人口推移（年次：1950〜2050）

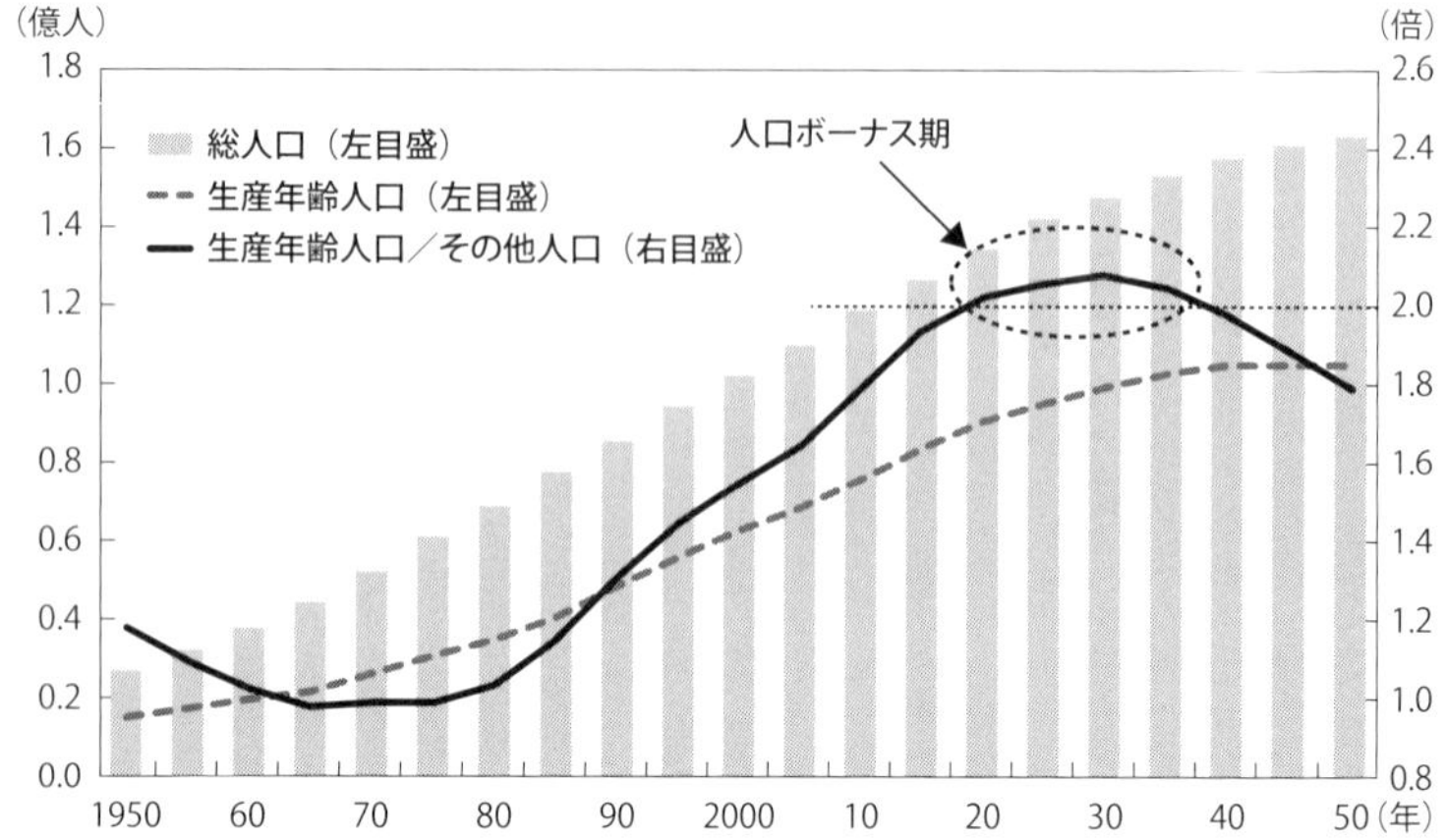

（注）実績は2015年まで、2020年からは中位推計
（出所）国連「世界人口推計」（2015年改定）のデータよりみずほ証券作成

図表4-24　メキシコの自動車生産・販売・輸出台数（年次：1994〜2015）

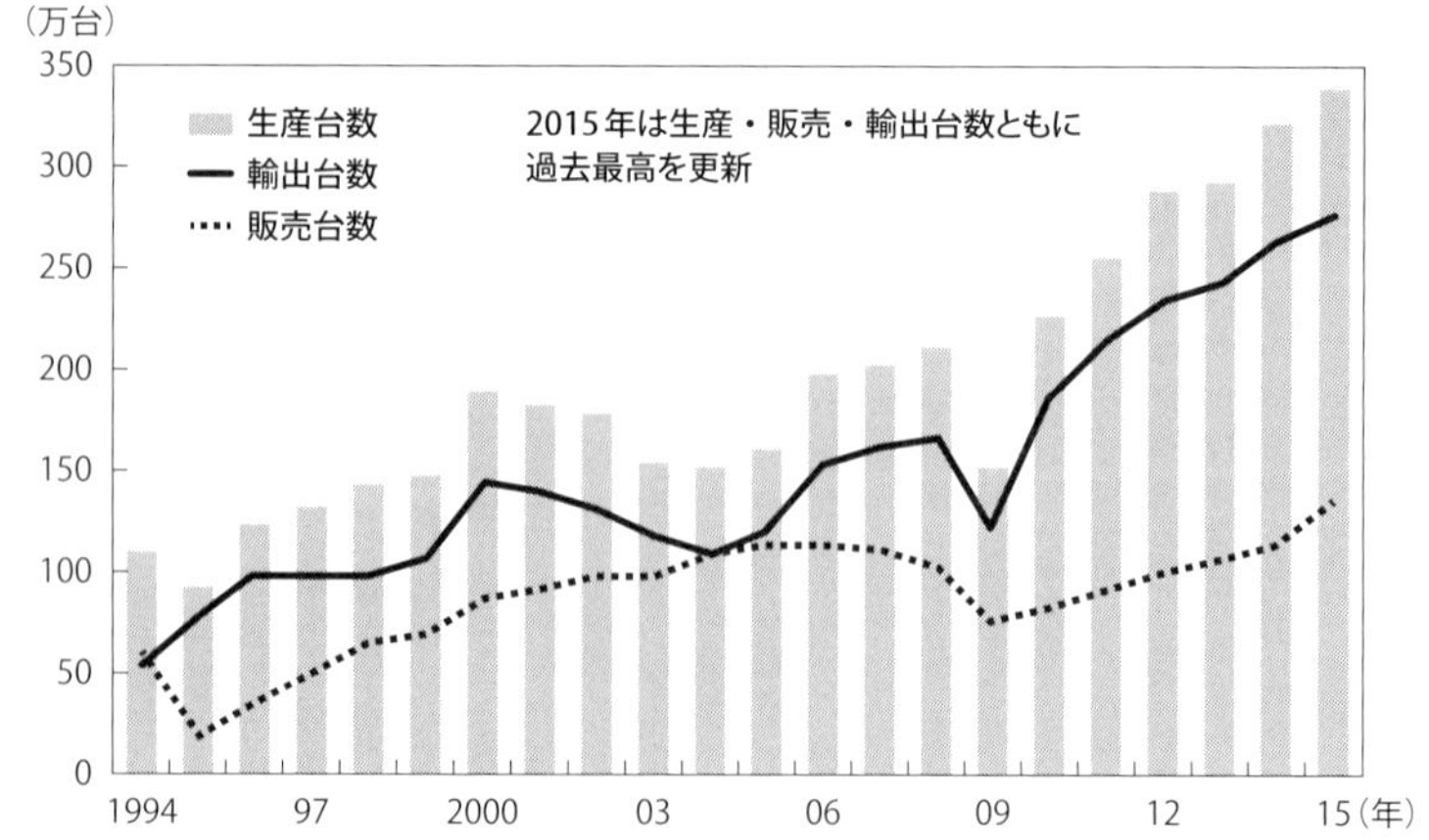

（出所）ブルームバーグのデータよりみずほ証券作成

2度の通貨危機を教訓に経済体質の改革に成功

メキシコ経済の発展の歴史をひもとくと、1982年、1994年に起こった2度の通貨危機を経て、産業転換や構造改革を進めてきた経緯がある。

1982年に発生した通貨危機は、1970年代後半の石油ブームによって引き起こされた。1976年にカンタレル油田が発見されると政府主導で石油開発が進められ、1978年の第2次石油危機による価格高騰もあり、政府は石油開発のため対外借入を拡大させていった。しかし、1980年からの原油価格の下落と米国金利の上昇で政府の借入金返済能力が著しく悪化し、1982年8月には対外債務返済の一時停止を宣言するに至った。

1994年の通貨危機は、国際収支構造にもろさを抱えていたことにより引き起こされた。当時、メキシコは裾野産業の発達の遅れから中間財を海外に頼っていたため、恒常的な貿易・経常赤字を記録していた。そして、この赤字は主に、逃げ足が速いとされる海外からの短期資金の流入により賄っていたが、1994年には国内でゲリラによる武装蜂起、与党の大統領候補暗殺といった政情不安に加え、米国の数度にわたる利上げを背景に米国への資金還流が起こったため、メキシコから多額の資本が流出した。資金流出でペソ切り下げ懸念が強まり、メキシコ中央銀行はペソ防衛のためドル売りを余儀なくされ、外貨準備高は急減した。それでも、切り下げ圧力が強まるなかで、同年12月には実質的な通貨の切り下げとなる変動相場制へ移行し、この結果、ペソは暴落した。

この2つの危機は、①石油等の資源輸出に依存していたため、資源価格下落の影響を大きく受けたこと、②逃げ足が速いとされる海外からの短期資金に依存する国際収支構造であったこと、が原因の

図表4-25　メキシコの経常収支GDP比率（年次：1990～2015）

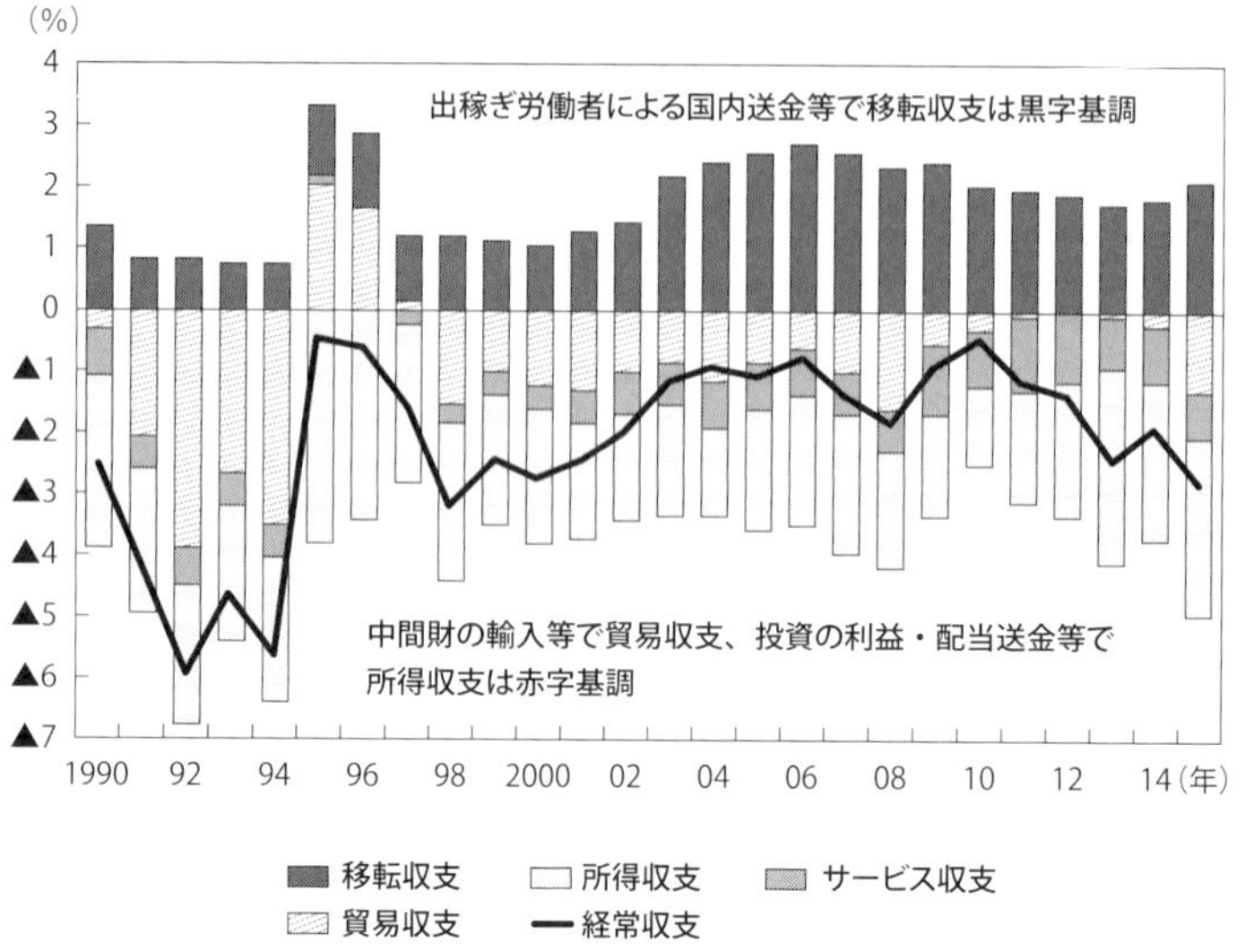

（出所）ブルームバーグのデータよりみずほ証券作成

発端となった。

そこで、メキシコ政府は、石油関連製品に依存した輸出構造から脱却し、米国向けを中心とする工業製品輸出に産業構造をシフトさせた。主要産業における外資規制の緩和を推進し、1994年1月に発効した米国、カナダとの北米自由貿易協定（NAFTA）もあり、対米輸出拠点の確保を目的とした海外からの工場移転等で対内直接投資が急増した。1982年には輸出総額の7割以上を石油が占めていたが、現在では外国資本の導入等による産業の高度化によって、輸出の約8割は自動車、電気製品を中心とする工業製品となった。

国際収支の不均衡も改善した。外資規制緩和による直接投資の流入に加えて、2010年に米シティグループが算出す

図表4-26　メキシコの国際収支GDP比率（年次：1995～2015）

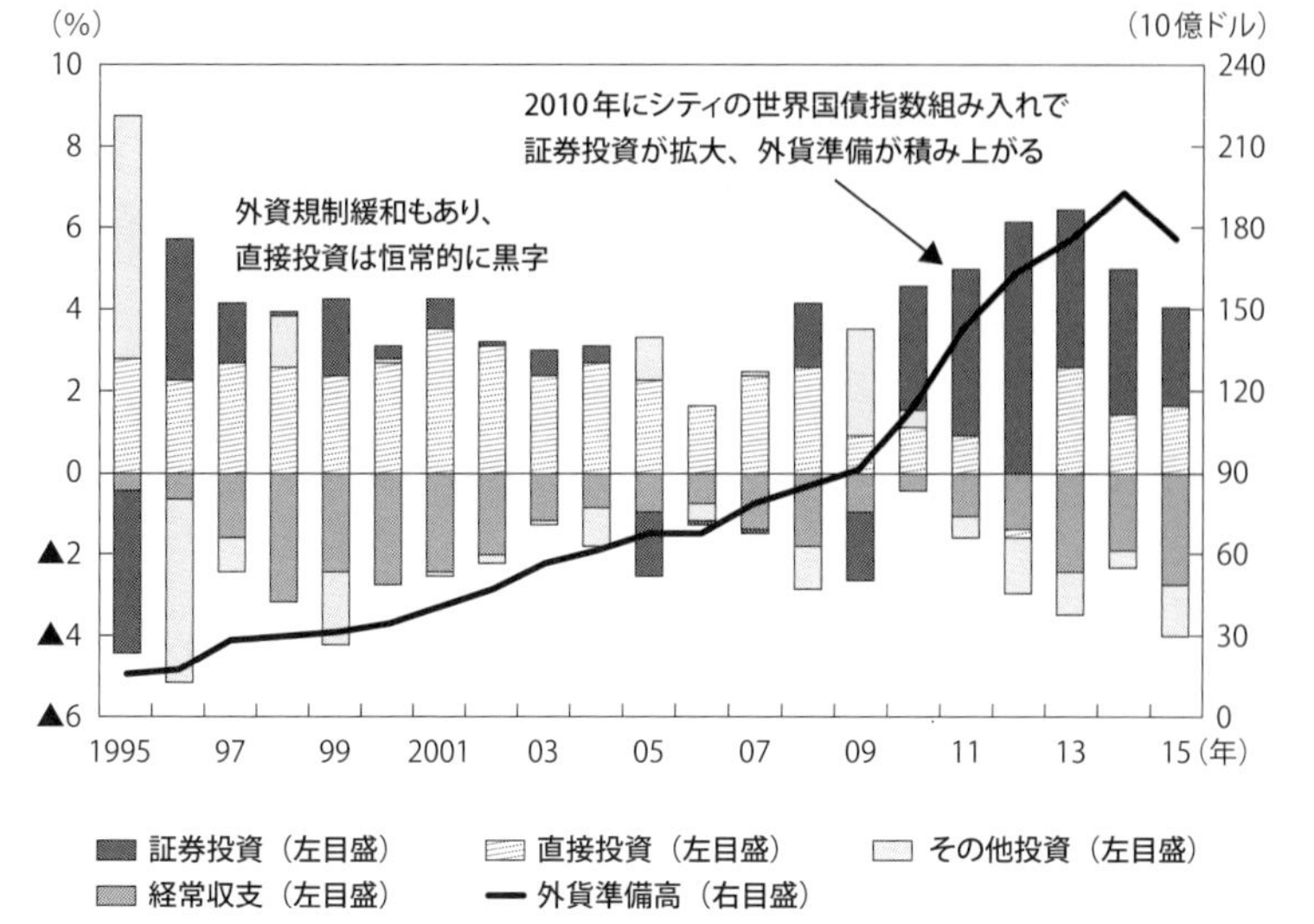

（出所）ブルームバーグのデータよりみずほ証券作成

る世界国債インデックス（ＷＧＢＩ）に採用されたことで、証券投資の流入が拡大した。外貨準備高が大きく積み上がり、国際通貨基金（ＩＭＦ）の融資制度利用等も含めて、急激な資金流出への備えは強化されている。

ペニャニエト大統領のもと、エネルギー改革が進展

２度の通貨危機を教訓に構造改革を実施してきたメキシコは、２０１２年12月に就任したペニャニエト大統領のもと、政権が公約として最優先課題に掲げるエネルギー改革に取り組んでいる。

ペニャニエト政権がエネルギー改革を進める背景としては、メキシコの石油生産量の減少に歯止めがかからないことへの危機感がある。メキシコでは、１９３８

年にすべての外国石油会社の資産は国有化され、その操業を継承するため国営石油会社PEMEX（ペメックス）が設立された。そして、1958年に国家が地下資源の所有・開発権を有し、外資の参入を認めない石油法（憲法）が制定され、ペメックスによる国家独占のもとで開発・生産が行われてきた。しかし、①ペメックスの収益の約6割が国庫納付されている、②独占による競争欠如が招く非効率な経営、等によって同社の財務内容が悪化。十分な新規投資を行えないなか、カンタレル油田の生産減退もあり、メキシコの原油生産量は2005年の日量377万バレルから2015年には同259万バレルと、10年間で30％以上も落ち込んだ。石油探査や採掘に外資を含めた民間部門の参入が必要不可欠とされるなか、2013年12月に憲法改正が行われ、過去75年間にわたる石油資源の国有化は終了し、石油・ガスの採鉱・開発・生産等への外資参入が解禁された。

メキシコの石油鉱区・民間開放入札の第1弾は、通称「ラウンドワン」と呼ばれる。2015年7月に実施されたラウンドワン第1次入札は、小さい鉱区が多く、政府の取り分が大きい等、条件が厳しいこともあって、入札14鉱区に対して落札が2鉱区にとどまる等、低調な結果となった。しかし、2015年12月に実施された第3次入札では、一定のロイヤルティーを政府に支払えば、企業側は採掘した炭化水素資源の所有権を得ることができるという「ライセンス契約方式」を導入したこともあり、入札25鉱区のすべてが落札され、市場からは成功と評された。2016年12月に実施された第4次入札は、メキシコ湾深海域ということで、埋蔵量がこれまでの入札対象鉱区と比べてケタ違いの大型案件でもあり、欧米資源メジャーや日本企業が入札に参加、対象となった10鉱区のうち8鉱区が落札された。2017年には「ラウンドツー」の入札が順次実施される予定である。これらの民間開放プロ

図表4-27　メキシコの実質GDP成長率（前年比）（四半期：2007/3～2016/9）

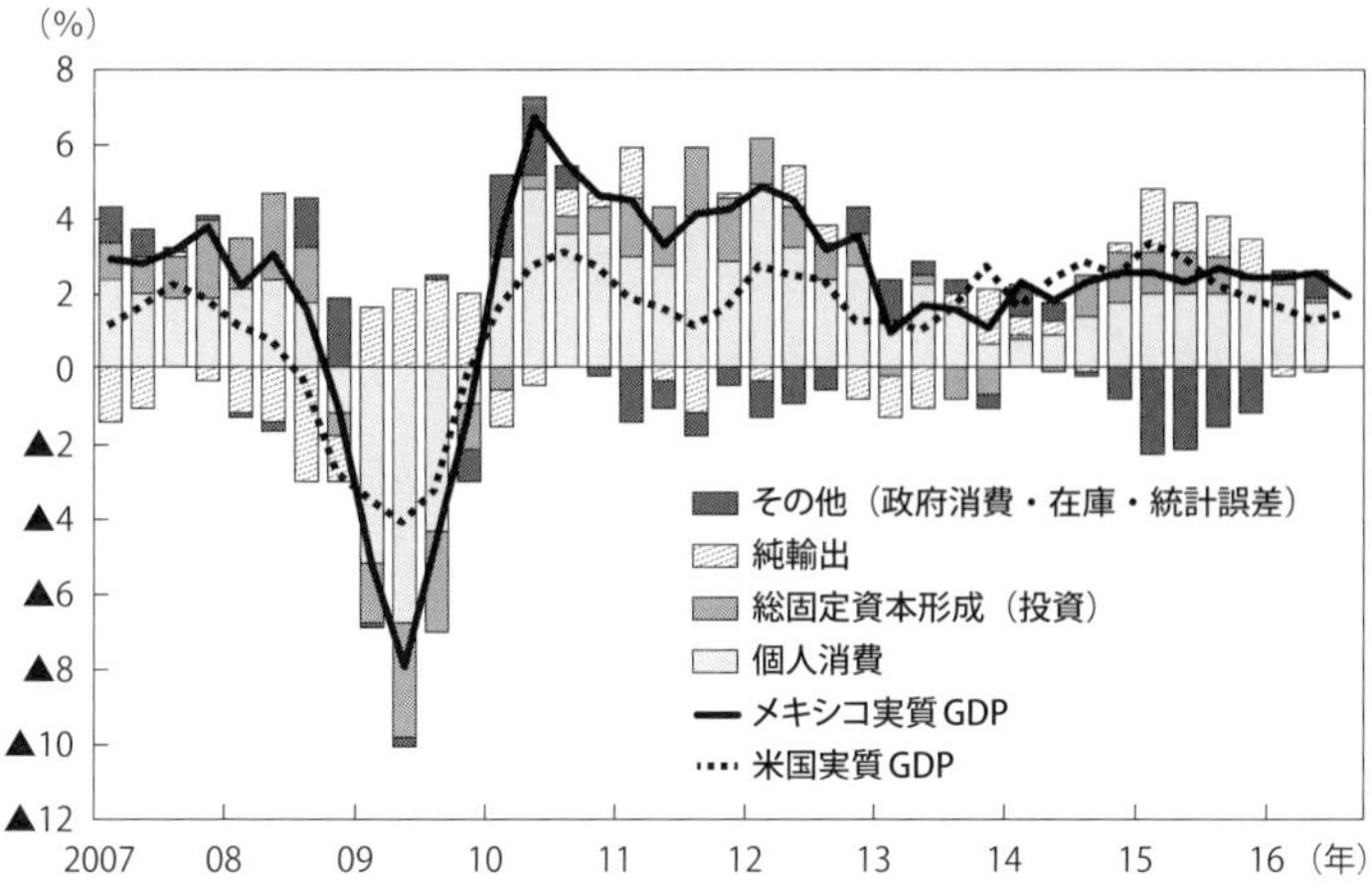

（注）需要項目別寄与度は2016/6時点
（出所）ブルームバーグのデータよりみずほ証券作成

セスが奏功し、原油等の生産量が回復すれば、メキシコ経済は国際競争力や潜在成長率が向上する可能性に加え、対内直接投資の流入拡大期待も高まるとみられる。

メキシコ経済は雇用の改善と消費の拡大で低位ながらも安定成長が続く

メキシコのGDPに占める需要項目別の内訳をみると、輸出が3割を占める。1割程度のブラジル、2割程度のインドネシアやインドと比較して輸出ウエイトが高い。そして、輸出の8割が米国向けであるため、米国の経済動向に大きく影響を受けやすい。1994年のNAFTA締結から20年で米国向け輸出は約6倍にも拡大する等、米国の経済成長の恩恵を取り込む一方で、リーマンショックで米国経済が大幅に悪化した際には、メキシコの成長率も大きな落ち込みをみせた。

図表4-28　メキシコの失業率と実質賃金（前年比）（月次：2007/1〜2016/9）

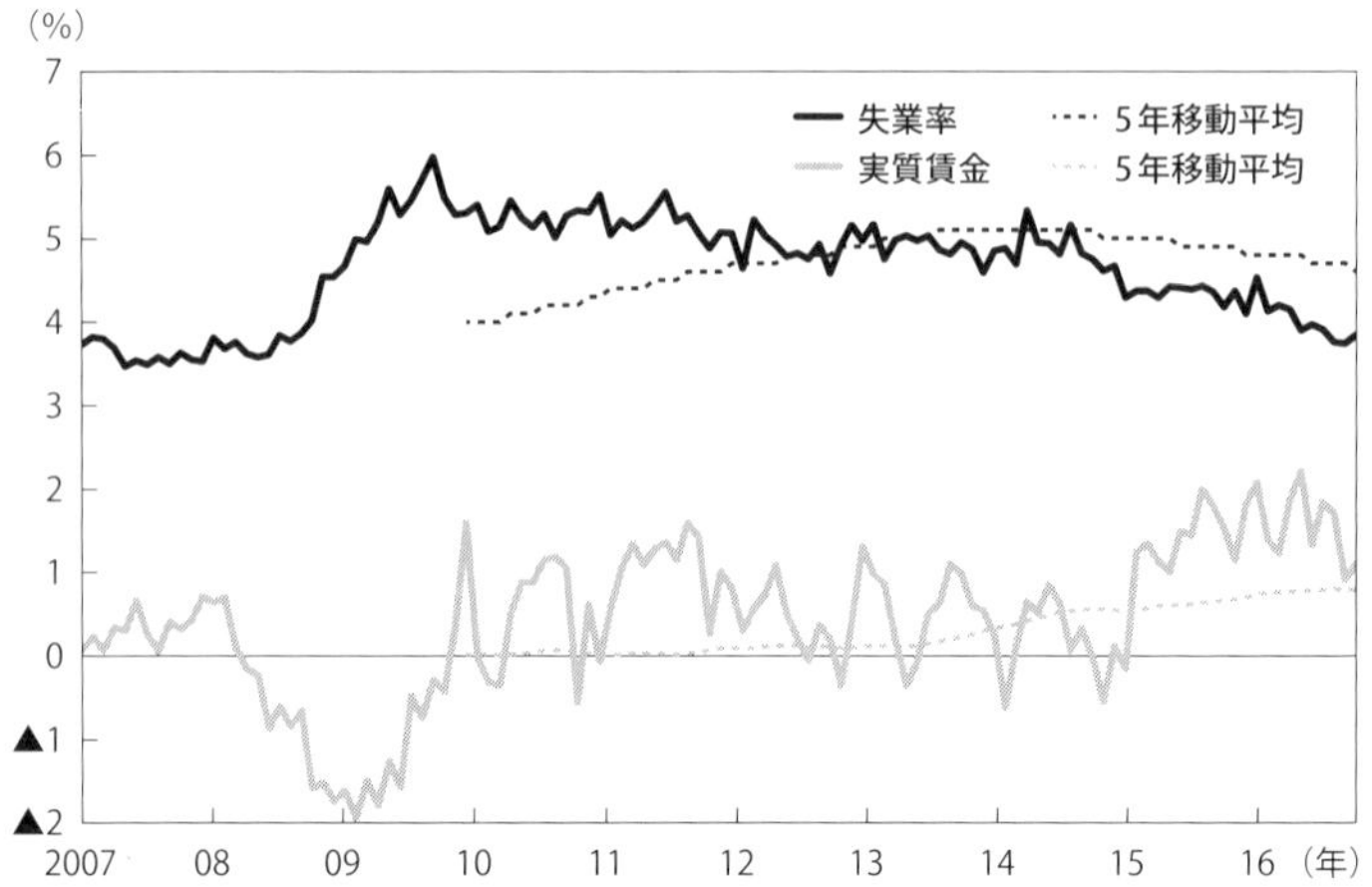

（出所）ブルームバーグのデータよりみずほ証券作成

ただ、２０１４年後半以降のメキシコの実質ＧＤＰ成長率は前年比＋２％程度で低位ながらも安定成長が続いている。主要貿易相手である米国の需要低迷もあり、輸出はさえないが、国内消費市場の回復が成長に寄与している。失業率は２０１６年に３％台後半とリーマンショック前の水準に低下し、名目賃金から物価上昇率を差し引いた実質賃金は緩やかながら伸び率を高めており、消費が底堅く推移している。今後も、所得・雇用環境の改善が継続すれば、貧困層の減少による治安の改善に加え、メキシコの消費市場の取り込みを目的とした海外からの対内直接投資の拡大にもつながるとみられ、その波及効果は大きいだろう。

メキシコ・ペソの特徴と水準感、２０１７年の展望

メキシコ・ペソをみるうえで、①流動性が高

図表4–29　ドル・メキシコ・ペソと購買力平価（四半期：2001/3〜2016/9）

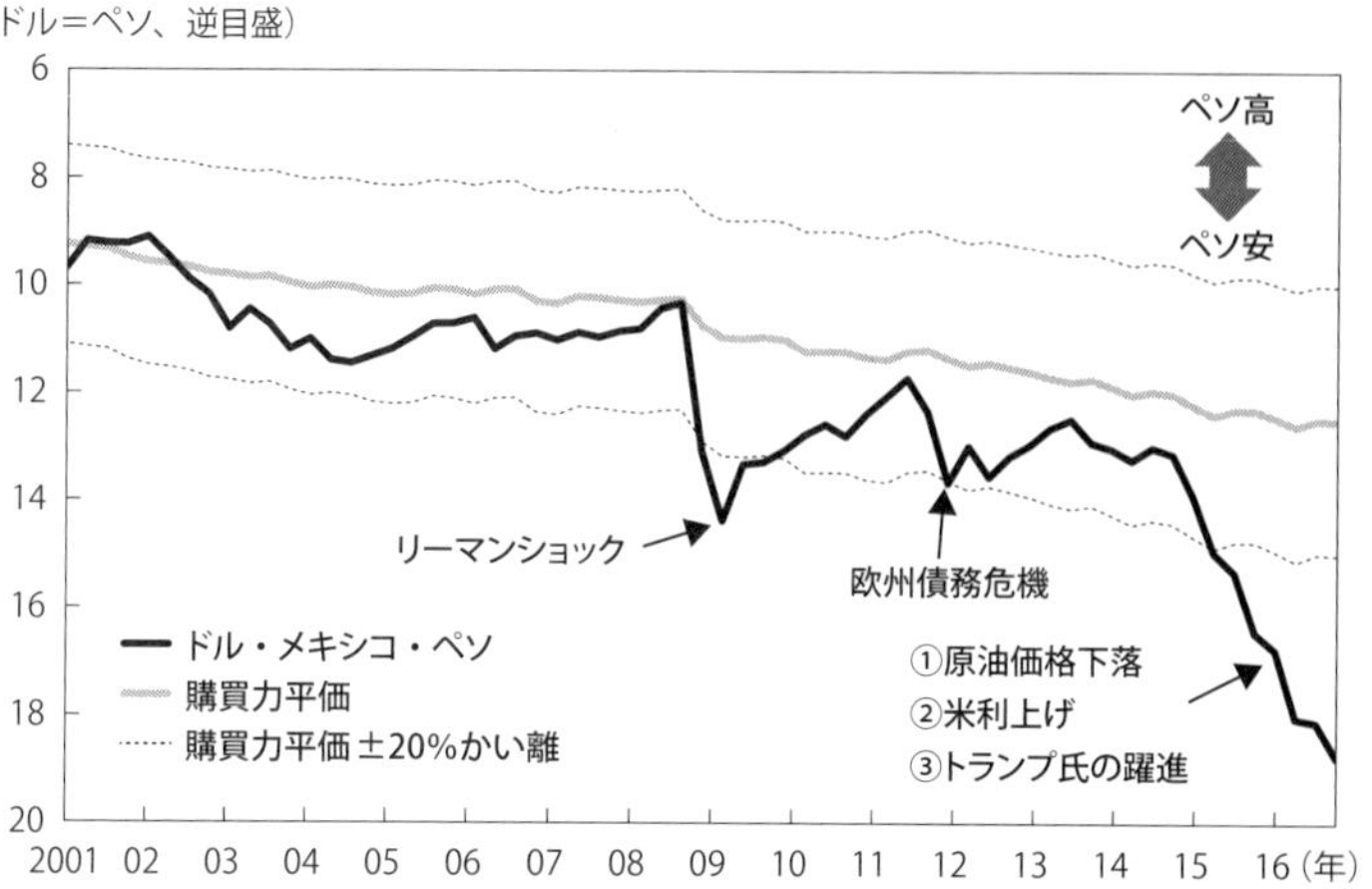

（注）購買力平価は消費者物価指数ベース、2001年基準
（出所）ブルームバーグのデータよりみずほ証券作成

く、海外投資家の保有比率が高い、②産油国通貨であり原油価格の影響を受けやすい、③米国の動向に影響を受けやすい、という3つの特徴を押さえておきたい。

①に関し、メキシコは資本規制がなく、新興国通貨のなかでもペソの取引高は大きい。2010年にWGBIに採用されたことで、2010年に10％台前半だった海外投資家の国債保有比率は2015年には30％台後半まで上昇した。こうした流動性および海外投資家の国債保有比率の高さゆえ、外的ショックの高まる際には、ペソもボラティリティの拡大をともなって減価する傾向がある。②に関し、メキシコは、原油生産量は減退傾向ながらも産油国通貨の一角であり、原油価格が軟調になれば、ペソの売り圧力が強まりやすい。③に関し、米国経済との結びつきの強さゆえ、米国景気の悪化はメキシコ経済に悪影響を与える。米国が利上げした際も、ほか

図表4-30　メキシコのインフレ率（前年比）と政策金利（月次：2001/1～2016/11）

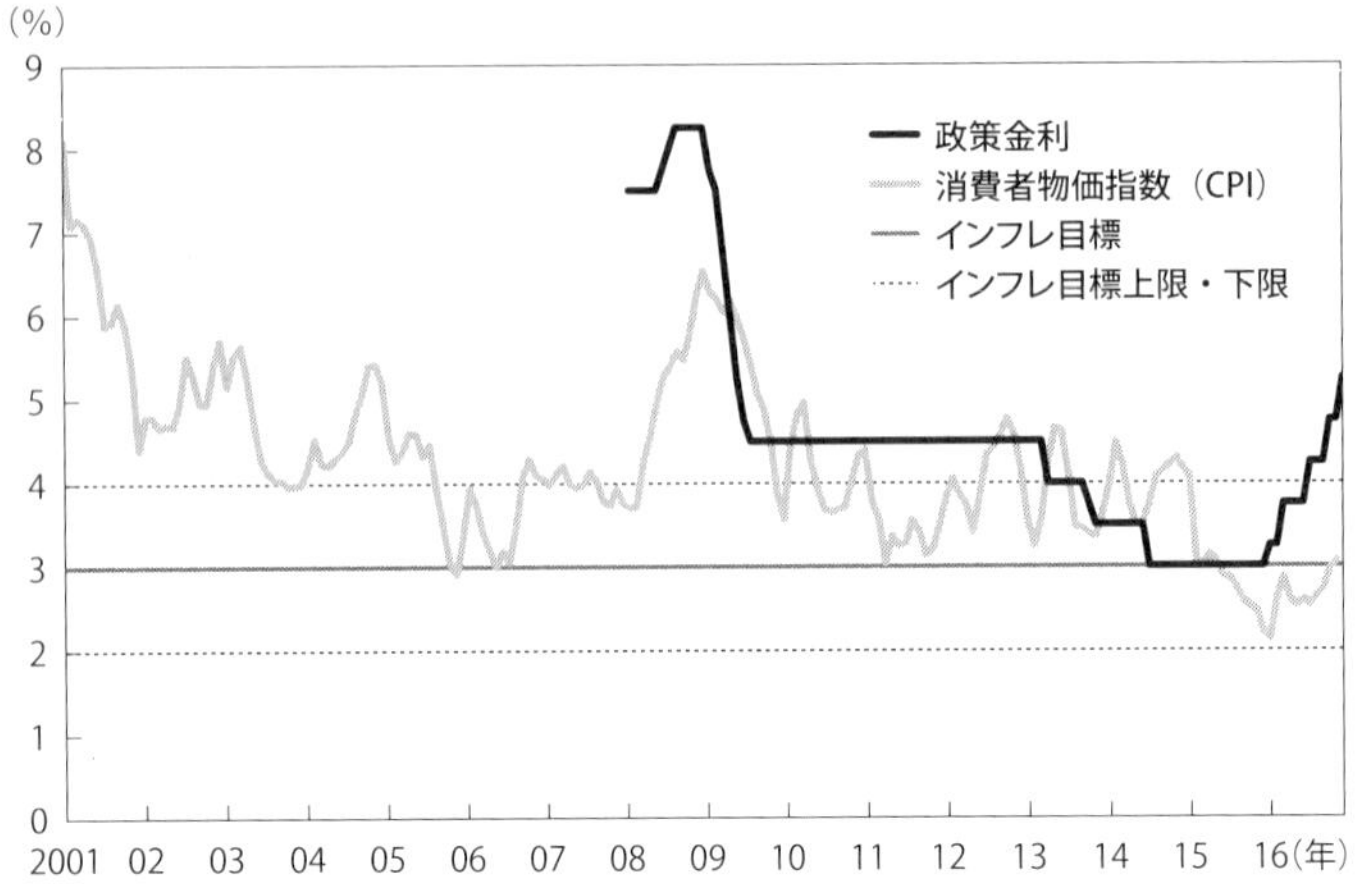

（注）消費者物価指数は2016/10まで
政策金利は2008/1から、直近値は2016/11/17時点
（出所）ブルームバーグのデータよりみずほ証券作成

の新興国同様に金利差縮小から米国へ資金還流が起こり、ペソは弱含みやすい。

ペソの中長期的な水準感を探るうえで、メキシコ中央銀行がインフレターゲット（前年比＋３％±１％）を導入した２００１年を基準とした購買力平価でみると、ペソの実勢相場は、リーマンショックや欧州債務危機といった外部ショックが高まる際には、購買力平価からの下方かい離が広がるものの、概ね米国とのインフレ格差に沿って緩やかな下落基調をたどってきた。しかし、２０１４年以降は、原油価格の下落、米利上げ、米大統領選におけるトランプ氏の躍進等からペソは下落基調を強めた。２０１６年７－９月期時点のペソの実勢レートと購買力平価とのかい離は▲30％を超える大幅な下方かい離となっている。

このような大幅なペソ安に対してメキシコ中央

銀行は利上げで対応している。メキシコ中央銀行は、インフレ率は目標圏内にとどまっているものの、通貨安によってインフレ期待が上昇し、実際のインフレ率上昇につながるおそれが強まったことから2016年には緊急会合を含めて5度の利上げを実施（12月末時点：5・75％）した。今後もペソ売りが強まる場合には、メキシコ中央銀行は利上げに動くとみられ、金利先高観測はペソの下支え要因になると見込まれる。

一方で、11月の米大統領選挙で勝利したトランプ氏は、メキシコ政府の資金による国境間の壁建設や、米国内の不法移民の強制送還および移民送金の規制、NAFTA見直しを主張しており、実現されればメキシコ経済に打撃となるおそれがある。米国の政策をめぐる不透明感は引き続きペソの売り要因となろう。中長期的には、石油鉱区の民間開放によるエネルギー改革が進展し、外部環境に左右されにくい力強い経済基盤が構築されれば、購買力平価から大幅下方かい離したペソの見直し買いにつながる可能性があり、注目される。

⑤エネルギー依存からの脱却を迫られる大国ロシア

原油安、通貨安、経済制裁の三重苦から経済危機の様相に

ロシアの経済成長率は2015年に前年比▲3・7％となり、リーマンショック後の2009年の同

図表4-31　ロシアの実質成長率と原油価格（年次：1996～2017）

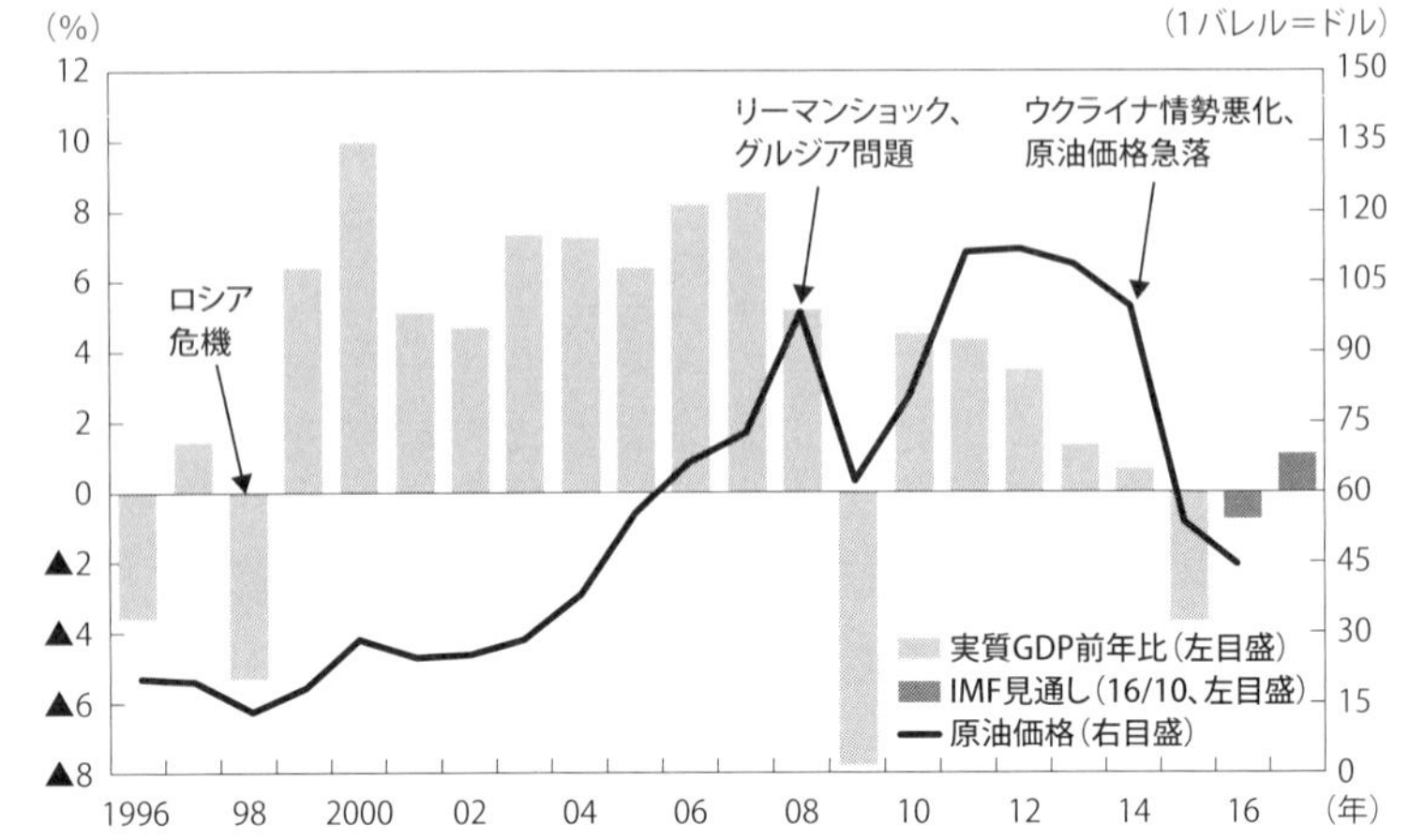

（注）原油価格は北海ブレントの年平均値、2016年は11/17までの数値
（出所）ブルームバーグのデータよりみずほ証券作成

▲７・８％以来の大幅な景気後退に陥った。そのきっかけは２０１４年半ば以降の大幅な原油安である。シェール革命による米国の原油生産量増加を受けて、石油輸出国機構（ＯＰＥＣ）が価格維持からシェア確保に戦略を転換したため、１バレル＝１００ドル超という割高な価格を維持できなくなった。需要面では、中国景気の減速から旺盛な資源需要に翳《かげ》りが生じたことが背景にある。

ロシアは石油や天然ガスをはじめとする豊富な天然資源を有し、生産量でも世界１、２を争う有数のエネルギー大国である。輸出総額の約６割を石油・ガス等の燃料・エネルギー関連製品が占め、財政収入の約４割を石油・ガス関連の税収が占める等、典型的な資源輸出国と言える。

ソ連崩壊後の貿易自由化や１９９８年のロシア危機を経て、21世紀に入ると中国をはじ

図表4-32　ロシアの商品別輸出構成比（2015）／ロシアの歳入内訳（2015）

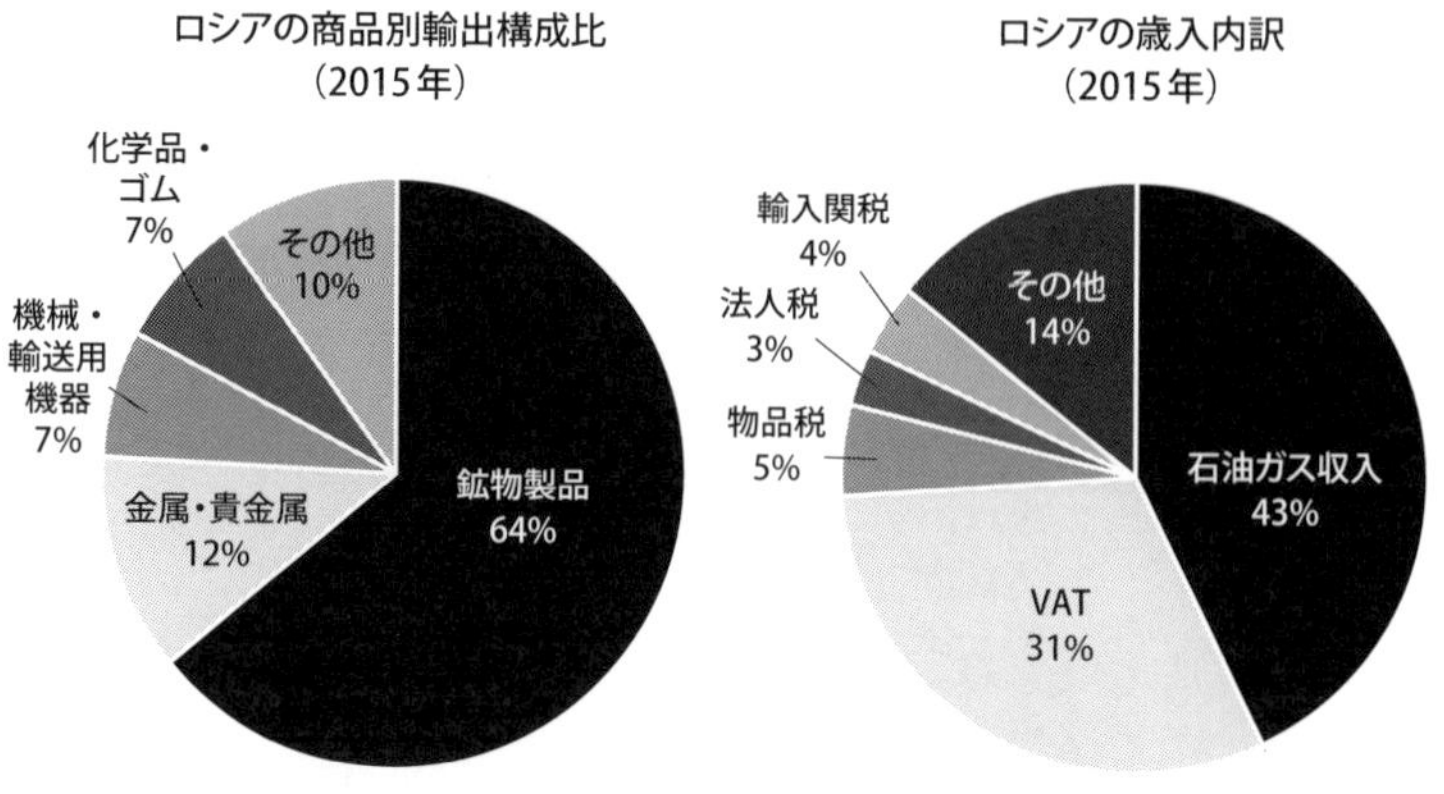

（出所）ロシア歳入庁、財務省の資料よりみずほ証券作成

めとする新興国経済の急速な成長による資源需要の拡大や、原油価格の大幅な上昇を背景に、好調な輸出拡大がロシアの経済成長をけん引した。1999年から2008年にかけての実質GDPの平均成長率は7％近くに達し、名目GDPも約8・5倍に拡大したが、その後はリーマンショックを契機に成長率は減速に向かった。

2014年にはウクライナ情勢が緊迫化、ロシアがクリミアを編入しウクライナ東部紛争への関与を強めるなかで、欧米諸国はロシアへの経済制裁を開始した。これにより海外からの投資資金の流入が遮断され、資金流出が加速するとともに、年半ば以降の原油価格の急落がロシア経済に大きな打撃をもたらした。原油価格は2015年の初めにかけてピークから6割近く下落、同時に資金流出からルーブル安が進み、通貨安を背景にインフレ率は前年比＋17％近くまで加速した。ロシア中央銀行は通貨防衛とインフレ抑制のため大幅な利上げを実施、政策金利は一時17％まで引き上げられ、経済制裁と高金利による資金調達難は企業活動を圧迫した。また、高インフレによる実質所得の目減りから消費は大きく落ち込んだ。まさにエネルギー依存度の高さゆえに、原油安、通貨安、経済制裁という三重苦がロシア経済を危機的な状況に追い込んだと言える。

２０１６年に入ると中国当局の経済対策への期待や米利上げ観測の後退、米国の原油生産量の減少、産油国の生産調整への期待等から原油価格は持ち直しに転じており、ロシア経済にもようやく最悪期を脱する兆しがみられ始めているが、エネルギー依存の構造からの脱却を迫られている状況に変わりはない。

国家財政悪化への対処もエネルギー頼み

前述した通り、ロシアの連邦財政の歳入はその約４割を石油ガス収入が占めているが、２０１５年は原油の大幅安から石油ガス収入が前年比▲21％もの大幅な減少となった。これにより同年の財政収支は1兆９６１０億ルーブルの赤字（ＧＤＰ比▲２・８％）に転落した。これは、一部の税額の計算式が原油の国際市場価格に連動する方式になっていることが影響している。

こうした構造に対処するため、ロシアでは財政のバッファーとなる基金が設置されている。これは、過去に原油価格が高騰していたときの財政余剰を蓄えたものであり、そのうち主に財政赤字の補てんを目的とする「予備基金」の残高は、２０１５年に３８０億ドルが取り崩され、同年末時点で５００億ドルに減少している。２０１６年予算でも３００億ドル超が財政赤字の補てんに充てられる予定（８月時点）だが、想定以上に原油安が進んだ場合には取り崩し額がさらに増え、「予備基金」が枯渇する

図表4-33　ロシアの歳入額と原油価格（年次：1998〜2016）

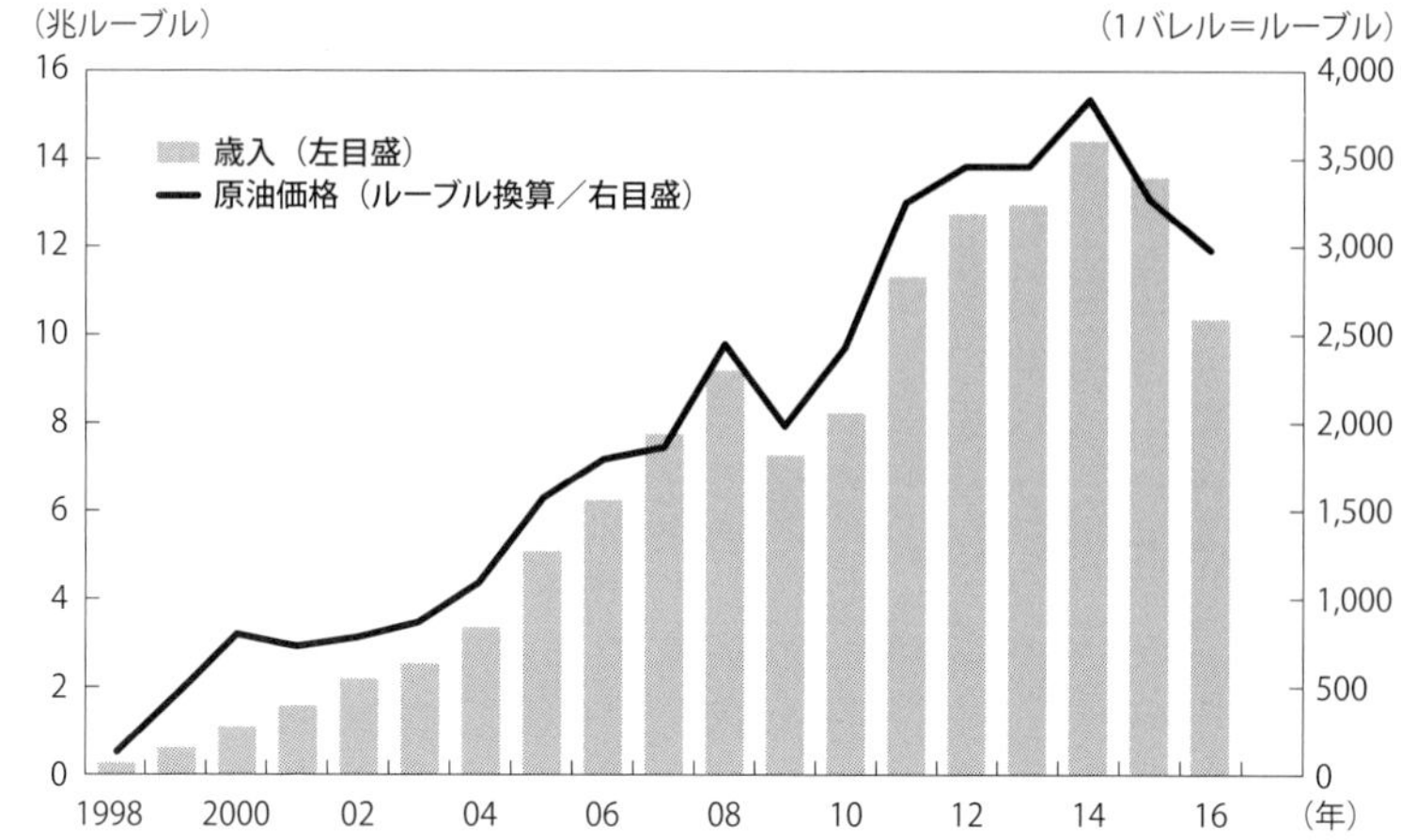

（注）歳入の16年は10月までの累計。原油価格は年平均値、16年は11/17時点までの数値
（出所）ブルームバーグのデータよりみずほ証券作成

可能性が指摘されている。

政府は大幅な歳出削減や国営企業の民営化、徴税強化、増税（酒税、物品税、付加価値税）等を検討しており、実際、公務員給与が凍結されているほか、２０１５年からは年からは公的年金の支給額引き上げ幅をインフレ率よりも低く抑える歳出抑制策が講じられている。しかし、大幅な景気後退で国民生活が打撃を受けるなかで、増税等の抜本的な引き締め策は困難との見方が強い。

原油価格は２０１６年以降、持ち直しに転じており、大幅な調整局面には一巡感が出ているが、シェール革命という構造変化のなかで、かつてのような高価格は想定しづらくなっている。財政均衡には１バレル＝82ドルの原油価格が必要とされるなかで、財政健全化を進めるためにもエネルギー以外の成長分野を拡大することが必要であり、技術や資金

図表4-34　ロシアの財政収支と予備基金（年次：1998～2016）

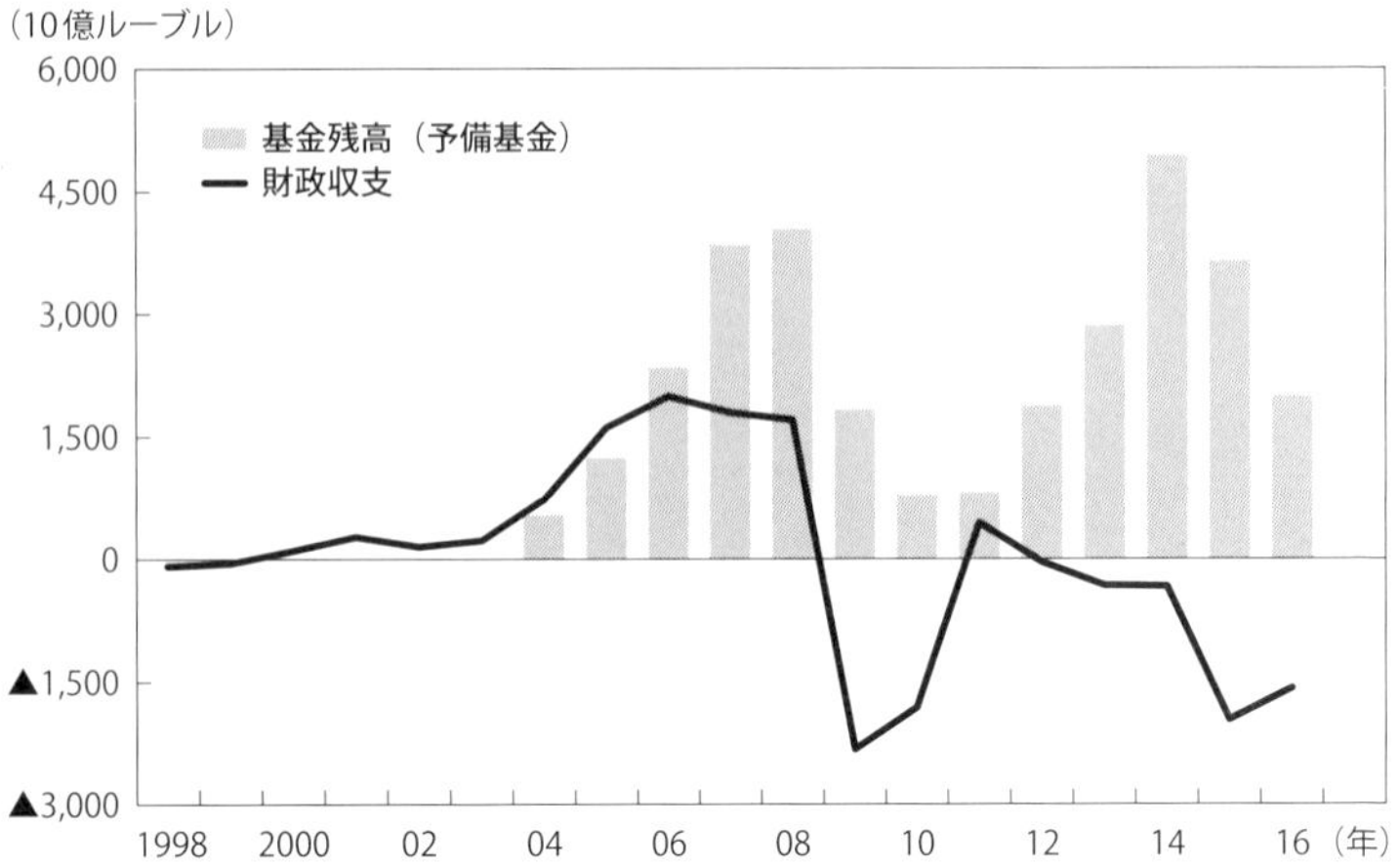

（注）基金残高の07年までは石油安定化基金。財政収支と予備基金の16年は10月時点の数値
（出所）ブルームバーグのデータよりみずほ証券作成

の導入を積極化して、国内産業の育成や市場の一段の解放を図ることが求められる。

ウクライナ問題にともなう制裁発動が経済の重しに

ロシア経済が危機的な状況に陥った要因として、ウクライナ問題に端を発した欧米諸国による経済制裁の影響も大きい。欧米諸国はロシアによるクリミアの編入およびウクライナ東部紛争への関与が国際法上の違反行為であるとして、２０１４年３月から当局者の渡航禁止や資産凍結等を含む経済制裁を発動。さらに、７月のマレーシア航空機撃墜事件を機に制裁対象は銀行やエネルギー企業、軍需企業にも拡大された。

２０１５年に入ると２度目の和平合意（ミンスクⅡ）によりウクライナ東部紛争は沈静化したものの、合意内容が十分に履行されていないとしてＥＵは制裁の延長を繰り返しており、２０１６年12月には２０１７年1月の期限をさらに6カ月延長することで合意した。

経済制裁の影響が大きいのは、主に資源開発と金融に関連する分野である。ロシアは資源輸出国であるものの、資源の探査や採掘に関する技術は遅れている。このため、北極海やシェール層の開発に当たっては欧米企業との連携が欠かせない。しかし、米国は探査・生産用機器のロシア企業向けの輸出や、深海・極北地域の資源開発におけるロシア企業向け技術供与を禁止する措置をとっており、資源開発への打撃が大きい。

また、金融面では欧州や米国の金融機関によるインフラ整備案件への新規融資停止や、金融機関を含むロシア企業が発行する債券等の購入禁止等が実施されている。ロシアの金融市場の発達は遅れており、企業は大型プロジェクトの資金調達を外国金融機関からの借り入れや起債で賄うことが多いが、制裁により企業の資金調達が困難となり、大型投資案件が滞る懸念が出ている。

プーチン大統領は欧米の制裁に対して対抗措置をとる等、強気の姿勢を崩していないが、経済制裁の解除がなければ欧州系銀行の資金引き揚げが続き、企業の資金調達環境はさらに悪化する公算が大きい。このため、経済危機脱却のためには制裁の解除が不可欠の要件となる。

もっとも、最近では国際情勢が変化する兆しもみられる。ＥＵ内ではロシアとの関係が深い国を中心に制裁継続に慎重な見方があり、対ロシアで最も強硬な英国が国民投票でＥＵからの離脱を決定したことも追い風となっている。また、２０１６年の米大統領選挙でロシアとの関係改善を主張するトランプ氏が勝利しており、制裁解除への期待感は一段と高まっている。

危機への耐性は高く、外交・貿易関係の再構築で将来に期待も

原油価格の大幅な下落により、２０１５年のロシアの輸出額は前年比▲31％と大幅に減少した。しかし、ルーブル安や景気悪化により輸入も同▲37％と大幅な減少となったため、貿易収支は１４８５億ドルの黒字を確保している。また、直接投資の減少による配当・利払いの減少や、ルーブル下落による居住者による海外旅行減少等もあり、経常収支も６９０億ドルの黒字となっている。

経済が危機的な状況にあるなかで、経常収支の黒字基調が維持されていることは、ロシアにとっての強みであろう。２０１４年から２０１５年初めにかけて、中銀によるドル売り・ルーブル買い介入により外貨準備高は急減したが、その後はルーブル安の一服にともない中銀が介入を停止したこともあり、減少には歯止めがかかっている。外貨準備高は輸入額の約21カ月分、短期対外債務残高の約６倍の水準[1]を維持しており、資金流出に対する備えは十分にある。

欧米諸国の経済制裁により海外からの資金調達が制限されていることがネックとなるものの、対外資産が潤沢であることから、短期債務の返済に支障を来すような状況ではない。２０１６年５月には政府が２０１３年以来となるユーロ建て国債の発行により17・5億ドルを調達、高金利から人気化する等、投資環境が改善する兆しもみられている。

今後のロシアの課題は、国内のビジネス環境をさらに改善することや、対外経済関係をさらに多様化させていくことだ。２０１２年5月に発表された大統領令では、①設備投資のＧＤＰ比を２０１５年までに25％、２０１８年までに27％に引き上げる、②ハイテク・科学部門のＧＤＰ比を２０１１年の3倍に引き上げる、③労働生産性を２０１８年までに２０１１年の１・５倍にする、④２０２０年ま

でに生産性の高い2500万人の雇用を創出、⑤世界銀行のビジネス環境ランキングで2015年までに50位以内、2018年までに20位以内に入る、等の目標を掲げており、実現に向けた政府の取り組みが期待される。

地域経済統合については、協調したマクロ経済政策、競争政策、知的財産保護政策等、主要部門の市場統合を目指すユーラシア経済連合（EEU）が2015年1月に発足しており、ロシア、ベラルーシ、カザフスタン、アルメニア、キルギスが参加している。また、中国との関係を強化しており、アジアインフラ投資銀行（AIIB）への参加や、天然ガスパイプライン「シベリアの力」の推進、通貨スワップ協定の締結等を行っている。また、2016年12月にはプーチン大統領が訪日し、対日関係改善による経済協力の拡大にも期待が持たれている。もっとも、欧州向けの輸出比率が4割強に上っていることをふまえれば、経済浮揚のためには欧米諸国との関係改善が急務であることに変わりはない。

2017年のルーブル相場は調整一巡感から徐々に持ち直しへ

ロシア・ルーブルの対ドル相場は2014年後半以降の原油価格急落を受けて、同年6月の1ドル＝33ルーブル近辺から2016年1月にかけて一時86ルーブル近い水準まで大幅に減価した。その後は原油価格の反発にともなって値を戻し、2016年11月時点では65ルーブル前後で推移している。経

（1）外貨準備高の適正水準についてはさまざまな見解があり、必ずしも統一的な指標は確立されていないが、国際通貨基金（IMF）は実務的な評価として輸入の3カ月分、短期対外債務残高の1倍以上が必要としている

図表4-35　ロシアのインフレ率と政策金利（月次：2005/1～2016/11）

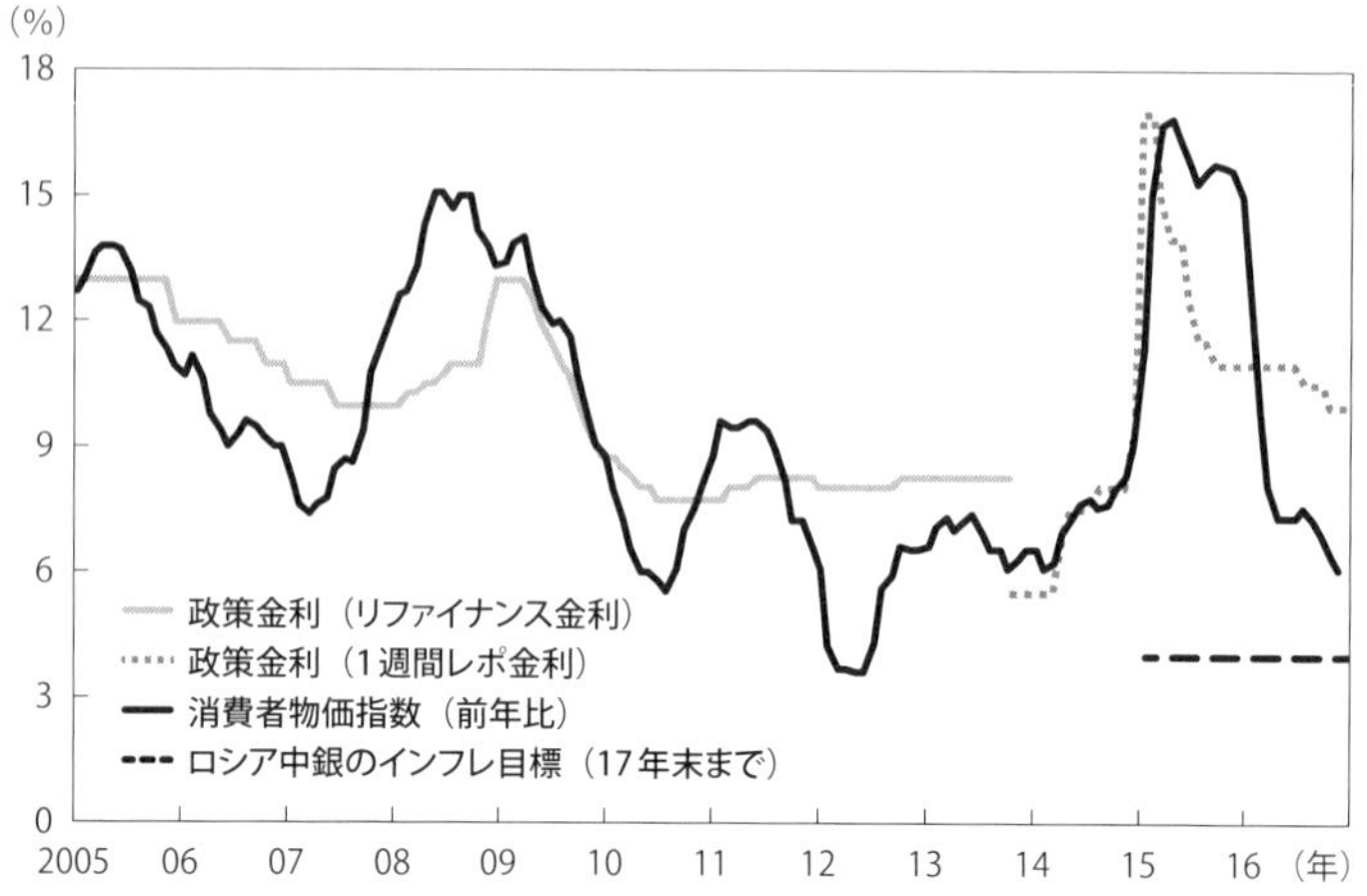

（注）ロシア中銀は2013/9に政策金利をリファイナンス金利から1週間レポ金利に変更、1週間レポ金利は13/9から。政策金利は16/11/17時点まで、消費者物価指数は16/10まで
（出所）ブルームバーグのデータよりみずほ証券作成

済を石油・ガス等のエネルギーに依存する構造から、ルーブル相場は原油価格との相関が極めて高いのが特徴である。

1992年の「ロシア域内での対外経済活動の自由化」後、通貨当局はインフレの悪化と財政赤字の拡大から通貨高を維持してインフレを抑制、投資資金の流入を促すことを目的に、ルーブル相場を高水準に維持する政策をとってきた。1998年にはデノミを実施するとともに目標相場圏（1ドル＝6・1ルーブル±15％の範囲内に維持）を導入したが、ロシア危機によりルーブルが急落すると結局維持できずに放棄、2005年からは通貨バスケット（当初ドル90％、ユーロ10％）に基づく管理に移行した。その後、政府・中銀は通貨の信認向上を目指して2006年からはルーブル取引にかかる規制を撤廃、許容変動幅を順次拡大、

図表4–36　ドル・ルーブル相場と購買力平価（四半期：1996/3～2016/11）

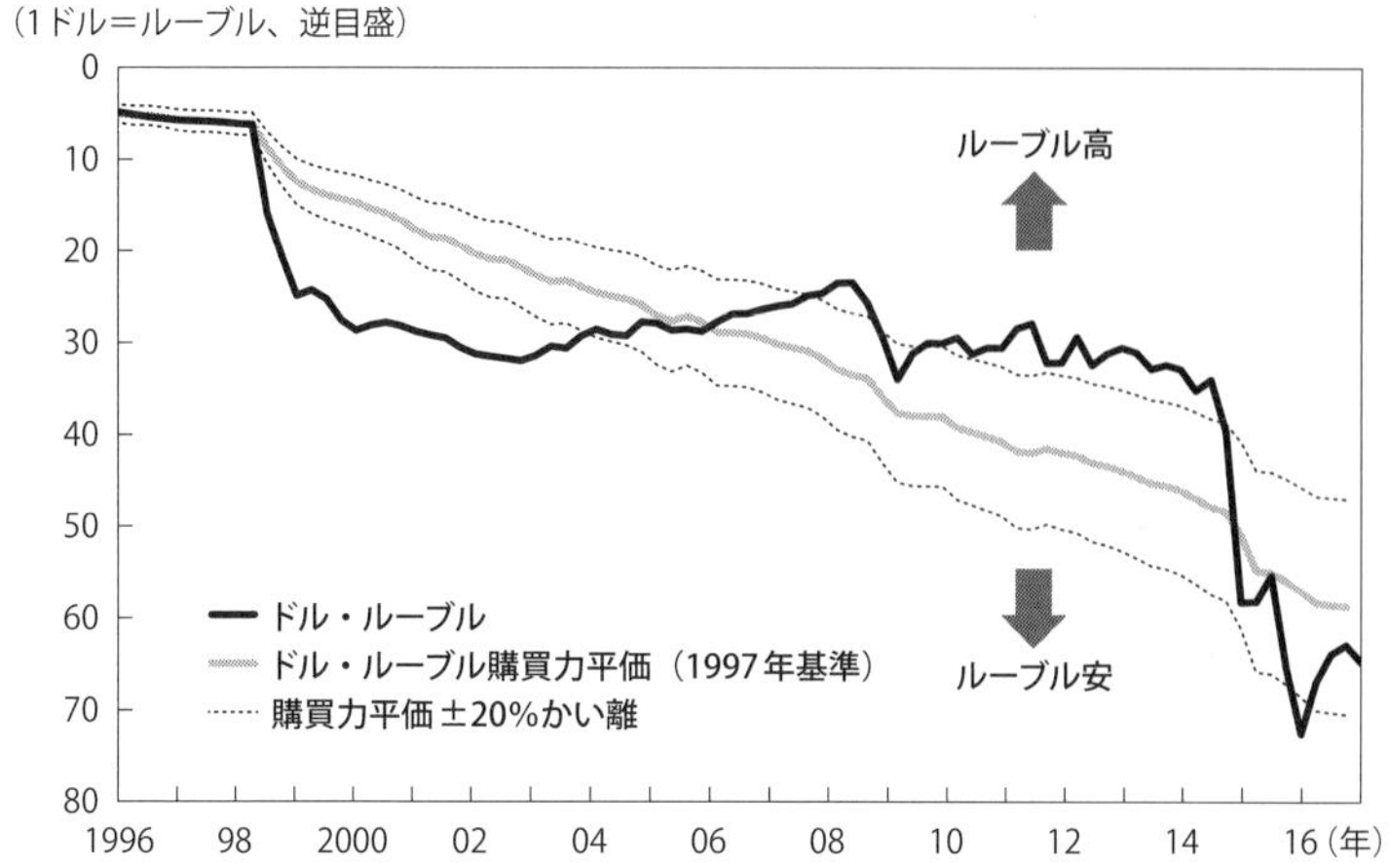

（注）購買力平価は消費者物価ベース、ロシアのハイパーインフレが収束した1997年を基準に計算、2016/9まで。ドル・ルーブルの直近値は16/11/17時点まで
（出所）ブルームバーグのデータよりみずほ証券作成

為替介入額も徐々に減少させたうえ、2014年11月からは変動相場制に移行する等の自由化を進めた。

ロシアはソ連崩壊による急速な自由化もあり、1992年には前年比26倍というハイパーインフレを経験した。その後は財政・金融引き締めや中銀による財政ファイナンス停止もあり、インフレ率は徐々に安定に向かった。しかし、2000年代以降は新興国経済の拡大による旺盛な資本流入にともなうルーブル売り介入や、生産性を上回る実質賃金の上昇、干ばつによる食料品価格の上昇等がインフレ押し上げ要因になっている。ロシア中銀は2015年からインフレ目標政策を導入、2017年末までにインフレ率を4％に引き下げ、中期的にその水準を保つことを目指している。また、為替介入についても金融安定を維持する場合を除いて基本的に実施しない方針を示している。

このように柔軟な金融為替政策に移行していることにより、経済的な調整が予想以上に早く進む可能性がある。中銀は２０１４年後半以降のルーブル急落に対して、通貨防衛とインフレ抑制の観点から大幅な利上げを実施、その後市場が徐々に落ち着きを取り戻すと5会合連続で利下げを実施する等、外部環境に応じて機動的な対応を見せた。また、原油安は輸出代金や税収を減少させたが、ルーブル安が進んだことで自国通貨ベースでの減少幅を抑える効果があり、ある程度のバッファーとなっている。また、原油価格や通貨の下落は輸入代替による産業多角化を促す効果もあると考えれば、長期的にはロシア経済にとってプラスとなる可能性もある。

通貨価値の長期的な尺度とされる購買力平価で見ると、ルーブルの対ドル相場は２０１４年までは購買力平価を20％以上上回る大幅な割高状態となっていた。しかし、その後のルーブル急落により水準調整が進み、２０１5年末には一時購買力平価を27％下回る水準まで売り込まれた。その後は徐々に割安状態が修正されつつあるものの、依然として購買力平価を下回る水準にある。

ロシア経済はようやく最悪期を脱する兆候が出ており、原油価格も大幅な調整場面は一巡している可能性が高い。こうしたなかで、今後欧米諸国による経済制裁が解除されれば、投資資金が還流することが期待できる。２０１７年のルーブル相場は徐々に持ち直しに向かう公算が大きくなろう。

⑥非資源部門へのリバランスを探るオーストラリア

資源ブームが終焉を迎えるオーストラリア経済

中国経済の減速や鉄鉱石等の鉱物資源価格の大幅な下落から、10年近くに渡ったコモディティのスーパーサイクルが一巡、資源ブームが終焉を迎えたとの見方が強まっている。オーストラリアは非常に豊富な鉱物資源を有する資源国であり、それゆえに資源ブームの終焉と商品市況の下落がオーストラリア経済に与える影響も大きく、２０１３年以降、豪ドル相場も大幅に減価している。

オーストラリア経済は１９９２年以降、24年間という非常に長期にわたる安定した経済成長が続いており、この間の平均成長率は３・３％と同時期の米国（２・６％）、ユーロ圏（１・４％）、日本（０・８％）を上回っている。この背景には移民による着実な人口増加がある。特に２０００年代後半になると広大な国土と豊かな資源、高い所得水準等を求めて年間17万～29万人程度の移民流入が続いた。

今世紀に入ってからは、中国・アジアの高成長とともに資源ブームの恩恵を受けたことが大きい。中国経済の成長加速とともに鉄鉱石や石炭等の資源需要が大幅に増加、その輸出価格上昇からオーストラリアの交易条件(2)が大きく改善し、所得の増加に寄与した。さらに、国内の鉱山開発投資ブームが

（2）国際貿易における商品の交換比率を示す指標、具体的には輸出物価指数を輸入物価指数で割った数値で表され、交易条件が高いほどその国にとって有利となる

起き、設備投資が大幅に増加したことも成長をけん引した。

オーストラリアは英連邦の一員として英国とのつながりが強固だったが、1973年に英国が欧州経済共同体（EEC）に加盟すると、地理的に近いアジア・太平洋地域との結びつきを重視する姿勢に転換、これらの地域への輸出促進のため貿易自由化と国内規制・補助等の削減・撤廃を進めた。こうしたアジア重視の姿勢も、中国をはじめとするアジアの成長を取り込むことに寄与した。

しかし、中国経済の高成長は2008年のリーマンショックにより転機を迎えた。中国政府は4兆元におよぶ財政刺激策を実施し成長率は一時持ち直したものの、2010年代に入ると中国の成長率はさらに減速し、2014年には7・3％と政府目標の7・5％を下回った。その後も中国景気の減速傾向は続き、世界的な供給過剰状態が一段と深刻化するなかで、資源価格は全般に大幅な調整場面を迎えた。また、原油価格が石油輸出国機構（OPEC）の盟主であるサウジアラビアによる価格維持からシェア確保への方針転換等を機に急落したことも調整を加速させた。

こうしたなかで、オーストラリアの交易条件は大きく悪化、資源関連投資はピークを打って大きく減少している。これまでのように資源に依存する経済が立ち行かなくなるなか、非資源部門への経済のリバランスをいかに進めていくかが、オーストラリアにとっての大きな課題となっている。

商品市況に左右されてきた経済と通貨

前述した通り、オーストラリアは資源需要拡大の恩恵を大きく受けてきた。2013年度には商品輸出額全体の約7割を鉱物資源が占めており、特に鉄鉱石は埋蔵量で世界第1位、生産量で第2位、

図表4-37　豪州の商品別輸出額シェア（2015年度）／豪州の国別輸出額シェア（2015年度）

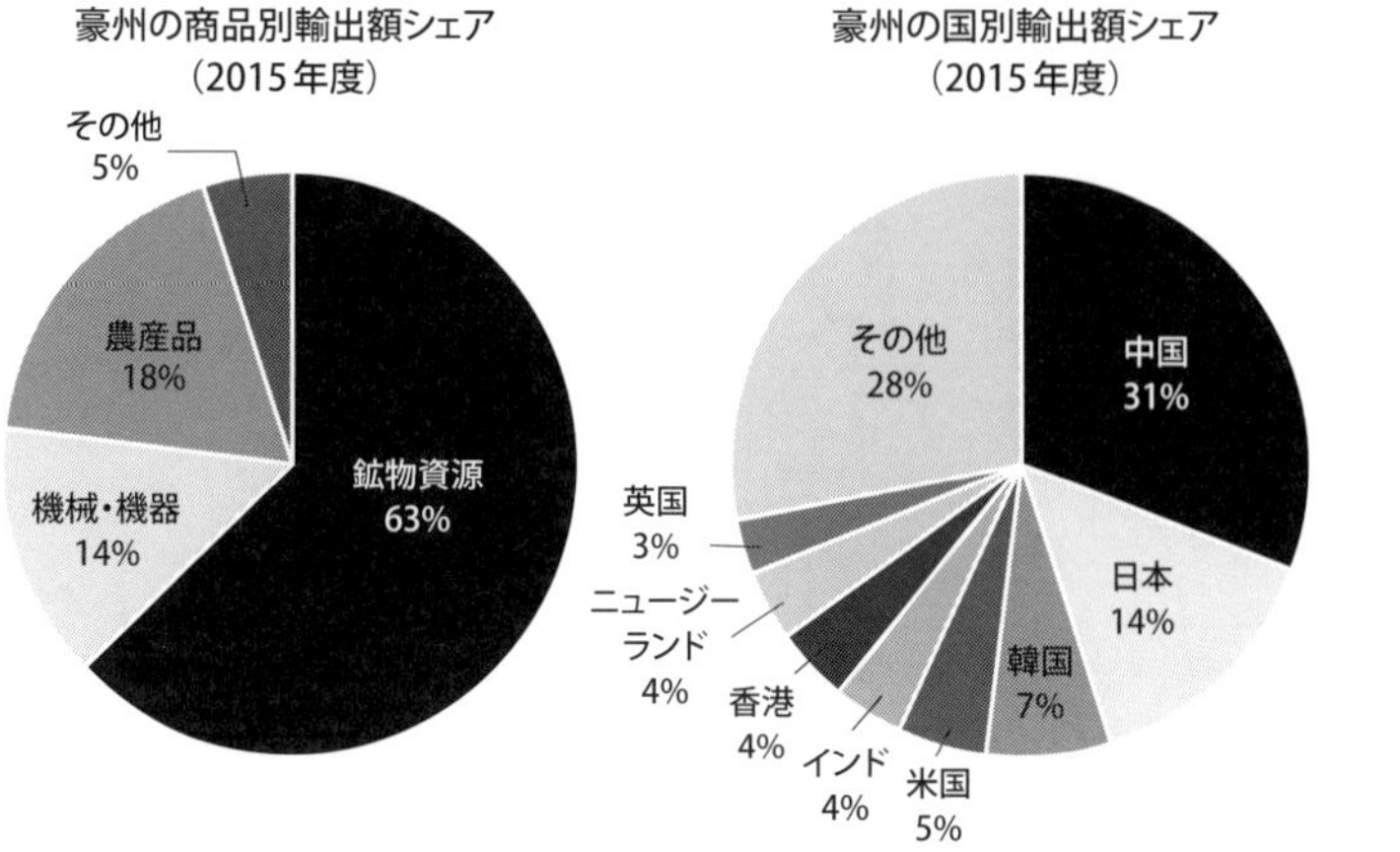

（注）豪州の年度は7月から翌年6月まで
（出所）豪州統計局の資料よりみずほ証券作成

輸出量ではブラジルと並んでトップを争う等、オーストラリアの主要な輸出商品の位置にある。また、輸出国別では２０００年代後半以降、中国向けが大幅に増加してトップとなり、２０１３年度には輸出額全体に占める比率は４割近くに達し、その大半を鉄鉱石や石炭等の資源が占めた。

このため、オーストラリア経済や為替相場はこれらの商品市況の動きや中国経済の動向に大きく影響を受けてきた。実際、豪ドル相場はオーストラリアの主要な輸出商品である鉄鉱石の価格に連動する動きがみられ、鉄鉱石価格が２０１１年にかけて１トン＝１８０米ドルを上回る水準まで上昇するなかで、豪ドルは１豪ドル＝１・10米ドル台まで上昇。２０１４年以降は鉄鉱石価格が40米ドル台まで下落するなかで、豪ドルは一時０・70米ドル割れまで下落した。

この背景には、資源国であるオーストラリア

図表4-38　中国輸入鉄鉱石価格と豪ドル（月次：2007/1～2016/11）

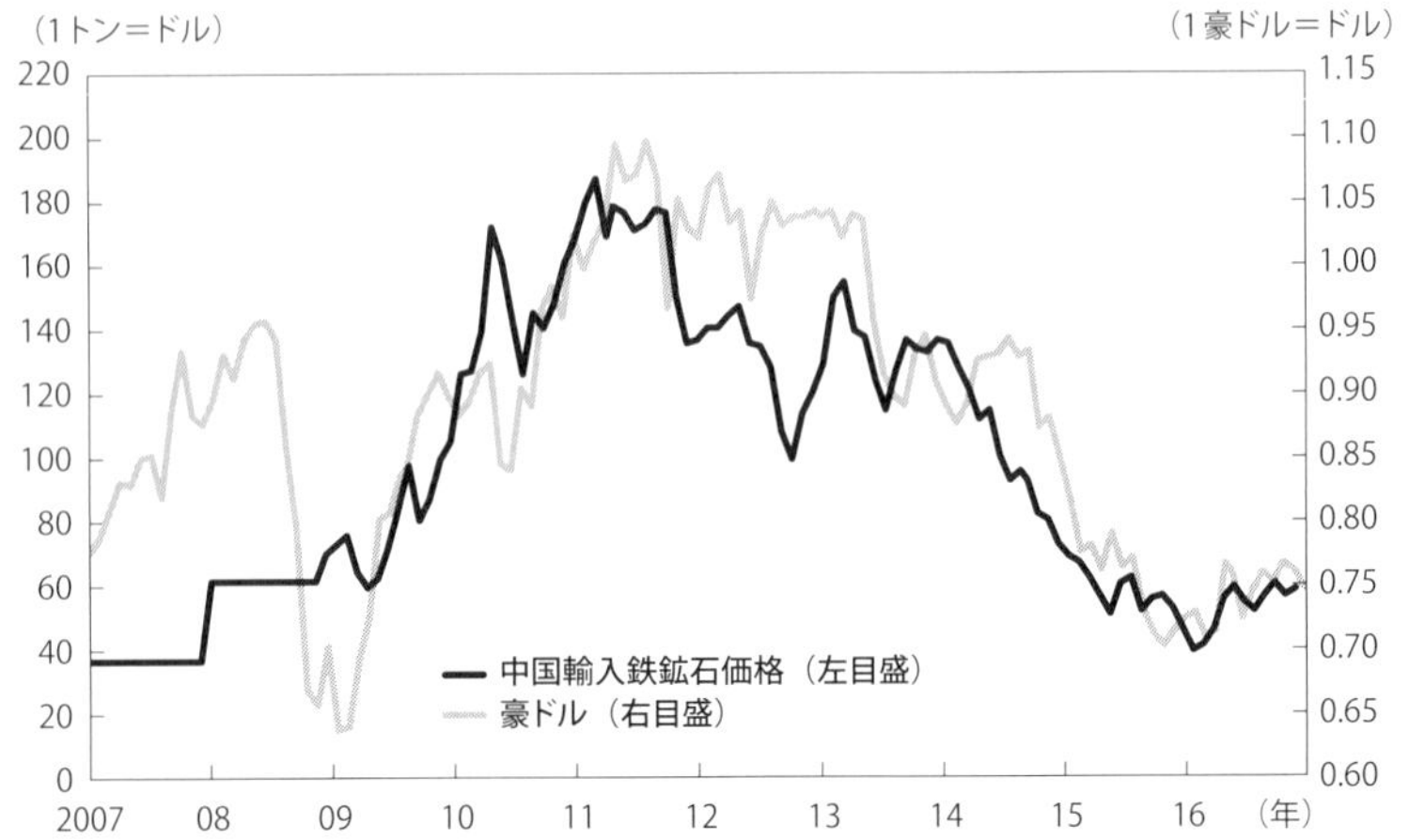

（注）鉄鉱石価格はIMFのデータで2016/10まで、豪ドルは2016/11/17時点まで
（出所）ブルームバーグのデータよりみずほ証券作成

は交易条件の変動が成長率に大きく影響するため、商品市況が下落して交易条件が悪化すると、豪ドル相場の減価により相対価格が維持され、景気の下支え効果として働くことが期待されてきた側面がある。実際、中央銀行であるオーストラリア準備銀行（ＲＢＡ、中央銀行）は輸出価格が下落し交易条件の悪化が目立ち始めた２０１３年の半ば以降、通貨高への懸念を鮮明にし、豪ドル安を促す口先介入をたびたび繰り返してきた。

また、最大の輸出相手国となった中国経済の動向は商品価格だけでなく資源需要そのものにも大きな影響を与えるため、豪ドル相場の先行きを占ううえで極めて重要だ。鉄鉱石の輸出先の大半が中国であり、投資主導の成長で積み上がった供給過剰状態が解消されていない現状を考えれば、鉄鉱石価格が目先は底入れしたようにみえても、今後上昇に転じるとは見込みづらい。

もっとも、世界の鉄鉱生産を主導する大手3社のうち2社はオーストラリアに拠点があり、生産コストの低さを武器に増産により市場シェアの増大を図る戦略をとっていること、鉄鉱石価格の下落で中国国内の高コスト生産者が減産を余儀なくされたこと等から、オーストラリアから中国への鉄鉱石輸出数量の増加は続いている。一方、中国国内では政府主導による鉄鋼生産の供給過剰解消に向けた動きもあり、その行方とも合わせて今後の行方が注目される。

経済のリバランスが進むかが焦点に

資源ブームは資源価格を上昇させると同時に、鉱山開発の活発化や投資資金の流入を通じて通貨高や労働需給のひっ迫をもたらし、労働コストの上昇を招いた。オーストラリアの1人当たりＧＤＰは２０００年代に入ると大幅に伸び、主要先進国のなかでも高水準となる6万米ドルを超える場面があった。しかし、その結果として人件費等の生産コストが上昇、製造業は全体的に苦しい状況にある。こうしたなかで、２０１３年5月にはフォード、同12月にはＧＭホールデン、２０１４年2月にはトヨタが国内生産からの撤退を発表する等、空洞化による雇用や投資の減少が懸念される。

政府も資源セクターに依存する経済のぜい弱さを認識しており、資源部門から非資源部門へ経済の重点を移すリバランス戦略を推し進める意向を示している。特に２０１３年の総選挙で政権を奪還した保守連合政権は、企業の投資意欲を高めるため、評判の悪かった炭素税・鉱物資源利用税を廃止、製造業のイノベーション強化や法人税減税を目指す等、内需拡大に向けた環境整備を進めている。ま

図表4-39　豪州の産業別実質GDP（前年比寄与度）（四半期：2005/3〜2016/6）

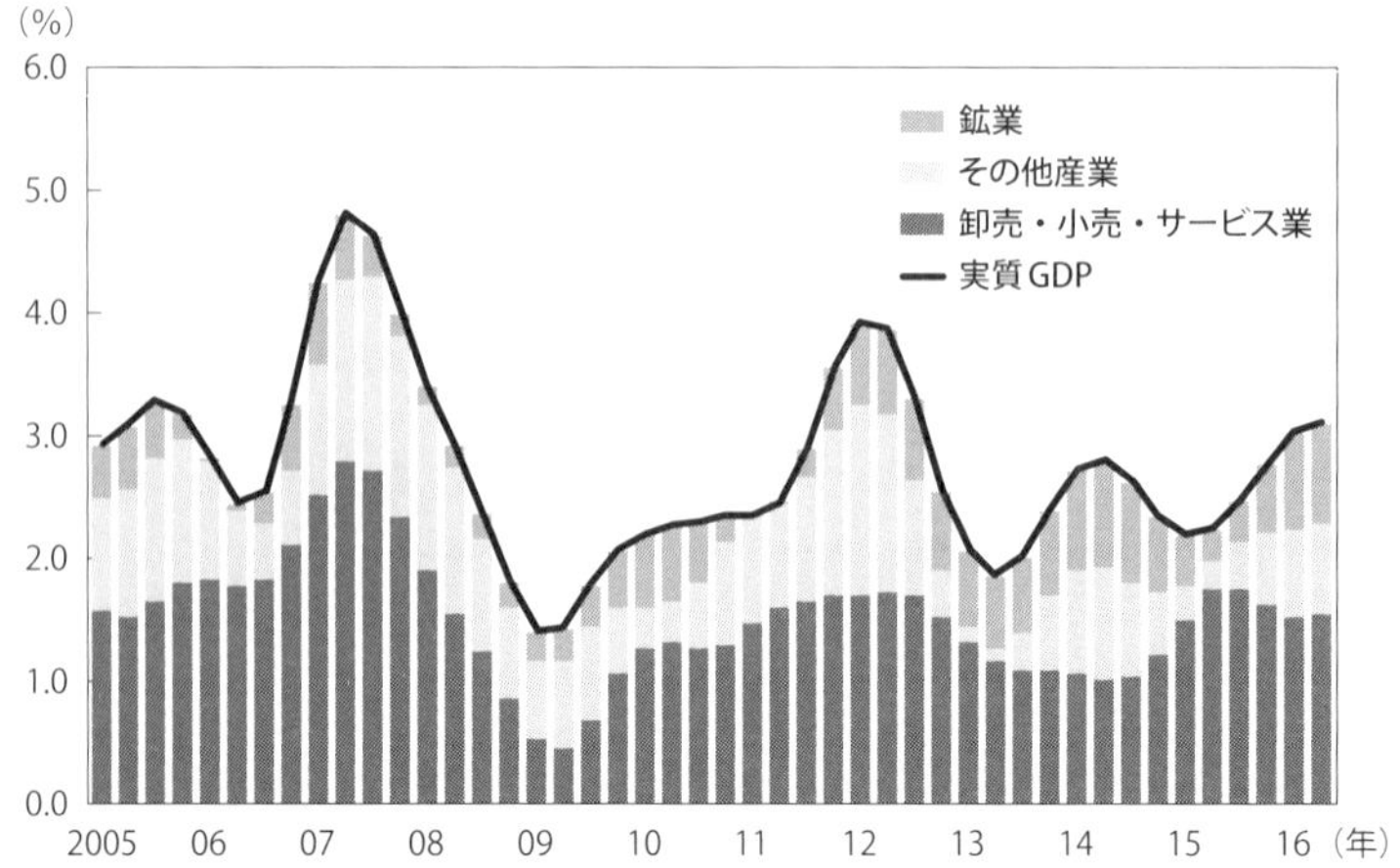

（注）トレンドベースの数値
（出所）豪州統計局（ABS）のデータよりみずほ証券作成

た、中央銀行は景気支援のために金融緩和局面に移行しており、政策金利は２０１１年の４・75％から足元２０１６年８月現在で１・50％まで合計３・25％引き下げられた。

利下げやそれにともなう通貨安、移民流入等の効果は、住宅投資の大幅な増加や消費者・企業マインドの改善、個人消費の活発化等といった形で表れており、経済のリバランス戦略が進んでいる兆しもみられる。実際、資源関連投資が減少に転じるなかで、個人消費や住宅投資、純輸出が成長をけん引しており、足元でＧＤＰ成長率は長期平均に近い水準まで持ち直している。

また、資源ブームが終焉に向かっているとは言っても、その果実を受け取る場面はまだ続いている。資源ブームには３つのフェーズがあるとされ、オーストラリアは第１のフェーズである資源価格高騰期、第２の

図表4-40　豪州の天然ガス輸出量と輸出額（年次：2009〜2016）

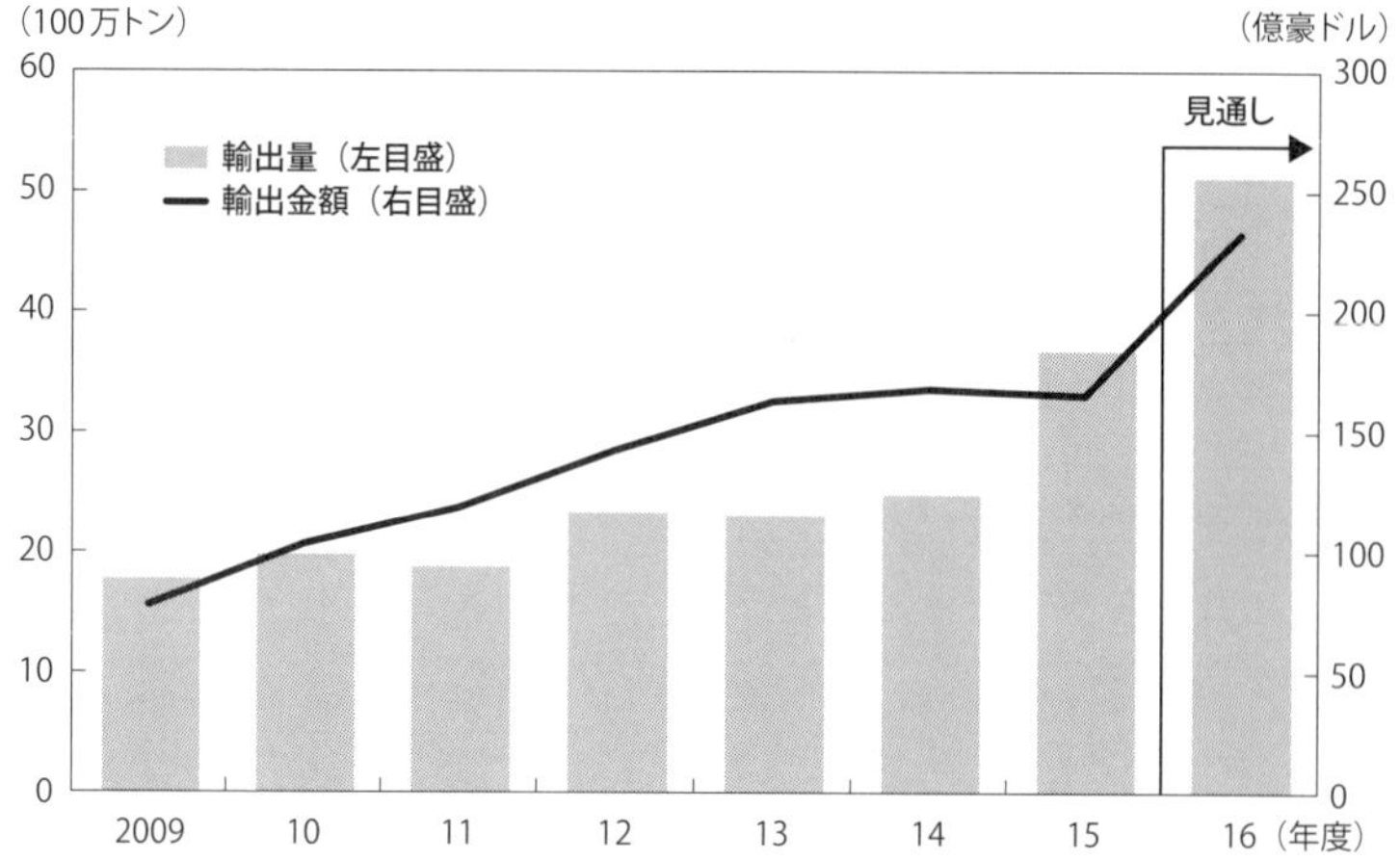

（注）2016年度はBREEの四半期報（16/9）による見通し、豪州の年度は7月から翌年6月まで
（出所）豪州資源エネルギー経済局（BREE）の資料よりみずほ証券作成

フェーズである資源投資の増大期はピークを過ぎたものの、第3のフェーズである資源生産・輸出の増大期が訪れており、資源価格の大幅下落にもかかわらず資源輸出は増加している。

実際、資源投資の大宗を占める液化天然ガス（LNG）プラントは2014〜2015年にかけて稼働を始めており、生産能力は2017年半ばには2013年度の3倍近くに達し、輸出量も大幅に増加することが期待される。これらの資源輸出の増加が景気の下支え効果として働こう。

今後は非資源部門の設備投資が出てくるかどうかが焦点になる。低金利や通貨安、企業マインドの改善等、投資を促す環境は整いつつあるものの、不透明感の強さ等から企業は新規投資に慎重な姿勢を崩していない。ただ、設備稼働率が上昇傾向にあるなかで、法人税減税等の投資優遇策が実施されれば、設備投資の緩やかな増加が期待できよう。

財政は依然として健全も、政治の実行力に課題

豪ドルは高金利通貨の代表として日本人投資家に人気の高い通貨の1つである。政治的、経済的に安定した先進国であり貿易や資本取引に関する規制もなく、相対的に高金利であることが好まれている。また、世界的な景気減速の影響で財政が悪化する国が多いなかで、オーストラリアは健全な財政状態を維持しており、主要な格付会社3社から最高格付けであるトリプルA格付けを付与される等、信用力が高い点も投資に対する安心感をもたらしている。

特に、リーマンショック以降は相対的に高金利かつ信用力の高い先進国通貨として、外貨準備資産の投資対象分散化にともなって選好される動きもみられる。

ただ、健全な財政による信用力の高さには、ここに来てやや翳りがみられる。資源ブームの終焉はオーストラリアの財政にも影響を与えており、財政収支はリーマンショックの影響から2008年度（2008年7月〜2009年6月）に赤字に転落した後も、成長減速や資源価格の下落等にともなう税収の伸び悩みもあり、赤字から脱却できない状態が続いている。2014年度の財政赤字はGDP比2・4％、政府の純債務残高は同14・8％と低水準であり、ほかの主要先進国と比べれば遥かに健全な状態だが、税制改革が遅れていることが長引く財政赤字の一因となっている。

オーストラリアの租税体系は個人および法人所得税への依存度が高いという特徴があり、他の先進国と比べて消費税率は低いことから、財源多様化の観点から財・サービス税の改革に注目が集まって

いる。ただ、財・サービス税による収入は全額、州・特別地域への交付金として配布されることや、変更には全州の合意が必要であるといった政治的な制約もあり、現行のターンブル保守連合政権も財・サービス税の改革には及び腰となっているのが実情である。

こうしたなかで、ターンブル政権は経済成長による税収増を通じた財政再建を基本方針としており、2016年度予算案では長期的な法人税減税等による成長戦略を打ち出した。しかし、7月の両院解散総選挙は与野党がきっ抗する大接戦となり、与党がかろうじて政権を維持したものの議席は大幅に減らした。また、上院で与党が過半数を割り込むねじれ状態も解消できなかった。このため、財政再建が遅れるとの懸念から一部の格付会社は格付け見通しを引き下げている。

オーストラリア国債が仮に格下げされたとしても、依然として高格付けであることに変わりはなく、豪州債投資にすぐに影響が出るとは考えにくい。とはいえ、今後の財政健全化に向けて政治的な実行力が一段と問われる状況となっていることもあり、政治への注目度はさらに高まるだろう。

2017年の豪ドル相場は低インフレが続くなか金融政策が焦点に

こうしたなかで、足元ではインフレ率の低下と金融政策の行方に焦点が当たっている。世界的な低インフレ状態が続いていることや、資源ブームの終焉にともなって労働コストが伸び悩んでいること等から、オーストラリアにおいてもほかの先進国と同様、インフレ率の低下が懸念され始めている。

オーストラリアでは1980年代のホーク労働党政権時に始められた経済改革により一連の金融自由化が進み、1983年には変動為替相場制への移行が実現した。これにより金融政策が有効に機能

図表4–41　豪州のインフレ率と政策金利（四半期：2007/3～2018/12）

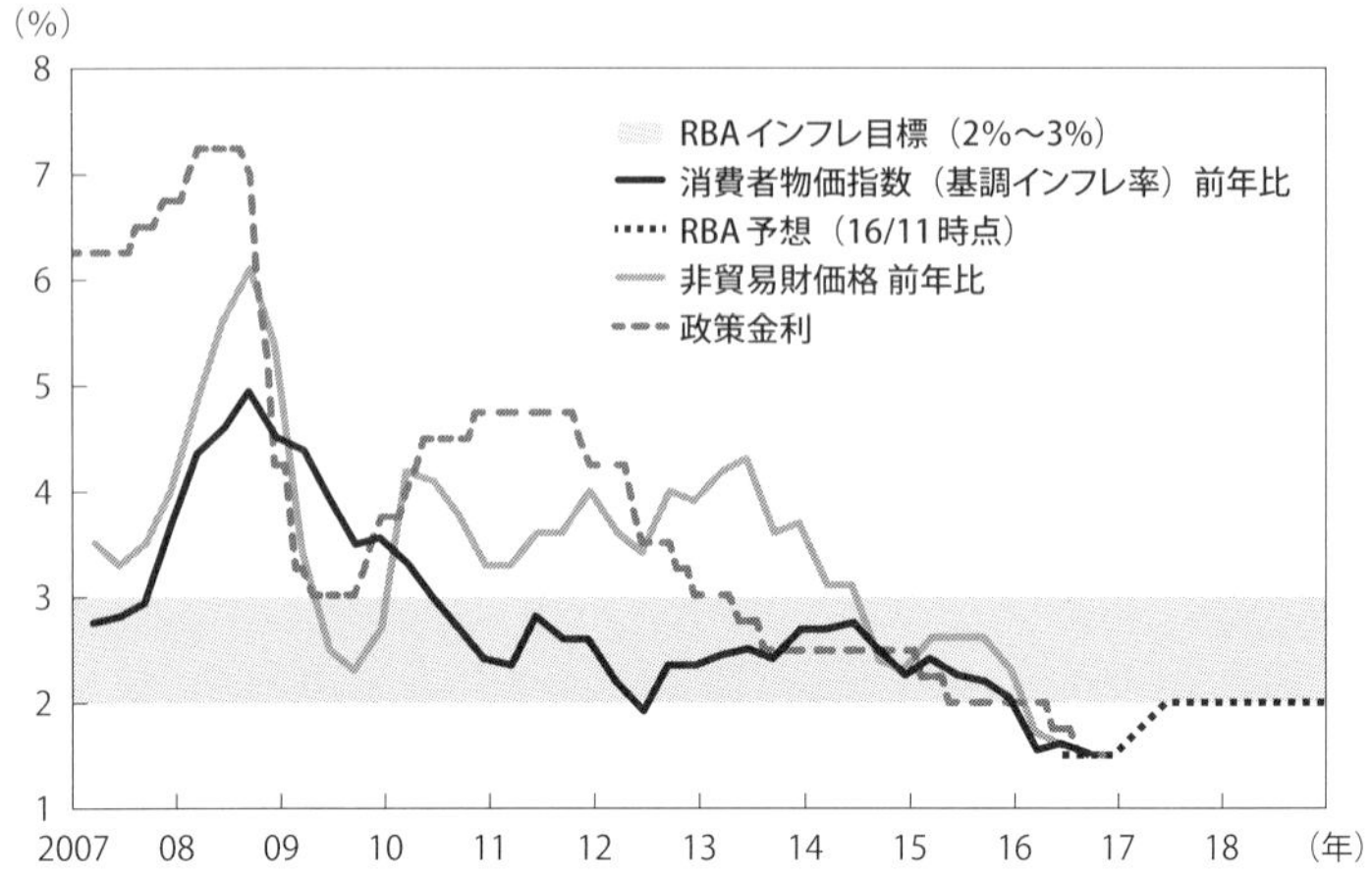

（注）消費者物価指数は2016/9まで。政策金利は月次で2016/11/17時点まで。RBA予想は予想レンジの中間値

（出所）RBA、ブルームバーグのデータよりみずほ証券作成

するようになり、１９９０年代に入ると長らく苦しめられてきたインフレの抑制に成功、１９９４年にはインフレターゲット制が導入された。その後、オーストラリアのインフレ率は概ね中央銀行によるインフレターゲットの範囲内（消費者物価指数で前年比＋２％～＋３％）で推移している。

しかし、足元では基調インフレ率（総合インフレ率から振れの激しい項目を除いたコア指数）が目標を下回る状態となっており、賃金上昇率の弱さや小売店間の価格競争の激化等もあり、こうした状態が長期化するとの懸念が強まっている。実際、中央銀行の見通しでは基調インフレ率が２０１８年末まで同＋１・５％～＋２・５％で推移すると予想されており、目標レンジを下回り続ける可能性も示唆されている。中央銀行は２０１６年に入り５月と８月に追加利下

図表4-42　豪ドル相場と購買力平価（四半期：1983/3〜2016/11）

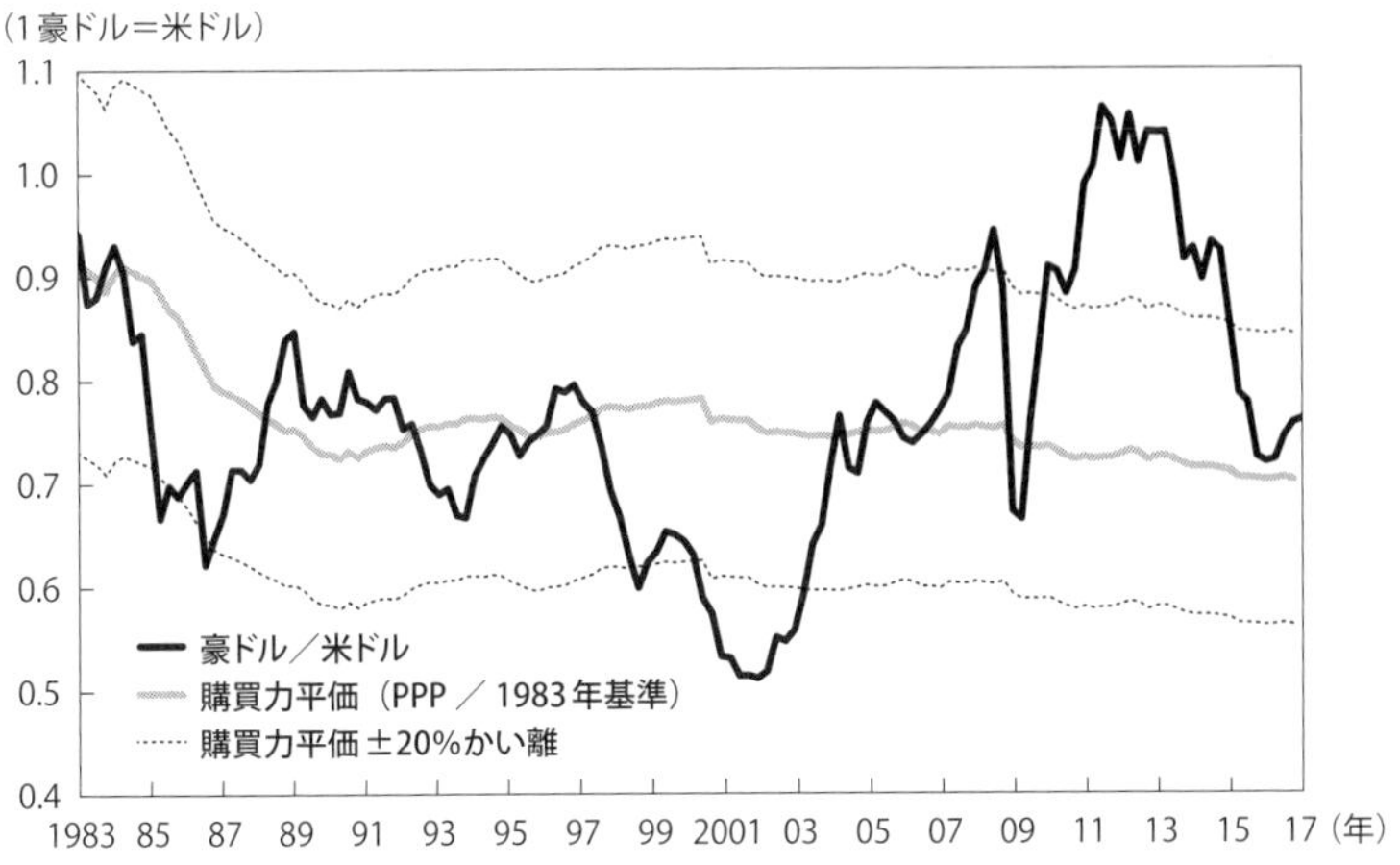

（注）購買力平価は豪ドルが変動相場制に移行した1983年を基準に計算、直近値は2016/9まで、実績値は2016/11/17時点まで
（出所）ブルームバーグのデータよりみずほ証券作成

げを実施したが、これは景気下支えというよりもインフレ率を目標レンジに戻すことが狙いだった。このため、今後、目標への回帰を目指して中央銀行がさらなる金融緩和を実施するのかどうかが、当面の豪ドル相場の先行きを見るうえで重要な注目ポイントとなってこよう。

一方、オーストラリアの主要な輸出商品である鉄鉱石等の商品市況には下げ止まり感が出つつあり、中央銀行もこれまでほどは通貨安を望む姿勢を前面に出すことはなさそうだ。

また、通貨の長期的な価値尺度とされる購買力平価で見ると、2011年頃には豪ドルの対米ドル相場は一時購買力平価から40％近いかい離が生じる等、大幅な割高状態となっていたところから調整が進み、足元ではほぼ購買力平価に近い水準まで豪ドルが減価している。これらの点から見れば、豪ドル相場には値頃感が出ていると言えるかもしれない。2017年については、景気が緩やかな回復に向かうとともに、インフレ率の下げ止まりから利下げ一巡感が出てくれば、豪ドル相場は緩やかな上昇に転じる可能性があろう。

第4章まとめ 新興国、資源国通貨は安定化に向けた動きも

第4章では、ASEAN、インドに加え、個人投資家にとって関心が高いと思われる資源国（ブラジル、メキシコ、ロシア、オーストラリア）について、投資する際のポイントになる点を整理した。

ASEANはポストBRICsとして注目されるインドネシア、タイ、フィリピン、ベトナムの4カ国に焦点を当てた。インドネシアやフィリピンでは、中間所得者層の増加による内需増加期待を背景に海外からの投資拡大が見込まれ、インドネシア・ルピア、フィリピン・ペソを下支えしよう。インドはモディノミクスによる構造改革を進めているが、依然としてさまざまな課題を抱えている。今後も、モディ首相がこうした問題にリーダーシップを発揮できれば、経済の中期的な伸びしろは大きく、インドに対する証券投資が再び活況となり、2017年以降、ルピーが安定する可能性があろう。

資源国については、ブラジルではルセフ大統領が罷免され、政治的な混乱が収束する方向にある。テメル政権は財政改革や景気回復により、国民の信頼を回復できるかが注目される。経常赤

字の縮小やインフレ安定により経済ファンダメンタルズは改善しており、レアルの下落圧力は和らぐとみられる。メキシコは、ペニャニエト政権が進めるエネルギー改革が奏功すれば、購買力平価から大幅に減価するペソ相場の中長期的な見直しにつながる可能性がある。原油安、通貨安、経済制裁の3重苦から経済危機の様相をみせたロシアは、原油価格の大幅な調整が一巡するなか、経済が最悪期を脱する兆候が出てきた。こうしたなかで、今後欧米諸国による経済政策が解除されれば、投資資金が還流することが期待でき、ルーブル相場も徐々に持ち直しに向かう公算が大きくなろう。オーストラリアは資源ブームが終焉を迎えるなかで、非資源部門への経済のリバランスが進むかが引き続き焦点となる。豪ドル相場は商品価格の下落とともに大幅に調整したことで、値頃感が出ていると言えるかもしれない。今後は、景気が緩やかな回復に向かうとともに、利下げ一巡感が出てくれば、豪ドル相場は緩やかな上昇に転じる可能性があろう。

〈第4章　参考文献〉

日本貿易振興機構（2015）「特集　発足！ＡＥＣ　ＡＳＥＡＮ経済共同体総点検」（ジェトロセンサー）2015年11月号

国際協力銀行（ＪＢＩＣ）（2015）「ＡＳＥＡＮ共同体（ＡＥＣ）の実現と日本」――自動車産業へのインパクトも含めて――、ＡＳＥＡＮ統合セミナー、2015年10月19日

経済産業省「東アジア経済統合に向けて」（東アジア経済統合の取組）

アジア開発銀行（ＡＤＢ）（２０１１）「アジア２０５０　Realizing the Asian Century」「アジア２０５０――アジアの世紀は実現するか（要約）」２０１１年8月
アジア開発銀行（ＡＤＢ）（２０１６）「アジア経済の展望とアジア開発銀行の役割」（ＡＤＢ総裁 中尾武彦）２０１６年3月
公益財団法人　国際金融情報センター（２０１５）「ＡＳＥＡＮ経済共同体（ＡＥＣ）の現状」２０１５年12月24日
日本貿易振興機構（２０１５）「ジェトロ世界貿易投資報告」２０１５年度版
日本貿易振興機構（２０１６）「ジェトロ世界貿易投資報告」２０１６年度版
山中崇（２０１３）「ＡＳＥＡＮの銀行セクター統合について」（公益財団法人　国際通貨研究所Newsletter ２０１３年12月18日）
林宏美（２０１４）「アセアン・トレーディング・リンクの現状と課題」（月刊資本市場）２０１４・8 No.３４８
糠谷英輝（２０１５）「アセアン金融市場統合に向けた展望と課題」（月刊資本市場）２０１５・11 No.３６３
神尾篤史、中田理恵（２０１５）「アジア金融資本市場で生じる構造変化」（大和総研調査季報）２０１５年新春号Ｖｏl.17
門前太作（２０１２）「東南アジア資本市場統合への第一歩となるアセアン・トレーディング・リンクの始動」（野村資本市場クォータリー）２０１２Ｓｐｒｉｎｇ
棚瀬順哉（２０１５）『グローバル通貨投資　新興国の魅力・リスクと先進国通貨』（日本経済新聞出版社）
藤田勉（２０１２）『グローバル通貨投資のすべて　先進国・資源国・新興国主要30通貨の展望』（東洋経済新報社）
鈴木孝憲（２０１０）『２０２０年のブラジル経済』（日本経済新聞出版社）
近田亮平編（２０１３）『躍動するブラジル　新しい変容と挑戦』（アジア経済研究所）
堀坂浩太郎（２０１２）『ブラジル　跳躍の軌跡』（岩波書店）
中畑貴雄（２０１４）『メキシコ経済の基礎知識　第2版』（日本貿易振興機構）
浅元薫哉、齋藤寛編著（２０１２）『ロシア経済の基礎知識』（日本貿易振興機構）

梅津哲也（２０１５）「ロシア 制裁導入１年後のビジネス環境」（ジェトロセンサー）２０１５年7月号
齋藤寛（２０１６）「ロシア、危機を商機に、そして勝機に」（ジェトロセンサー）２０１６年7月号
加藤学（２０１６）「油価下落・制裁下のロシア経済」（海外投融資情報財団、ＪＯＩ）２０１６年３月号
金野雄五（２０１６）「ロシア経済浮上のカギを握る『欧米制裁解除』」（みずほ総合研究所、エコノミストＥｙｅｓ）２０１６年4月28日
金野雄五（２０１６）「財政悪化に直面するロシア」（みずほ総合研究所、みずほインサイト）２０１６年5月26日
志波和幸（２０１６）「ロシア経済の現状と課題～原油価格は一服するも経済制裁により慢性的な疲弊状態が続く～」（公益財団法人　国際通貨研究所 Newsletter ２０１６年7月29日）
竹田いさみ、森健、永野隆行編（２００７）『オーストラリア入門　第2版』（東京大学出版会）
花井清人（２０１６）「オーストラリア税制改革の残された課題：財・サービス税改革と政府間財政関係に着目して」（成城大学・経済研究、第２１２号）２０１６年３月
林伴子（２００３）『マクロ経済政策の「技術」』（日本評論社）
Institute Of International Finance (2016) "Emerging Market Debt Monitor June 2016"
International Monetary Fund (2016) "India: 2016 Article IV Consultation-Press Release; Staff Report; and Statement by the Executive Director for India" IMF Country Report No.16/75
Institute Of International Finance (2016) "July 2016　Capital Flows to Emerging Markets"
Commonwealth of Australia (2016) "Resources and Energy Quarterly September 2016"

第5章

新興国投資の魅力と実践

折原豊水
金岡直一

①新興国からの資金流出の背景と今後のポイント

中国の成長鈍化や米国の金融緩和の修正が重し

新興国通貨は2011年後半から2016年初めにかけて軟調な展開が続いた。背景については、①2011年から2012年は中国の成長鈍化懸念が生じ、欧州債務問題が高まったことで投資家のリスク回避姿勢が強まった、②2013年5月には米国の量的金融緩和（QE3）の縮小観測、いわゆるバーナンキショックが生じ、経常赤字や対外投資ポジション（証券投資や直接投資、借り入れ等の対内

図表5-1　新興国通貨の対ドル為替レート（週次：2011/1/7〜2016/11/4）

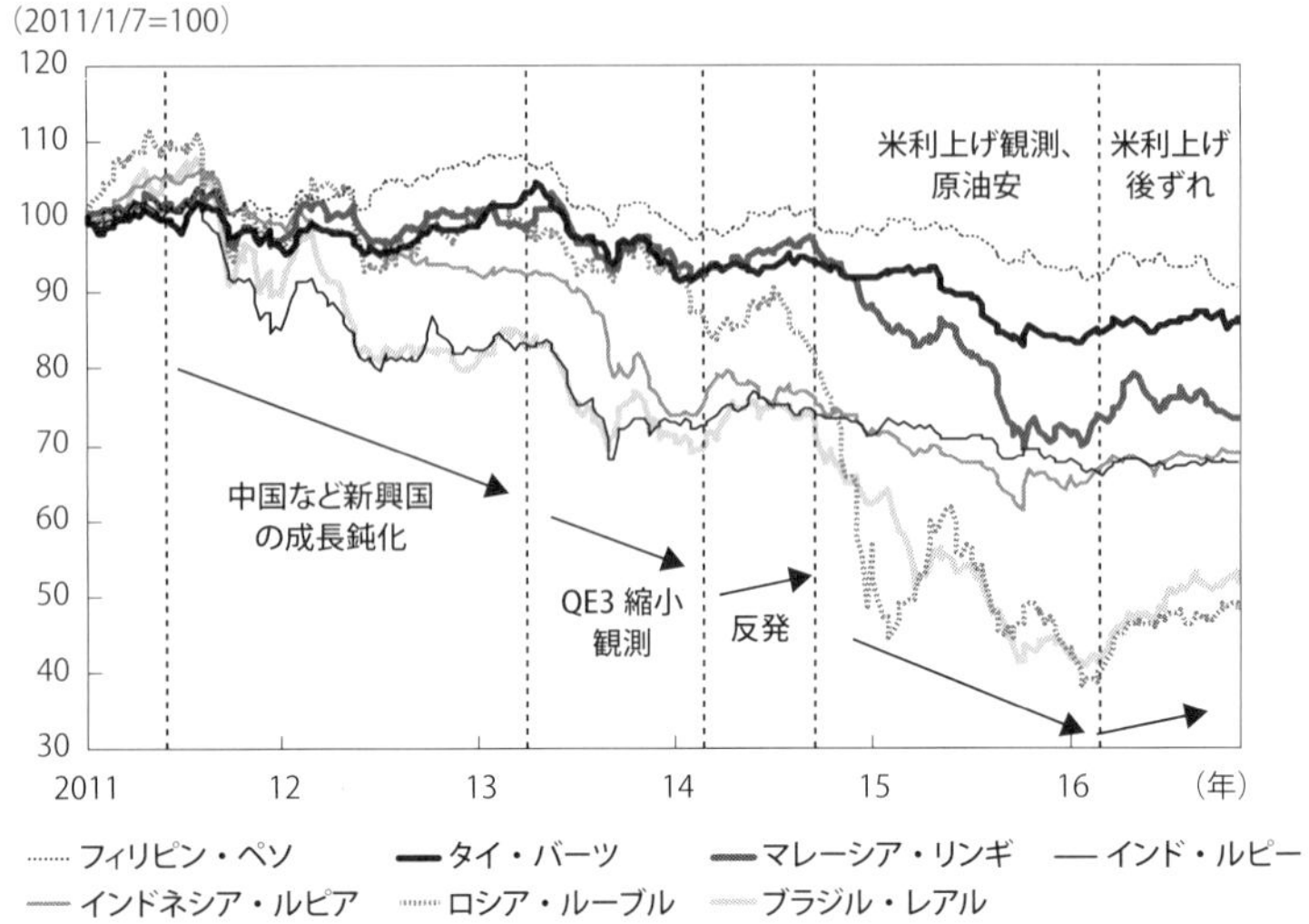

（注）2011/1/7＝100として指数化
（出所）ブルームバーグのデータよりみずほ証券作成

対外投資残高のネット）の赤字が大きい国を中心に下落圧力が強まった、③２０１４年後半の原油価格の急落が資源国経済や財政の重しとなった、④２０１５年に入ると米国の利上げ観測が浮上し、新興国に対する投資資金が一部流出し、新興国通貨の下落につながった、等が挙げられる。

個別の通貨でみると、２０１３年のバーナンキショック時には、インドやインドネシア、南アフリカ、トルコ、ブラジルの５カ国はファンダメンタルズがぜい弱な５カ国通貨として、「フラジャイル・ファイブ」と揶揄《やゆ》された。２０１３年の対ドル年間騰落率ではインドネシア・ルピアが▲21%、南アフリカ・ランドが同▲19%、トルコ・リラが同▲17%等となった。また、２

図表5-2　バーナンキショック時（2013年）の対外投資ポジションと為替騰落率

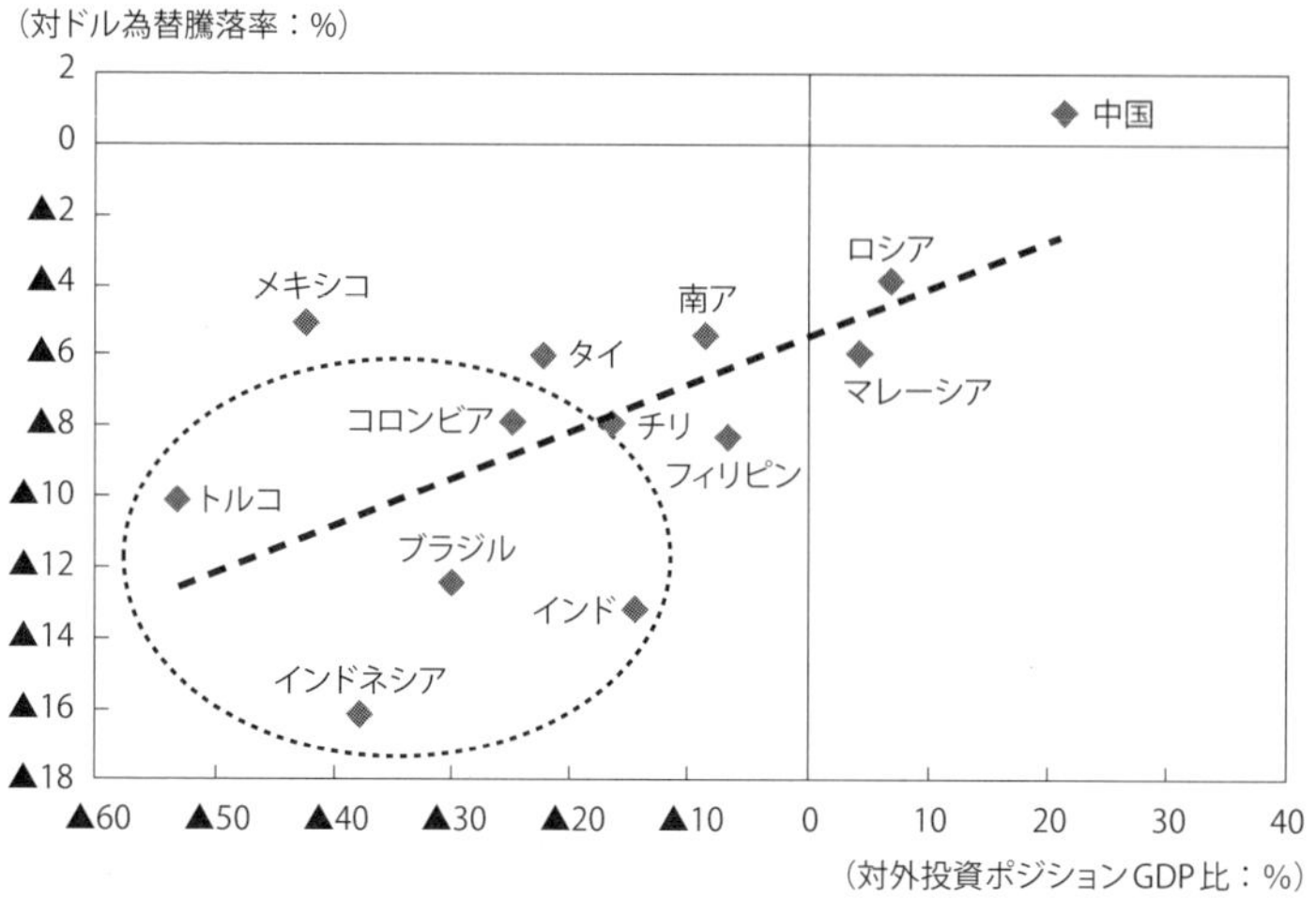

（注）対ドル騰落率は2013/5/16～2013/11/15、ポジションは2012年末（一部2011年）
（出所）IMF資料よりみずほ証券作成

０１４年半ば以降の原油価格の急落により、輸出や財政収入において原油依存度が高いロシアやマレーシアといった資源国通貨の下落が大きくなった。ロシア・ルーブルは２０１４年に▲44％下落している。ブラジルは財政収支、経常収支における双子の赤字の拡大や政治的混乱がレアルの下落に拍車をかけ、２０１５年にレアルは▲33％下落した。一方、フィリピン・ペソ、タイ・バーツ等の東南アジアの一部の通貨は期間を通じて相対的に底堅かった。経常収支が黒字基調で対外投資ポジションの赤字が抑制されているといったことが寄与した。他方、インドはその後、２０１４年５月以降のモディ政権の経済改革や、経常赤字の縮小等のファンダメンタルズの改善が寄与して、ルピーの下落ペースは徐々に和らいだ。

また、資源国通貨についても原油価格が

２０１６年２月頃から底打ちしたことで下げ渋りの展開となっている。

通貨安の背景に、過去の通貨危機時を上回る資金流出

新興国通貨が下落した背景には、新興国からの資金流出がある。国際通貨基金（ＩＭＦ）の世界経済見通し（ＷＥＯ、２０１６年４月）によると、２０１５年の新興国からのマネーフロー（株式や債券投資、直接投資、その他投資）は１−９月期時点でＧＤＰ比▲１・１％となった（２０１４年10−12月〜２０１５年7−9月期の１年間ではＧＤＰ比▲１・２％、１・１兆ドルの流出超）。１９８０年以降でみて資金フローがマイナスに陥ったのは初めてとなる。過去の局面をみると、リーマンショック時の２００８年でも＋１・３％、１９９０年代後半から２０００年代初めにかけて最も資金流入が鈍化した２０００年でも＋０・７％であった。

２０１５年は米国の利上げ観測を受けて、海外投資家の証券投資の売り越しや銀行借り入れの減少等が新興国からの資金流出につながった。国際決済銀行（ＢＩＳ）のデータによると、先進国金融機関等から新興国に対する与信（銀行貸出等）は２０１４年10−12月期から２０１５年末にかけて１５９０億ドル減少となっている。アジア新興国向けの減少が大宗を占め、特に中国向け与信が大きく減少したことが影響した。人民元安観測を受け、外貨建て債務の圧縮が進んだとみられる。

また、証券投資、特に債券投資の弱含みも注目される。国際金融協会（ＩＩＦ）のデータによれば、２０１０年１月〜２０１２年12月の２年間で新興国への債券投資は累計で約７１７０億ドルの流入超となった。このうちラテンアメリカが約３５８０億ドル、アジア新興国が約２３５０億ドル、欧州新興

図表5-3　海外投資家による新興国への債券投資（月次：2010/1～2016/10）

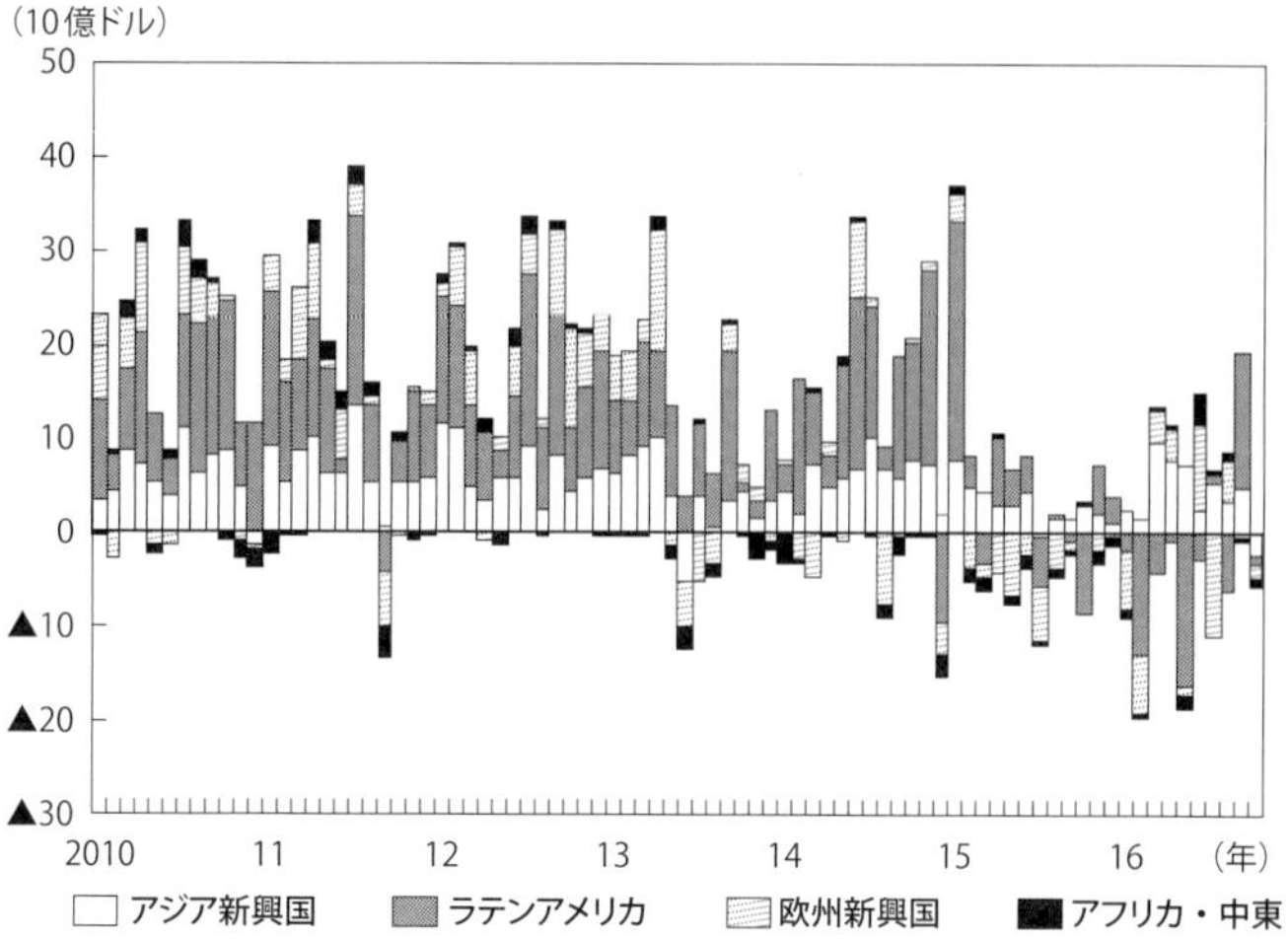

（注）9月、10月は概算値、データは今後修正される可能性がある
（出所）IIF資料よりみずほ証券作成

国が約１１４０億ドルの流入超となっている。バーナンキショックが起こった２０１３年は新興国全体で約１４９０億ドルの流入超に大きく鈍化、米国の利上げ観測が浮上した２０１５年は約３４０億ドルの流入にとどまった。為替先物等、デリバティブを用いたヘッジ売りと合わせて新興国通貨の下落圧力になった可能性がある。

リーマンショック以降、アジアの債券市場が急拡大

前述のように新興国を巡るマネーフローをみるうえで、債券投資の与える影響が大きくなっている。これは、リーマンショック以降、新興国債券市場がアジアを中心に急拡大したことがあるだろう。アジアの現地通貨建て債券市場の規模をみると、中国は２００８年末から２０１６年３月末の間

に債券残高が約2・9倍の6兆5000億ドル、マレーシアが約1・8倍の2900億ドル、タイが約2・1倍の2900億ドル、インドネシアが約2・1倍の1400億ドル等となっている。日本は約2・6％増加の9兆8000億ドルにとどまったのとは対照的だ。

債券市場の拡大の要因として、①中国が4兆元の景気刺激策のために国債や不動産・建設、インフラ向けに社債を大量に発行した、②原油や鉄鉱石等の資源開発投資のため、新興国の資源関連企業の債券発行が増加した、③アジアを中心に製造業やサービス業の債券発行が増加した、等により債券発行残高が大きく増加したことが挙げられる。

海外投資家の債券保有の増加で為替市場への影響が拡大

これらの債券のうち、中国については国債や国営企業が発行した債券は中国国内の金融機関が大半を保有しており、海外投資家の影響は限られる。一方、マレーシアやインドネシアでは現地通貨建て国債に占める海外投資家の保有比率がリーマンショック前には2割程度だったが、足元は3分の1以上の保有となっている。アジア以外でもメキシコや南アフリカ、ポーランド等が同様に全体の3分の1以上、ブラジルが一時2割程度を海外投資家が保有し、影響が大きくなっている。

海外投資家の国債保有の増加については、米シティグループが作成する世界国債インデックス（WGBI）に新興国の一部が採用され、海外投資家の債券ポートフォリオに組み入れる動きが進んだことや、先進国の低金利環境により、投資信託やヘッジファンド等の資金が流入したことが寄与している。バーナンキショック時や2015年の米利上げ時には債券投資は鈍化したものの、2016年に入

図表5-4　新興国の10年国債利回りと実質金利

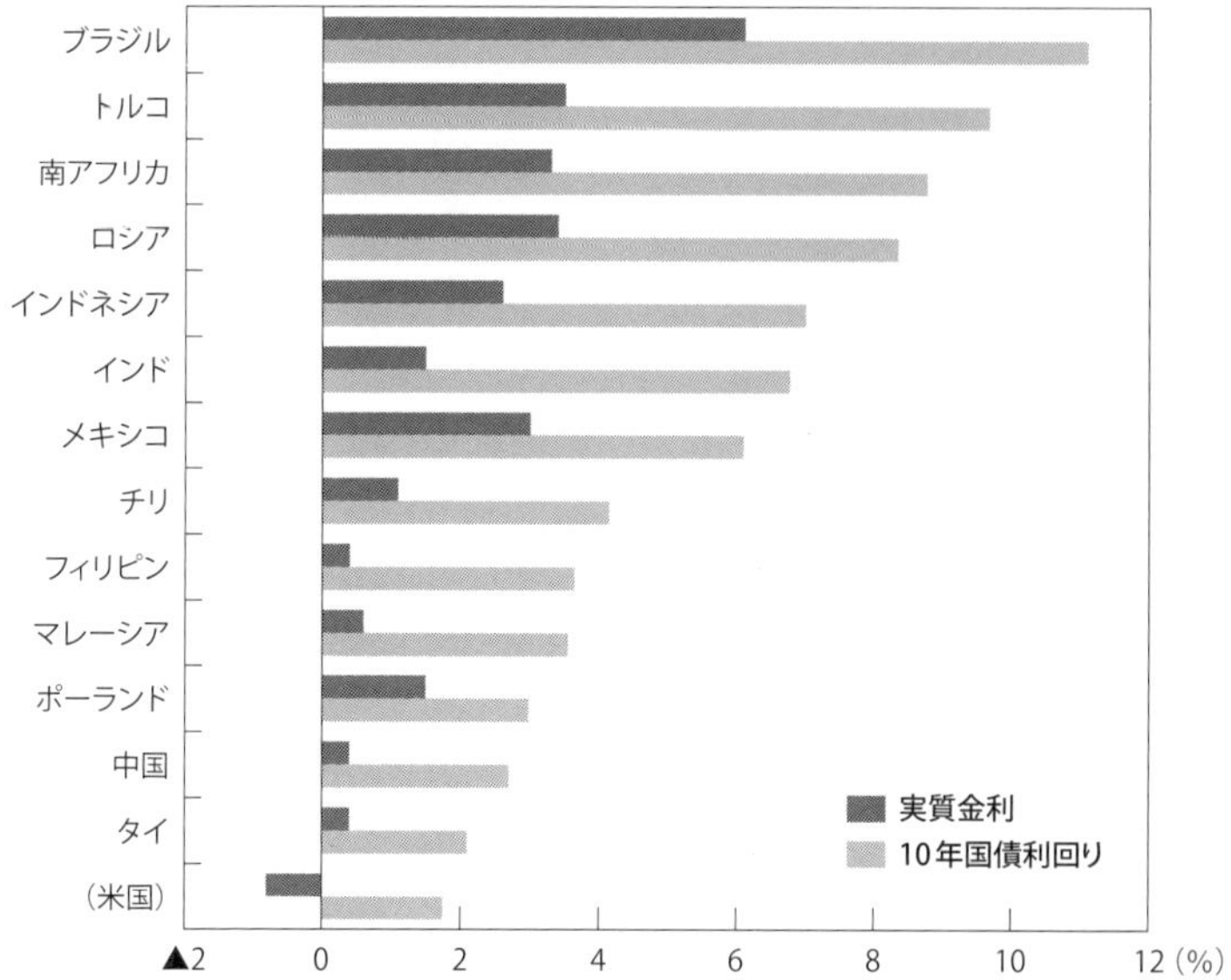

（注）実質金利＝10年国債利回り－17年末消費者物価前年比（IMF予想）、2016/10/25時点
（出所）IMF・WEO（16年10月）、ブルームバーグのデータよりみずほ証券作成

るとアジアへの債券投資が堅調となっている。インドネシア、マレーシア等、ＡＳＥＡＮへの投資が底堅くなっており、現地通貨建て国債に対する海外投資家の人気が根強いことがうかがえる。ラテンアメリカについては売り越しが続いていたが９月に大きく買い越す場面があった。ブラジルにおいて政治的な混乱の収束や景気回復期待が今後も下支えしよう。他方、新興国の実質金利（10年国債利回り－消費者物価）をみると、ブラジルが６％程度、インド、インドネシアが２％程度と高めとなっている。米国のトランプ政権の政策スタンスを巡る不透明感が和らぎ、米金利の上昇にいったん歯止めがかかれば、新興国の成長期待や内外金利

差の獲得を目指して債券投資が再び増加するものとみられる。

堅調なアジア新興国株式市場、海外投資家の買い越しがけん引

新興国株式市場はＡＳＥＡＮ主要国やインドを中心にリーマンショック以降、２０１５年初めまで堅調に推移し、フィリピンやインドネシア、インドは史上最高値を更新した。２０１５年は米利上げ観測により全般的に軟調に推移したものの、２０１６年以降はこうしたアジア主要国を中心に再び上昇している。背景としては、まず、海外投資家の新興国への株式投資が２０１０年１月から２０１６年10月累計で約４５５０億ドル買い越したことがある。地域別ではアジアが約３０６０億ドル、ラテンアメリカが約１１５０億ドル等となっている。アジアについてはインドの約１００４億ドル、韓国の約５４０億ドル、台湾の約４５６億ドルの買い越しがけん引した。中国は２０１４年１月〜２０１６年９月の累計で約４９８億ドルの買い越しとなった。ＡＳＥＡＮはインドネシアが約99億ドル、フィリピンは約28億ドルの買い越し、タイは約33億ドルの売り越しとなった。海外投資家の売買動向とアジアの株価指数に連動性がみられ、国内個人投資家と合わせて海外投資家が、相場に影響を与えていることがうかがえる。

アジア新興国株式市場は中期的に成長余地が大きい

中期的にみると、アジアの株式市場は拡大が続いており、アジアの株価時価総額は２０１６年９月末時点で約22・９兆ドルと、リーマンショック前の２００７年12月末の約17・８兆ドルから約29％増

図表5-5　新興国の株価推移（日次：2011/1/3〜2016/11/4）

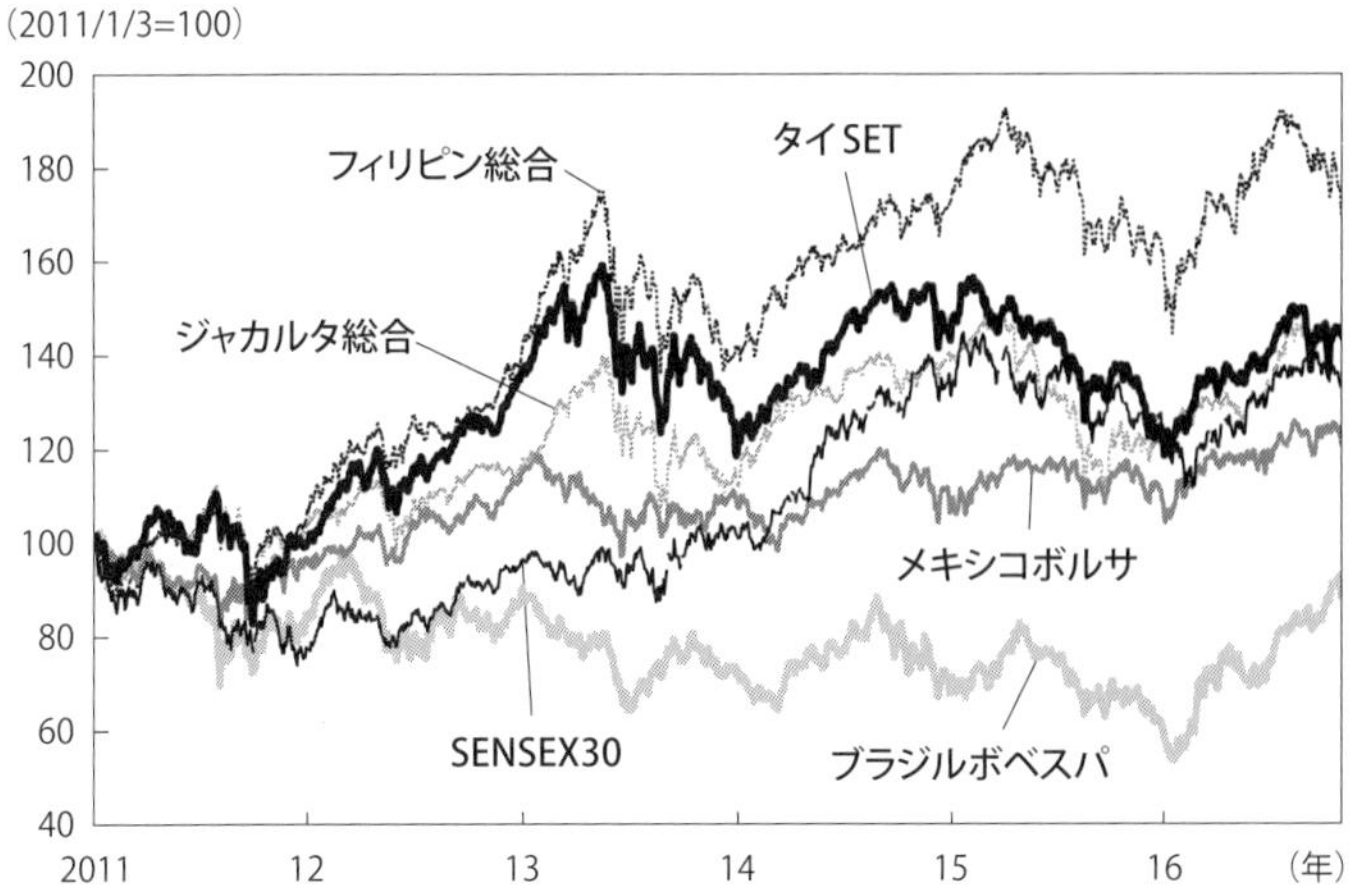

（注）2011/1/3＝100として指数化
（出所）ブルームバーグのデータよりみずほ証券作成

加した（世界証券取引所連盟データ、日本・オセアニア含む）。世界の時価総額は69・1兆ドルと同時期に約14％増加しており、アジアが全体をけん引した。国別にみると、中国（上海・深セン合計）が約7・3兆ドルとアジア最大であり、同62％増加した。日本は5・0兆ドルと同10％の増加、インドが1・6兆ドルと同▲2％となった。ASEAN主要国は0・3兆〜0・4兆ドルと時価総額は小さいが伸び率はフィリピンが同160％、タイが同115％、インドネシアが同107％と高くなった。

中国はリーマンショック以降の大型景気対策で景気が回復し、国営企業や金融機関を中心にエクイティファイナンスが増加したこと、ASEAN主要国では好調な景気拡大を受けて株価の上昇が寄与したとみられる。

株価の割高・割安を判断する指標として

図表5-6　主要国の株価時価総額GDP比

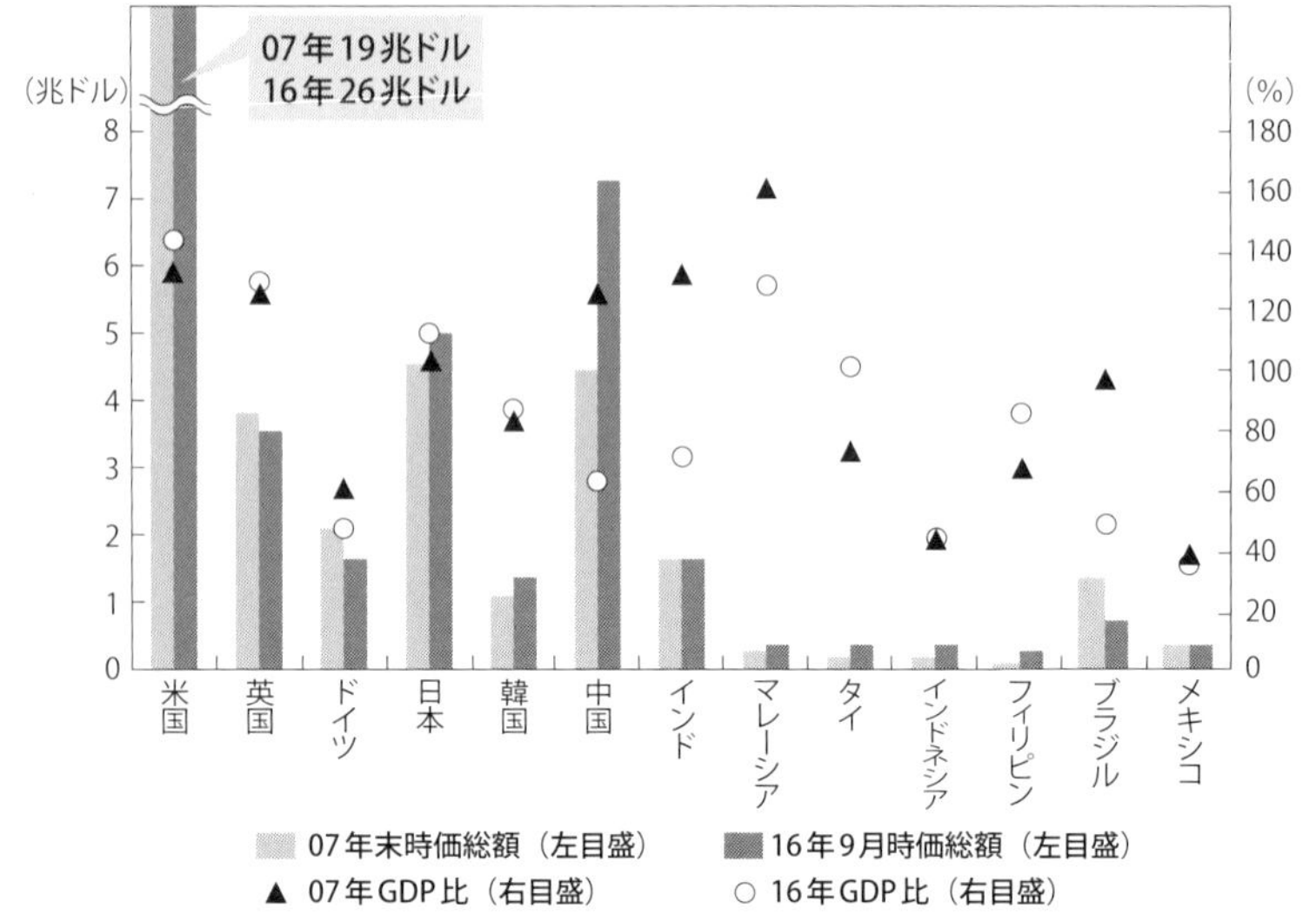

（注）米国はNYSE、ナスダック合計、中国は上海、深セン合計、インドはNSE。米国は2007年末19兆ドル、2016年9月末26兆ドルと左目盛を上回る

（出所）世界取引所連盟、IMFデータよりみずほ証券作成

ＰＥＲ（株価収益率）やＰＢＲ（株価純資産倍率）と並んで株価時価総額ＧＤＰ比も参考になる。まず、２０１６年９月時点の先進国の株価時価総額ＧＤＰ比をみると、米国が１４３％とリーマンショック前で株価が堅調だった２００７年末の同１３６％を超えた。英国（１３０％）や日本（１１４％）も同様に２００７年末の株価時価総額ＧＤＰ比率を上回った。一方、新興国の２０１６年９月時点の株価時価総額ＧＤＰ比は中国（64%）、インド（71%）、ブラジル（49%）は07年末に比べて大きく比率が低下、過熱感が払しょくされた。インドネシア（47%）は引き続き低水準であり割安感がある。フィリピン（86%）やタイ（１０３％）は高めだが、中期的な経済や企業の成長性に

注目したい。

今後のアジア株式市場はＡＳＥＡＮやインドを中心に成長余地が大きいとみている。中間所得層の増加による耐久消費財販売、都市化による住宅やインフラ投資が経済成長をけん引しよう。こうした成長を取り込むとみられる現地の財閥系企業や金融、消費関連セクターに投資妙味があるとみている。

②ファンダメンタルズに基づいた有望な投資国を探すには

為替市場や相場を理解するうえで、政治や経済の動向を押さえておこう

近年では２０１１年に新興国・資源国通貨の下落圧力が強まった。その際に特徴的だったのは１９９０年代後半や２００８年のリーマンショック時等の通貨危機時にも見られなかった資金流出が生じたことだ。これは、リーマンショック以降にアジア地域をはじめ海外投資家による新興国への債券投資が増加したことで、海外投資家のマネーフローに及ぼす影響が大きくなった点が挙げられる。さらに、中期的な成長余地の大きさを見込んで新興国の株式市場へも資金流入の拡大が見られている。

そこで、以下は海外への証券投資を考えるうえで、普段、目にすることが少ないドル円以外の為替相場を理解するにあたり、何が必要となるのかを説明していく。

為替市場の分析を行うにあたり、市場の理解は欠かせない。その際に押さえておく重要なポイント

は、各国の政治情勢や経済動向、金融政策や社会制度といった基礎的な条件（ファンダメンタルズ）だ。

何よりもまず、その国の通貨制度がどのようなものであるかを知る必要がある。１９７０年代以降、ドルや円といった主要国の通貨は順次、固定為替相場制から変動為替相場制に移行しているが、新興国では依然として管理的な通貨制度を採用している国は多い。自国通貨をドルや主要国の通貨バスケット等に連動させるペッグ制を採用している国は減ったが、それでも中国のように管理変動相場制（管理フロート制）を採っている国であったり、変動為替相場制でも市場介入を実施している国は多い。

また、非居住者による為替や証券取引等、資本の流出入を制限する資本規制が残っている国もある。主要国では基本的にそうした規制はほぼなくなっているが、新興国では自国通貨の海外流通を制限している国も多い。平時では為替相場の形成にさほど大きな影響を及ぼさなくとも、非常時には取引の制約となるため、相場が大きく変動した時にどういった規制や介入を行ってきたかを知っておく必要があろう。

次に、その国の政治体制がどれだけ安定しているか（政権の安定度）といった点も重要である。大統領や首相の権限が際立って大きく、強権的な政治手法が国民の反発を招くケースや、さまざまな政治勢力の衝突が頻発するようだと、政治面に加え、経済的にも不安定化する国は多い。また、国際政治の動向も経済に大きな影響を及ぼす。少なくとも投資家が証券投資を考えるに際して最低限必要となるのは、経済発展するために有効な経済政策がとられ、海外からの資金流入につながるかどうかという点だ。

これらの点をふまえたうえで、どの国が今後どれだけ成長するかを見極めることになる。かつて

「ＢＲＩＣｓ（ブラジル、ロシア、インド、中国の総称）」と呼ばれた国々は、成長余力の大きい有望な新興国として注目された。しかし、２００８年秋のリーマンショックや２０１０年以降の欧州債務危機等を経て、ブラジルやロシアの経済成長は失速。中国もかつての輝きを失うなか、インドが唯一気を吐き、勝ち組とも言える状況にある。

では、何故インドが高成長を維持することに成功しているのだろう。政策とは直接関係ないが、その答えの１つに人口の増加がある。労働は土地や資本と並んで生産活動の本源的な要素の１つとされ、成長の源泉でもある。今後の労働人口の増加が見込まれる国ほど、成長の余地があると考えられている。その意味では、ある程度の人口を有し、今後も人口増加が見込まれる国ほど成長余力（ポテンシャル）があり、投資する価値があると言えるだろう。

ＢＲＩＣｓに代表されるこれら新興国は、これまでは高い成長を実現し、高金利で株価も上昇する良好な投資環境にあった。そのため、海外からの高水準の投資資金が流入し景気が押し上げられ、その通貨も上昇するといった好循環にあった。しかし、資源需要の減退等を背景に石油や鉄鉱石といった国際商品価格がピーク時から大幅に下落したことで、貿易取引等を介した経済の好循環とともにグローバル金融市場を行き交う資金の流れにも翳《かげ》りがみられる。従来と同様の尺度では世界経済や新興国の動向を捉えきれない局面に入っており、そうしたなかで投資選別を行うにあたり、経済の基本的な体力を見極めることが一段と重要になってきていると考えられる。

グローバル投資の際に注目すべき経済指標は何か?

グローバルな投資を行うに際して注目すべき基本的な経済指標としては、経済成長率やインフレ率、経常収支が挙げられる。

経済成長率をみるうえで最も重要な指標は実質GDP成長率。国内総生産(GDP)は一定期間に国内で生産された財・サービスの付加価値の合計額を表す。分かりやすく言えば四半期や1年といった一定期間にどれだけのお金を稼いだかということであり、その国の経済力を表すものさしと言える。物価の上昇・下落による影響を取り除いたものが実質GDPとなる。実質GDP成長率の予測では、国際通貨基金(IMF)の「世界経済見通し(World Economic Outlook)」は幅広い国・地域にわたり、かつ長期間の予測を発表している資料として参考になる。

なお、インフレ率も高いのであれば、その国への運用リターンの価値は低下する可能性がある点には注意が必要だ。インフレ率は景気を映す経済の体温計とも言われており、モノが売れて景気が良くなるという点はインフレのメリットと言える。好況期の高いインフレ率は経済が過熱している可能性が高い。すなわち、消費者等の支出がモノの生産を上回っており、同時に通貨の供給量が金融取引も含め必要な通貨の量を上回る状態となる結果、通貨の価値は下落する(購買力は低下する)ことになる。特に高インフレが続いている国では、ある程度賃金(名目の給料)が上昇しても、インフレ率を差し引いた国民の実質的な所得は目減りしてしまい、暮らし向きはむしろ悪化する。先の成長率との関係にあてはめると、名目の成長率が高くともインフレ率が高ければ、実質的な成長率は低くなってしまう。高インフレに対応するため金融当局が政策金利を引き上げれば企業の資金調達コストも高くなり、設備投資の抑制につながる等、成長率の低迷につながるケースも想定される。

成長率やインフレ率との関係から、その国の金融政策の動向は投資を行う際に最も注目度の高い要素のひとつとなる。高成長の国はインフレ率も自然と高くなる傾向があり、中央銀行はインフレ抑制の観点から金融引き締めに動くケースが多くなる。この場合、金利先高観測の高まりが通貨価値の上昇に寄与する。最近では、新興国においてもインフレターゲット制（物価上昇率について一定の範囲の目標を定め、それに収まるように金融政策を行うこと）を導入する国が増えており、その目標水準や金利操作の対象とする政策金利の種類、金融政策決定会合の期日を押さえておくことで、事前に通貨価値の変動に備えることが可能となる。

ただ、金融引き締めは需要を抑制する要因でもあるため、将来的には景気が減速に向かう可能性も高くなる点には注意が必要である。いくら高金利といっても高インフレの結果、大幅な金利上昇を招いている場合には、通貨価値の上昇にはつながらない可能性がある。このような場合に有効な尺度が実質金利。実質金利は名目金利から消費者物価指数の前年同月比等の物価上昇率を差し引いたものであり、正味の金利水準を意味している。名目金利が高くとも、インフレの上昇を制御できていない国は結果的に実質金利も低くなるケースが出てくる。逆に実質金利が相対的に高い国は、名目金利を引き上げること等によりインフレの抑制に前向きな姿勢を取っていると考えられるため、金利面からみた場合は通貨価値の上昇余地も大きいと見ることができる。

2国間の為替取引に直接的につながる要素としては、国際収支における経常収支の動向が重要だ。経常収支は財（モノ）やサービスの取引を表す貿易・サービス収支や、賃金や利子等の受け払いを表す第1次所得収支、対価をともなわない贈与や食料・医薬品等の無償援助、野球やサッカー選手のように海外で働く人々の本国への送金や海外に留学している子どもへの送金等の第2次所得収支から構成されている。すなわち、実需にともなう外為取引（貿易・サービス収支等）とともに、その国が海外から受け取る所得から海外への支払いを差し引いた純所得ともいうべきものから成っており、その国の対外的な経済力（稼ぐ力）を表していると言える。

経常収支の黒字が続いている国は、対外債権国として外貨準備が増加し外的な変化に対するバッファー（緩衝材）を有することになる。反対に経常収支が赤字の国は、赤字をファイナンスするため外的借り入れをして国内の貯蓄不足を補う必要がある。しかし、そのファイナンスが①新興経済国の成長に着目した長期的な性質を有する直接投資で賄われているのか、②金融市場の動向に左右されやすい短期性資金の証券投資によって賄われているのかで通貨の安定度が変わってくる。金融情勢の変化がもたらすリスクという観点では②よりも①の方が安定度が高いことが分かるだろう。

購買力平価を使って為替レートの割高・割安が判断できる

外貨建て資産に投資する際に、その国のファンダメンタルズを押さえたら、次は為替レートの決まり方と現状の為替レートが割高か割安かを判断する尺度について知っておくと何かと有利になるケースが多い。とはいえ、為替相場の妥当な水準（フェアバリュー）を推定するのは容易ではない。為替相場の決定理論についてはさまざまなものが考えられてきたが、どれも一長一短があり、決定打と言えるものはない。それは企業収益の動向を反映する株価や、景気やインフレ動向を反映する債券利回りに比べて、為替相場が非常に幅広い多種多様な要素によって動いているからである。しかしそれらをすべて同時に考慮すると複雑になってしまうので、ある程度単純化して考えようとする場合には2国間の通貨価値の違いや資金移動をもたらす最も基本的な要素を押さえておくことが肝要となる。

購買力平価は古典派理論と呼ばれることがある。1970年代以前の固定為替相場制の時代に唱えられたことを背景としているからだが、一定期間の為替の需給を国際収支等の取引高（フロー）から捉えようとする方法だ。これはフロー・アプローチと呼ばれ、代表的なものが購買力平価説、国際収支説、為替心理説とされている。フローとは流れのことであり、ある一定期間に動いた所得や給料等のお金を指す。為替レートは、①モノやサービスの貿易動向を示す経常収支、②資本の流出入の動向である金融収支、③政府や中央銀行による公的介入の3つの取引によって生じる為替フローの需給で決定されるとする考え方をいう。

購買力平価についてみてみよう。購買力平価は、2国間の通貨の交換比率（＝為替レート）はそれぞれの購買力の比率によって決定されるとの考え方であり、長期的な為替相場の決定理論であるとされている。考え方は極めて単純だ。例えば、日本と米国である商品の価格が米国では2倍に、日本では変わらなかったとすると、1米ドルで購入できる数量（購買力）は米国では半分になってしまう。しかし、為替レートが変わらなければドルを円に換えることで以前と同じ数量の商品が購入できることになるため、ドルを売って円を買う動きが起きる。そして、ドル円相場が半分になればドルと円の購買力はつり合うことになる。

つまり、購買力平価とはインフレ率の高い国は購買力が低下した分だけ為替相場も減価するはずだ

図表5-7　ドル円相場と購買力平価の推移（四半期：1973/3〜2016/11）

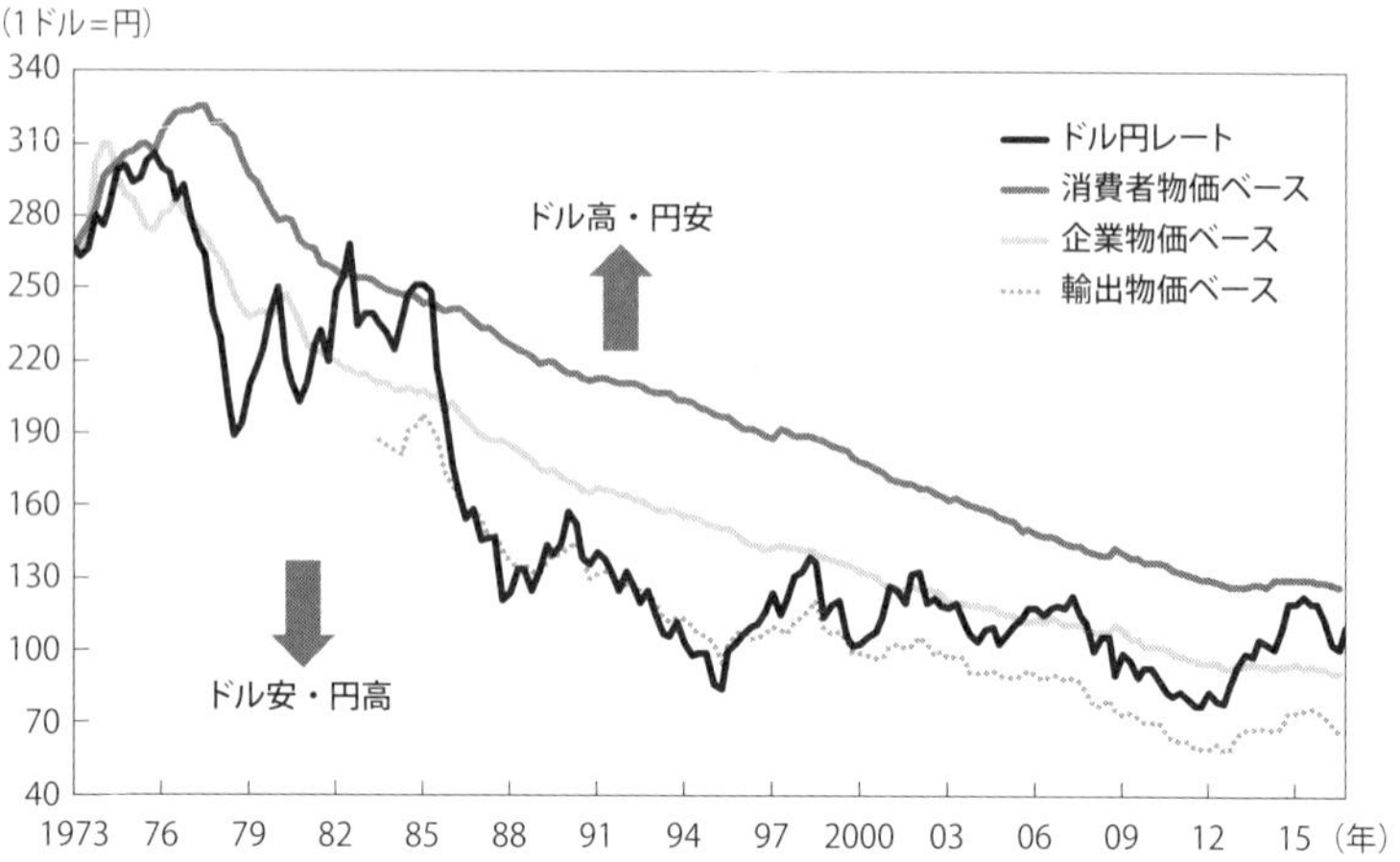

（注1）CPIとPPIベースは1973/3、輸出物価は1990/9を基準として計算
（注2）PPIは米国が生産者物価、日本は企業物価（CGPI）
（注3）数値は四半期末ベース、直近値は2016/9まで、実績値は2016/11/17時点まで
（出所）米労働省、日銀、総務省、ブルームバーグのデータ等よりみずほ証券作成

という考え方と言える。非常に納得できる考え方だが、2国間の貿易取引が自由に行える状況で成立する議論であり、しかも取引できる貿易財のみに当てはまるものである。例えば、床屋やエステといったサービス業には当てはまらない。なぜなら、そのためにわざわざ米国から日本に行く人は少ないからだ。

よって、実際には為替相場が購買力平価通りに動くことはまずない。ただ、長い目で見ると一定の方向感を示しているため、長期的な判断尺度としては有効となることがある。このため、大きなトレンドをみたり、その時点の為替相場がどれだけ割高か割安かを判断するうえで一定の有効な指標であると言えよう。

図表5-8　FRBのドルインデックス（月次：1997/1～2016/10）

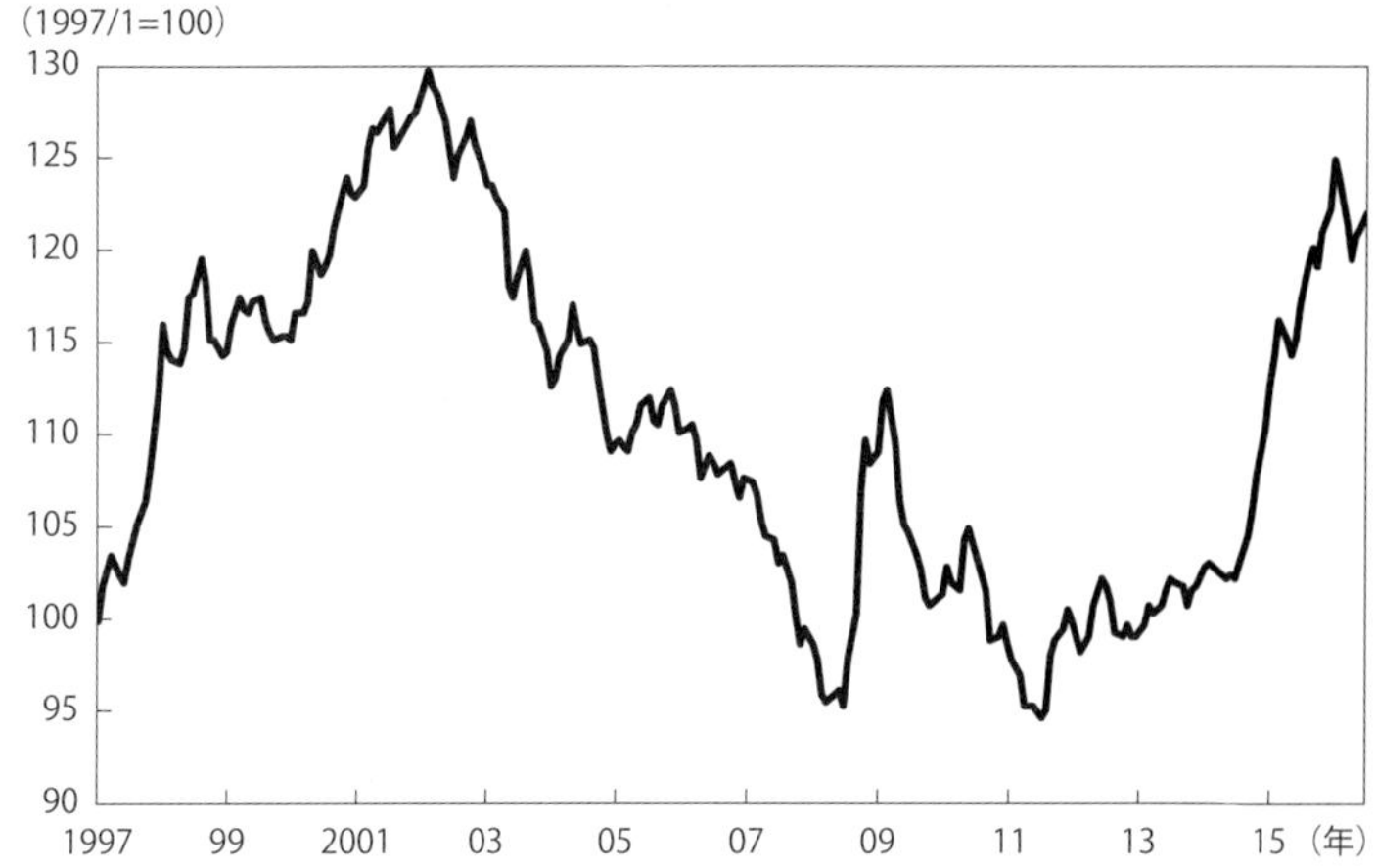

（注）ドルインデックスは広域通貨
（出所）ブルームバーグのデータよりみずほ証券作成

国際収支の変動に基づき為替相場の変動を説明する方法も

それでも、為替レートを決定づける要素として経常収支の動向は重要だ。その際、実効為替レートにも注目したい。通常、私たちは対ドルレート等の２国間の為替レートに目が行きがちだが、その国の為替相場の本当の実力はそれだけでは分からない。実効為替レートは貿易取引のある国それぞれとの間の為替レートを、各国との貿易ウエイトにより加重平均したものであり、２国間の為替レートだけでは分からないその国の通貨の対外競争力の強さを単一の指標で捉えようとする指標となる。インフレ率に差があると価値が一定にならないので、それぞれの国のインフレ率格差も調整したものが実質実効為替レートである。実効レートは各国の中央銀行が発表しており、米国では米連邦準備理事会（ＦＲＢ）がドルインデックスとして主要な貿易

図表5-9　ICEのドルインデックス（月次：1997/1〜2016/10）

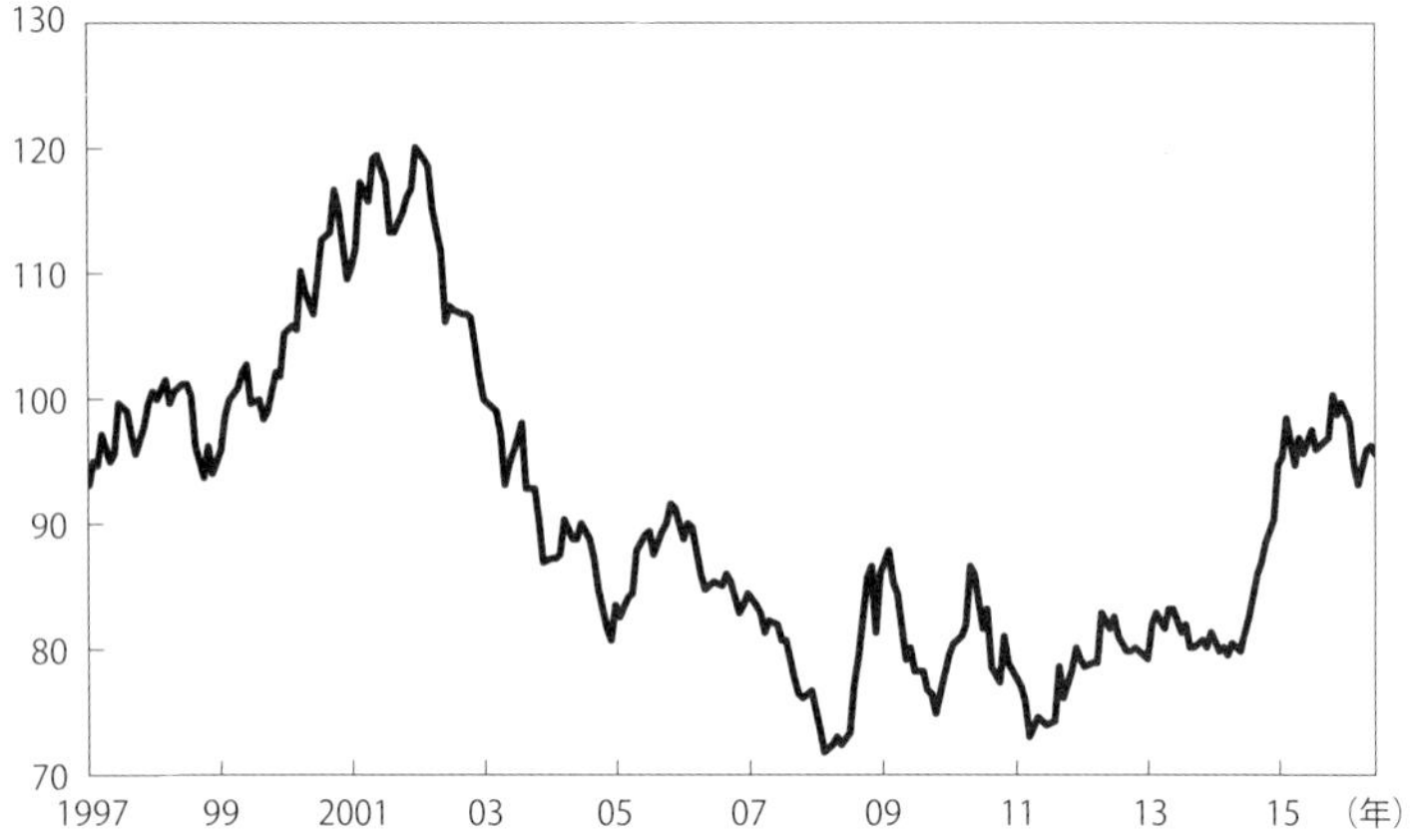

（出所）ブルームバーグのデータよりみずほ証券作成

相手国との貿易ウエイトを加味した指数を発表している（主要通貨と新興国を含む指数、2つを合算した広域通貨の3種類がある）。また、米国のインターコンチネンタル取引所（ICE）が発表しているドルインデックスは、ユーロ、円、英ポンド、加ドル、スウェーデン・クローネ、スイス・フランの6通貨を対象にウエイトを固定した実効レートであり、先物市場でリアルタイムに取引される等、市場性があるのが特徴だ。いずれもホームページで確認でき、ドルの今現在の実力をみるうえでも注目度が高い。

金利差が為替相場を動かす重要な要素に

為替相場の水準は需給で決まるとする古典派理論が財やサービスといった貿易を需給の中心に置いていたのに対して、変動相場制の為替市場を背景とする近代派理論はストック・アプローチと呼ばれる。購買力平価がフローをベースにした理論であるのに対して、ストック・アプローチはある一時点の金融資産（アセット）の残高（ストック）をベースに為替の需給を捉えようとする理論。変動相場制への移行等、国際的な資本移動が自由化された世界においては、国を越えた投資資金の流れが際立って大きくなっており、これを捉えなければ為替相場の動きを見極めることはできない。その際、金融市場でどの資産がどのように選択されるかといった相場の決定要因となるのは金利差や期待収益率である。グローバルに資金が動く現代の世の中では、投資資金は少しでも金利の高い方に向かう。

このため、金利の上昇が予想される通貨は上昇することが見込まれ、金利低下が予想される通貨は下落することになる。当然ながら為替相場は今後の金利見通しを反映するはずだが、実際には足元で実現している金利差そのものが相場に影響することが多いのも事実であり、金利差と為替相場の動きは相関が大きい場合が多く見受けられる。

したがって、市場ではその国の金融政策の行方が最も注目されやすい。政策金利の引き上げ・引き下げ（利上げや利下げ）といったニュースは為替相場に与えるインパクトも大きく、金融政策の違いは為替相場の方向性を決定付けることもある。政策金利の動向を最もよく反映するのは比較的短い年限の国債利回りであるとされていることから、金利差を見るうえで2年物等の金利差を見る場合が多い。もっとも、最近では日本や欧州金融当局による量的緩和政策等を背景に金利低下余地が乏しくなっていることもあり、10年物等、より長期の国債利回りで金利差を見る場合も多くなっている。

モノの輸出入代金の受払い等に代表される経常取引に比べ、証券投資等の国際的な資本取引は通信手段が発達し世界中を情報が駆け巡る現在の世の中では瞬時に取引が成立するため、相場への反応速度も速く、短期間に需給の均衡が成立する。このため、今日のように国際的に金融市場の統合が進むなかにあっては、金融資産市場のストックの均衡をもたらすという短期の為替相場決定理論はストック面からアプローチすることが主流となっている。

市場心理は無視できない、幅広い情報に接していこう

ファンダメンタルズの要素は勿論重要だが、相場を動かすのはそれだけではない。先に為替心理説を説明する際に挙げたように、一国の経済に大きな影響を及ぼす政治家の発言や、2国間の財政政策や金融政策の組み合わせの変化が為替相場に影響することもあるし、地理的に密接なつながりのある国における政治的な事件、すなわち地政学的なリスク等によって動くことも多い。また、戦争や自然災害といった要素も資産を安全なところに移動しようとする動きから為替相場に影響を及ぼす。

さらに、日々の取引を行う際や投資のタイミングを計る際には、テクニカル的な分析手法が有用な場面が多いこともあろう。また、相場を動かすものは結局は需給であるという観点に立てば、大手機関投資家や年金、投機筋と呼ばれるヘッジファンド等、主要な投資家の動きに目を配ることも必要になる。

相場動向に影響を及ぼす材料にはさまざまなものがあり、日々の取引では幅広い情報に関心を持つことが重要。市場は日々発表される経済指標にとりわけ関心が高い。そのため、市場予想に対して結果が良かったか悪かったかに金融市場は反応する。その際、材料への反応の仕方にはマーケット独特のものもあり、慣れを要することも多い。例えば、毎月上旬に発表される米国の雇用統計は注目度の高

い経済指標だが、雇用統計の発表に向けて期待感からドルが買われていき、雇用統計をピークに発表後には調整からドル安に動くケース等が見受けられる。これなどは、いわゆる「噂で買って事実で売る（バイ・ザ・ルーモア／セル・ザ・ファクト）」を地で行くものであり、先に古典派理論で取り上げた為替心理説に近いと言える。

為替市場の動向を理解するには複眼的な思考が必要

市場の心理を読む際には、リスクへの反応という観点を特に意識しておくことが重要だろう。為替相場は2国間の通貨の交換レートだが、その国への投資意欲の強さをも表している。したがって、何らかの事象によって投資に関するリスクが生じた場合、リスクに敏感な資金はより安全な国の資産に逃避するという動きが出やすい。いわゆる〝リスクオン〟や〝リスクオフ〟といった言葉は、為替市場では常に意識される要素でもある。

その際、相場の動きは一方的なものになりやすく、リスクオンで最も買われやすいのは高金利の新興国・資源国通貨であり、リスクオフで最も買われやすいのは、低金利だが、安全資産とされる円やスイス・フランである場合が多い。例えば、一定期間の為替相場の騰落率を見たときに、円やスイス・フランが上位に来ている場合には、低金利にもかかわらずそうした通貨が市場で選択されていることを表しており、リスクオフに動いている可能性が高いと解釈できる。仮にそうしたリスクが後退するタイミングを見抜くことができれば、リスクオフで売られた場面は新興国・資源国通貨にとっては良い投資タイミングであると捉えることも可能だろう。

為替レートは2国間の通貨の交換レートであることから、あくまでも相対的な評価であるという点を忘れてはならない。例えば、ドルが対円で大幅に上昇し、ドル高・円安が進んだといっても、それはあくまでもドルと円との関係を示しているにすぎず、そのほかの通貨との関係も含めてみれば、それほど円安になっていないということはよくある。

為替取引は基軸通貨であるドルとの取引が中心となっており、ドル以外の通貨同士の取引については、いったんドルに交換することを通じて取引することになる（クロスレート）。このため、当該国の通貨が対ドルで下落したとしても、円の対ドルでの下落幅がそれを上回れば対円クロスレートでは上昇するというケースも出てくる。

また、ドルの動向と関係の深いコモディティ（商品）価格の動向も重要である。コモディティ価格はドル建て取引が多く、ドルの上昇・下落はコモディティの下落・上昇といった逆相関の関係となることが多い。ドルが上昇すれば、ドル建てコモディティ価格の他通貨建て商品に対する割高感から売られやすくなり、ドル下落時にはその逆に割安感から買われやすくなる。結果、ドルの上昇・下落を通じたコモディティ価格の変動が資源国・新興国通貨に大きな影響を与えることがある。

このように為替市場では、通貨間ペアの対ドル相場の動きの差やドルとコモディティ価格の動向をみる必要があり、その組み合わせは多数ある。為替市場の変動を理解するには複眼的な思考が必要であろう。

テクニカル的な手法も有効

テクニカル的な手法は為替市場においても株や債券といったほかの金融資産と変わらない。移動平均線や一目均衡表といった指標は為替市場でもよく使われる。株式市場のように時間が限定された取引ではなく、為替市場は世界中のどこかで取引されているため、始値、高値、安値、終値の4本値を使用したローソク足を描く場合には、価格が飛ぶいわゆる「窓（ギャップ）」をあけることはめったにないことが特徴で、むしろテクニカル的な手法が通用しやすいと言える。

需給要因については、さまざまな投資家がそれぞれの思惑によって取引していることもあり、個人の投資家がそれぞれの動きを追っていくのは困難である。こうしたなかで、公式データとしては財務省が発表している「対外・対内証券投資の動向」が参考になる。これは、週間ベースで国内投資家による対外証券投資、海外投資家による対内証券投資の動きを集計したものであり、投資家の基調が円売りに傾いているのか、円買いに傾いているのかを知るうえで一定の参考材料になる。

投機筋のポジション動向として知られているのは、米国のシカゴ・マーカンタイル取引所（CME）の先物取引のポジションを示した「IMM通貨先物ポジション」であろう。この指標は金曜日の取引終了後に火曜日時点の数値が集計されてCFTCのホームページで公表され、対ドルでの主要通貨のポジションが分かる。

2000年代以降の新興国経済の発展と拡大にともなって、中国や中東産油国等の国々では外貨準備高が大きく増加しており、その運用は為替相場にも大きな影響を及ぼすようになっている。外貨準備は通常ドルやユーロといったハード・カレンシー（国際決済通貨）で保有されることが多いが、ドル

米ドル（USD）
（億ドル）
（1973/3=100）
ドル合成ポジション（左目盛）
ドル指数（右目盛）
USD LONG
USD SHORT
800
600
400
200
0
▲200
▲400
105
100
95
90
85
80
75
2014/1
14/7
15/1
15/7
16/1
16/7（年／月）

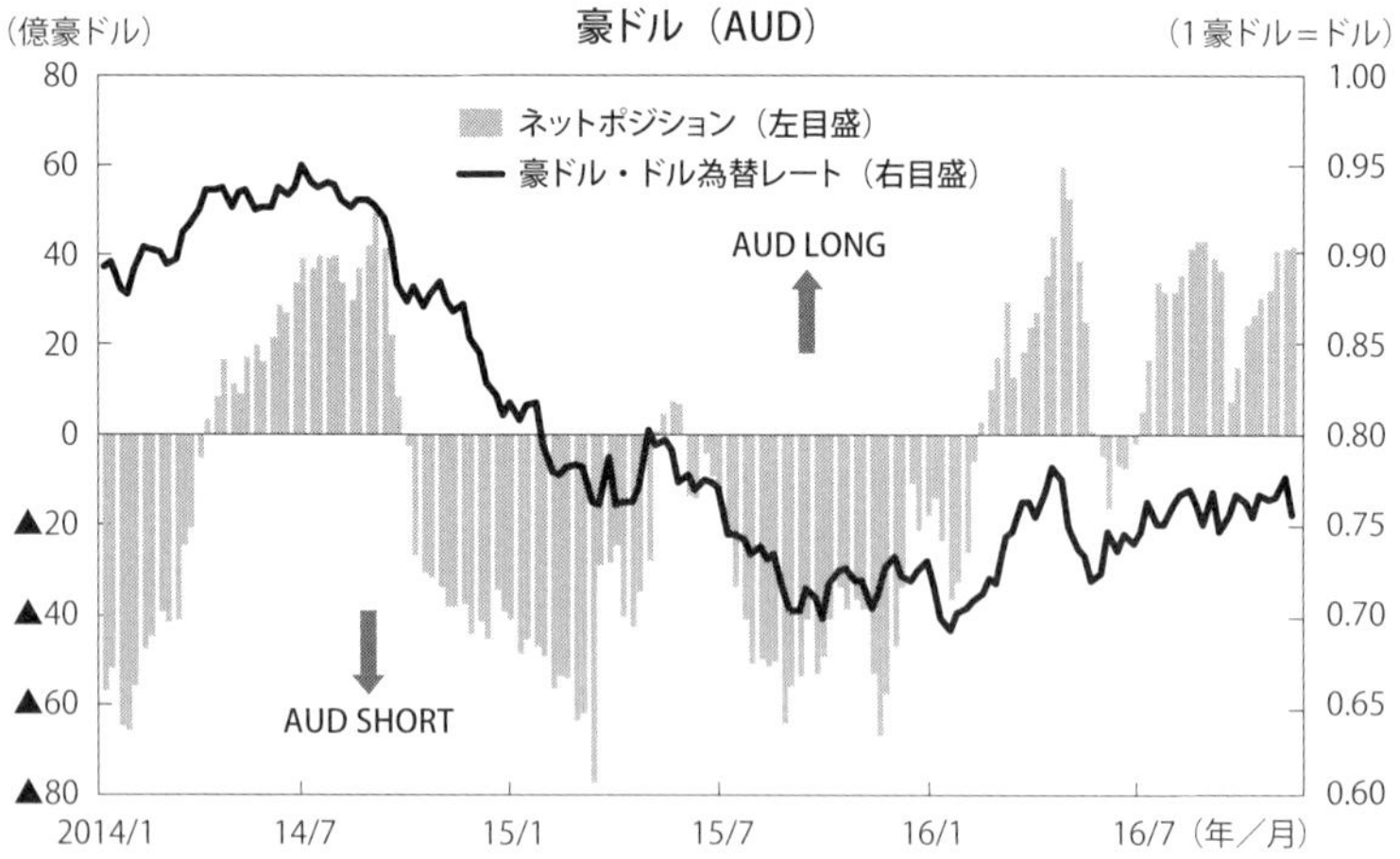
豪ドル（AUD）
（億豪ドル）
（1豪ドル＝ドル）
ネットポジション（左目盛）
豪ドル・ドル為替レート（右目盛）
AUD LONG
AUD SHORT
80
60
40
20
0
▲20
▲40
▲60
▲80
1.00
0.95
0.90
0.85
0.80
0.75
0.70
0.65
0.60
2014/1
14/7
15/1
15/7
16/1
16/7（年／月）

図表5-10　IMM通貨先物　非商業（投機筋）のポジション（週次：2014/1/7〜2016/11/15）

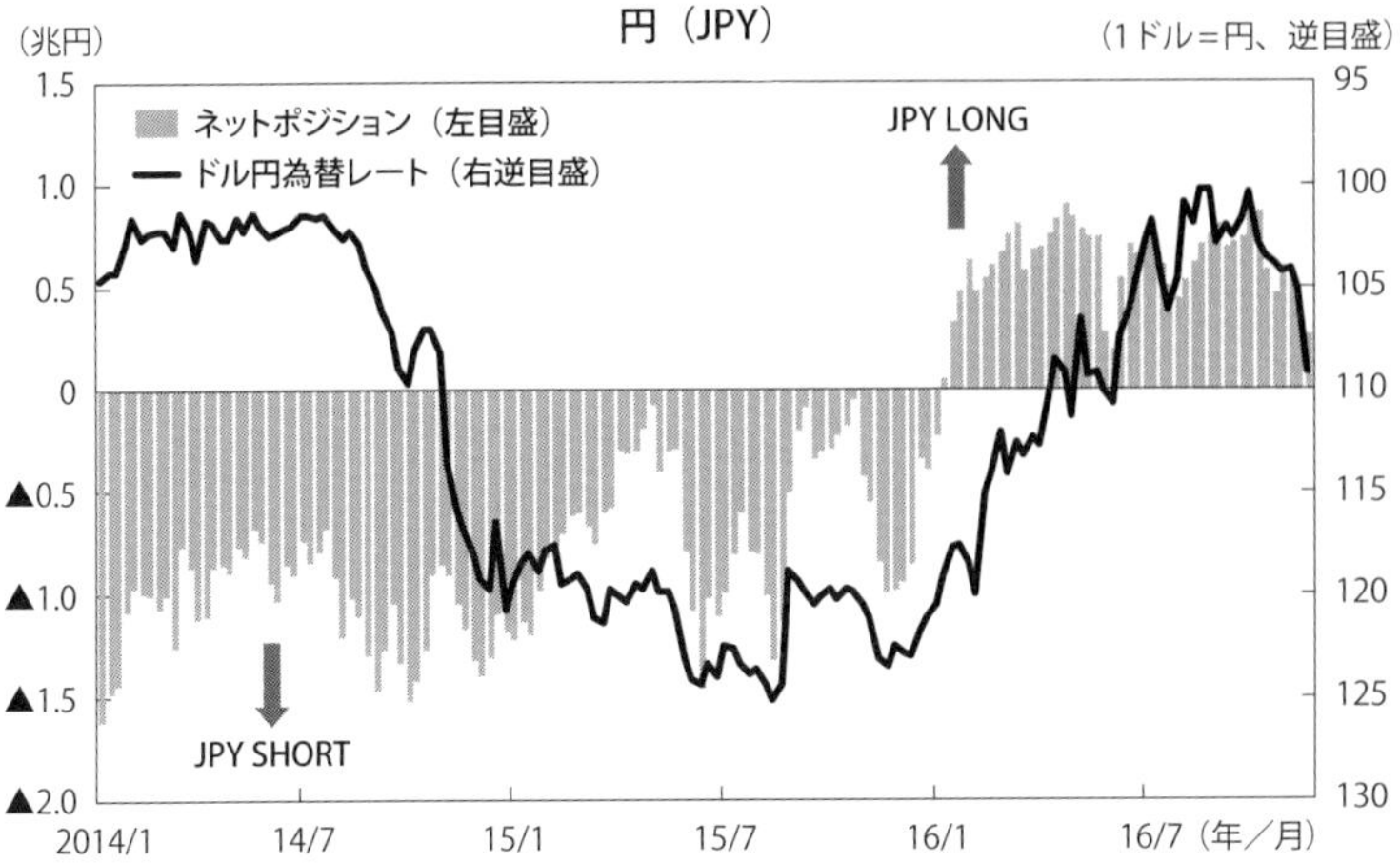

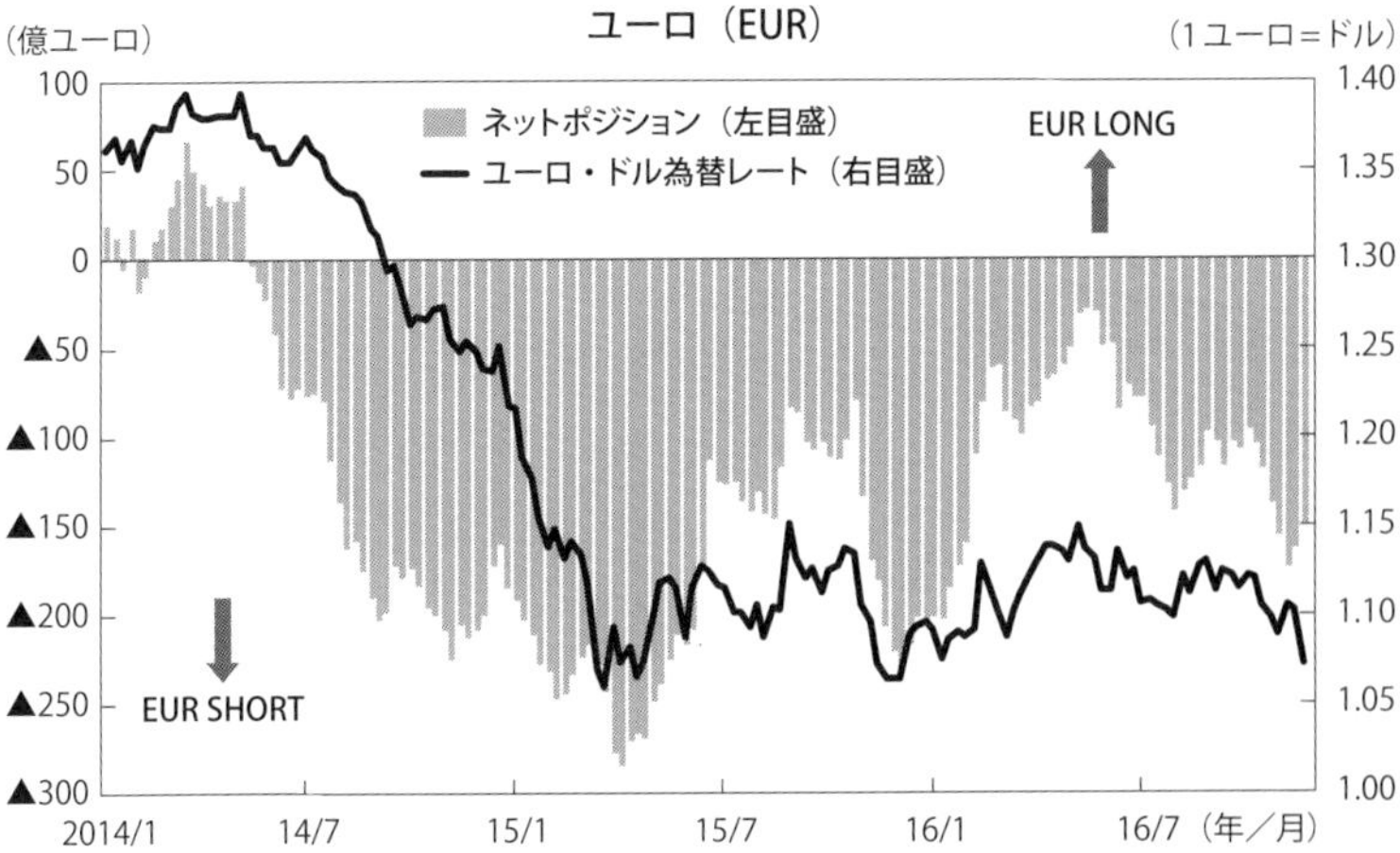

（注）枚数を契約金額により、当該通貨に換算。ドル指数は主要通貨に対するドルの価値を示し、米インターコンチネンタル取引所（ICE）にてリアルタイムで算出される。米ドルはユーロ、英ポンド、豪ドル、NZドル、スイス・フラン、カナダ・ドル、メキシコ・ペソ、円の差し引きから算出
（出所）米商品先物取引委員会（CFTC）、ブルームバーグのデータよりみずほ証券作成

図表5-11　世界の外貨準備額と通貨別比率（年次：1999〜2015）

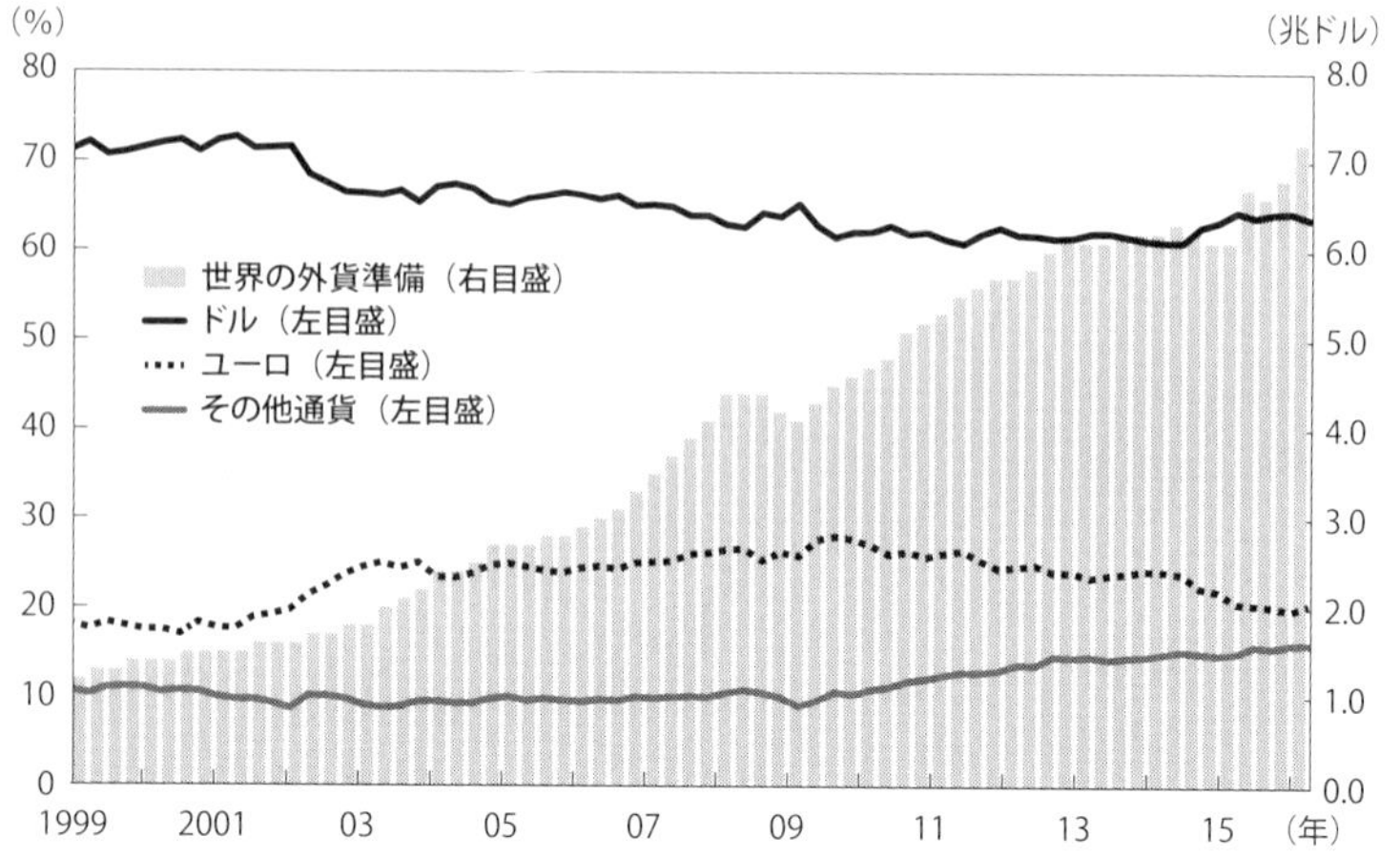

（注）外貨準備のその他通貨は、英ポンド、日本円、カナダ・ドル、豪ドル、スイス・フランをはじめとするドルとユーロ以外の通貨が含まれる
（出所）IMFのデータよりみずほ証券作成

の基軸通貨としてのパワーの減退や、欧州債務危機等を背景に、豪ドルやカナダ・ドルといった、それ以外の通貨に分散するケースが一時散見された。これらの動向も為替相場に与える影響が大きいため、注視しておく必要があろう。

通貨選択の際は投資期間やスタンス等が重要

通貨選択の際は投資期間や投資のスタンス、ポートフォリオが重要である点に触れたい。国際分散投資は数年単位を前提とした長期投資を前提に国や企業へ投資するというスタンスを基本に据えた方がよいだろう。このようなスタンスで通貨選択に臨む場合にはいくつかのポイントがある。

これから国際分散投資を行う場合、成長率格差が重要となる。世界中の中央銀行が積極的な金融緩和政策を採用している状況にあり、緩和政策が生み出す過剰流動性はより高い収益率を求めてより高成長な国に向かう可能性が高いためだ。先進国と新興国の間には大きな成長率格差があり、これが今後数年程度継続する見込みであることから、新興国への投資は効果的であると考えられる。

また、金利差やインフレ動向も重要である。高金利国の通貨はインフレ率が高いことが多く、インフレが投資リターンに与える影響を考慮する必要がある。債券等で名目金利（表面金利）が10％でインフレ率が４％ならインフレ調整後の実質リターン（実質金利）は６％だが、名目金利が５％でインフレ率が６％なら、インフレ調整後の実質リターン（実質金利）はマイナス１％になる。新興国の場合はインフレ率が成長率等を大きく上回る場合があり、注意が必要となる。いくら高成長、かつ高金利の国であっても、それを大きく上回って物価が上昇すると実質リターンは低成長、低金利となってしまう。そうした場合には、株式やインフレ連動債のように、インフレのマイナス効果を打ち消すことのできる資産が選択の対象となろう。

加えて、新興国は先進国に比較して政治的に不安定な国が多く、地政学リスクにも注意したい。近年は中国をはじめとするＢＲＩＣｓのように、伸長著しい新興国の台頭もあり、圧倒的な経済・政治力で欧米が主導してきた世界秩序の枠組みが不安定化しやすくなっている。投資マネーは政治的な混乱や、地政学リスクを敬遠する。安定的に政治権力を機能させるための政権基盤や、政府と軍との関わり、政府が指向する国家の方向性や世論の支持率、近隣諸国との関係等をしっかりと捉えておく必要がある。

政府が行う経済活動である財政政策が所定の目的を達成しているかどうかをみるうえで、財政収支もしっかり見る必要がある。財政収支は簡単にいえば国家としての収支で、黒字なら税収で歳出が賄われることになり、その国の財政は正常な状態とされる。赤字なら歳出が歳入を上回る状態を指す。ＧＤＰ等と比較して赤字の規模が極端に大きければ、歳入を賄うために発行した国債等の債務不履行（デフォルト）懸念が強まるため、国債の格下げ等を通じて通貨安になりやすい。先進国に比べ新興国は政府の財政基盤が弱いことから、リスク回避的な動きが強まると財政基盤の弱い国の通貨は売られる傾向が強まる。

貿易収支にも注目したい。輸出が輸入を上回れば貿易収支は黒字になり、モノを輸出して受け取った外貨を自国通貨に交換する動きを通じて、通貨高となりやすい。貿易収支は国の基幹産業や生活様式に密接に関係しており、この基幹産業や生活様式は一朝一夕に変わらないため、貿易収支を通じた通貨の売り・買いのフローは継続的に為替レートに影響を及ぼす傾向がある。

そのほかの注目点として、経済的に関係の深い国や地域を見る必要性にも触れておきたい。例えばメキシコはその貿易における輸入の約５割、輸出の約８割が米国との取引だ。地理的にも隣接していて人の行き来も多い。当然、景気動向をはじめ米国の影響は非常に大きい。同様に、トルコにとってのユーロ圏やアジア諸国にとっての日本や中国の影響もまた大きい。新興国の場合、その国の情報が不足している場合もあることから、地域において影響度の大きい国の動向も観察しておくといいだろう。

では、グローバル投資を実際に行う場合、各資産や通貨にどれだけ配分すればよいのか。例えば、

図表5-12　世界の通貨ペアの取引量とシェア（1日当たり）

通貨ペア	金額（億ドル）	割合（%）
ドル/ユーロ	1,173	23.0
ドル/円	902	17.7
ドル/英ポンド	470	9.2
ドル/豪ドル	266	5.2
ドル/カナダ・ドル	218	4.3
ドル/人民元	192	3.8
ドル/スイス・フラン	180	3.5
その他	1,687	33.2
全体	5,088	100.0

（注）2016年4月の1日当たり取引金額
（出所）BIS資料よりみずほ証券作成

我が国の年金積立金を管理・運用する年金積立金管理運用独立行政法人（ＧＰＩＦ）をみてみよう。ＧＰＩＦは、２０１４年10月の運用資産の資産構成割合（基本ポートフォリオ）の見直しにともない、円建て資産については国内債券35％（従来は60％）、国内株式25％（同12％）、外貨建て資産については外国債券15％（同11％）、外国株式25％（同12％）に分散して投資を行っている（２０１６年９月時点の構成割合は国内債券36・15％、国内株式21・59％、外国債券12・51％、外国株式21・00％、短期資産８・75％）。ＧＰＩＦのケースは自国通貨の円を保有したうえでのグローバル分散投資であるから、我々が外貨建て資産の投資を行う際にも参考となる。まずはＧＰＩＦの例にならって６割程度を国内資産、残りの４割程度を海外資産に振り分け、次に南北アメリカ、欧州とアフリカ、アジアとオセアニア等、経済関係の深い地域を組み合わせてみよう。

図表5−13　為替取引における通貨別シェア

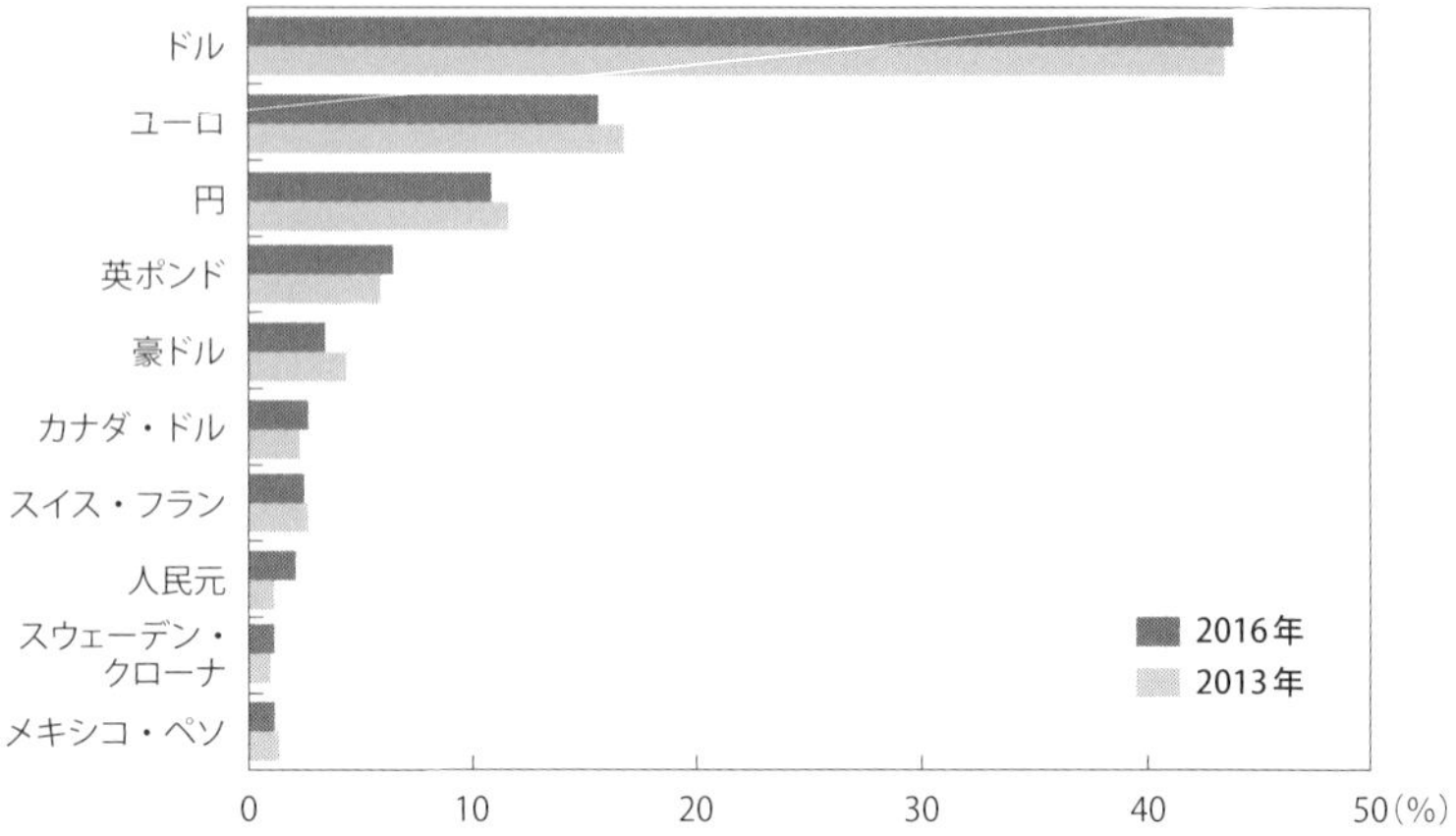

（出所）BISのデータよりみずほ証券作成

次に、通貨を選択する際には流動性も重要である。2016年4月時点の世界の通貨ペアごとの取引量のシェアを確認するとドル／ユーロが23・0％、ドル／円が17・7％、ドル／英ポンドが9・2％、ドル／豪ドルが5・2％となっている。外国為替取引における通貨別シェアはドルが44％、ユーロが16％、円が11％、英ポンドが6％、豪ドルが3・5％となっている。

一例として、ポートフォリオの4割程度を占める外貨建て資産のサンプルを作ってみると、通貨ペアでドル（ドル／円）やユーロ（ドル／ユーロ）を4割程度保有し、豪ドル（豪ドル／円やドル／豪ドル）等を組み合わせて合計5割程度とする。残り5割程度で新興国通貨を地域ごとに組み入れて、ポートフォリオを構築していく。例えば南北アメリカではメキシコ・ペソ、欧州・アフリカ地域ではロシア・ルーブル、アジア・オセアニア地域ではインド・ルピーやASEAN通貨等が考えられる。

グローバル投資の前に、ドル円の動向や日米の経済情勢を確認しておこう

これまで日本円で運用していた資金を外貨資金に変換して運用する場合、まずはドル円相場の動向に基づいて日米の金融政策や政治・経済動向を押さえておく必要がある。そこで、簡単に米国と日本の状況をまとめてみよう。

米国経済は２００８年のリーマンショックを乗り越え、現在の景気拡大局面が約7年間続いている。堅調な雇用・所得環境が消費の増加を支えるといった好循環は維持されており、米連邦準備理事会（ＦＲＢ）は２０１５年12月に２００６年6月以来となる利上げを実施し、２０１６年12月にも利上げを行った。米国の景気自体は成熟局面に差し掛かりつつあり、拡大局面は後半戦に入っていると考えられる。ただ、２０１６年の大統領選挙でトランプ氏が勝利し、同氏が掲げる財政拡張的な景気刺激策が実行されれば景気の拡大局面が長期化する可能性がある。ＦＲＢの利上げペース加速の思惑を背景に米10年国債利回り（長期金利）の上昇基調が強まる展開も想定される。

翻って我が国の状況はどうだろう。２０１２年12月の衆院選で成立した安倍内閣はデフレ脱却を図りアベノミクスを提唱、大胆な金融・財政政策や成長戦略を掲げた。２０１３年4月には日銀が異次元緩和と呼ばれる量的緩和を導入、その後も量や質的な面で金融緩和の拡充を実施した。２０１１年に75円台をつけたドル円相場はアベノミクスのもとで２０１５年には１２５円までドル高・円安が進み、この間、国内の株価も上昇基調をたどった。ただ、日本の経済成長率は政権発足後の２０１３年に前年比＋１・４％となったものの、２０１４年は消費税率を5％から8％に引き上げたこと等が響きゼロ％成長となり、２０１５年も同＋０・５％にとどまった。２０１６年に入ると日銀が1月にマイナス

金利政策を導入したが、為替市場では米利上げペースの減速観測の広がりにともなうドル安・円高基調が続いた。アベノミクスの旬は過ぎたとの見方も出始めたが、安倍首相は5月の伊勢志摩サミット後に消費税率の引き上げ再延期を発表。その後、ニッポン1億総活躍プランを打ち出し、2020年開催予定の東京オリンピックも成長戦略に織り込む等、デフレ脱却に向けたプランを進めていくことを表明した。

日米の金融政策を比較すると、米国は金融引き締め方向だが、我が国では日銀が物価目標の達成（消費者物価の前年比上昇率で2％）に向けて緩和スタンスを長期化する構えを取っている。また、米国が緩やかな人口増加ペースが継続しているのに対して、我が国では生産年齢人口の減少が続いている。労働投入量の減少は潜在成長率の低下へとつながる。人口動態の改善は一筋縄ではいかず、社会保障制度等への不安も晴れないままだ。我が国の低インフレ・低成長・低金利といった投資環境が短期間で劇的に変わる可能性も小さい。2015年に125円台に乗せたドル円相場は、2016年6月に99円までドル安・円高が進行した。2016年の夏以降は100円～105円のレンジ相場となったが、11月の米大統領選で共和党候補のトランプ氏が大方の予想を覆して勝利すると、同氏が掲げた財政支出の拡大にともなう物価上昇期待を背景に米長期金利が上昇、ドル円も同月末にかけて114円近辺まで上昇する展開となった。今後の米国の利上げや日銀の緩和的な金融政策の長期化等を考慮すれば、日米金利差の拡大にともないドル円相場は中長期的にみてドル高・円安方向に回帰する展開が見込まれる。まさに円資金を外貨に投入して外貨で運用する「円投」を行いやすい投資環境にあると言えるだろう。

通貨選別にあたり、経済指標を用いてリスク耐性や成長基盤を検証

グローバル投資を行う際の通貨選別にあたり、これまで経済ファンダメンタルズを確認することの重要性を述べてきた。そこで、最後は成長率やインフレ率といった普段からも注目されやすい経済指標に加え、新興国投資においてリスクやぜい弱性を判断する際に取り上げられることの多い、経常収支や財政収支、外貨準備等の指標を用いてスコアリングを行ってみることにする（図表5－14、5－16）。

スコアリングの際に用いた指標は、①実質ＧＤＰ成長率、②失業率、③インフレ率、④財政収支対ＧＤＰ比、⑤政府債務対ＧＤＰ比、⑥経常収支対ＧＤＰ比、⑦短期対外債務と外貨準備の比率、⑧輸出国の偏りの8項目。各評価項目について12カ国の平均と標準偏差を算出し、求められた偏差値（得点）を標準の正規分布に従って5段階評価した。スコアは数が大きいほど高評価となる。例えば、①は成長率が高いほどプラス評価となるが、②の失業率は低いほど「雇用情勢が良い」、③のインフレ率は低いほどインフレの落ち着きを表すため、低い方がスコアが高くなる。④の財政収支と⑤の政府債務はともに対ＧＤＰ比だが、④は財政収支が黒字だと高評価となり、赤字でもマイナスの数字が小さい方がよりプラス評価となる。⑤の政府債務は小さい方がプラス評価。⑥の経常収支も対ＧＤＰ比だが、財政収支と同様に黒字の方が高評価となる。⑦の短期対外債務／外貨準備は短期対外債務を外貨準備で割ったもの。過去の通貨危機の際に短期対外債務の深刻さを測る指標として注目されたが、この数字も小さい方が高評価となる。短期対外債務が小さいに越したことはないが、債務金額がある程度大きくとも、それを返済するための外貨準備が豊富にあれば、返済能力が十分とみなすこともできるためだ。⑧の輸出国の偏りは数字が低い、すなわち輸出国の偏りが少ない方が高評価とした。

2005年と2015年のスコアを比較すると、BRICs（ブラジル、ロシア、インド、中国）のうち中国を除く3カ国は前回から総合平均（各項目の平均点）が低下した。ASEANでもインドネシア、マレーシア、ベトナムは総合平均が低下したが、フィリピンは比較的大きな上昇となった。

また、12カ国中5カ国（インド、ブラジル、メキシコ、トルコ、南アフリカ）は総合平均で2・00〜2・99の間に位置している。スコアは1〜5段階の評価であり、3が平均に当たることを考えれば、これらの国々は各項目を総合的に見た場合、平均的なパフォーマンスを下回っていることになる。例えば、リーマンショックのような外生的な衝撃に対して相対的にぜい弱とみなすことができよう。一方、3・00〜3・99に位置する7カ国（中国、インドネシア、マレーシア、フィリピン、タイ、ベトナム、ロシア）は先に挙げた5カ国に比べれば外生的なショックに対して耐性が高いと考えられる。

過去にはアジア通貨危機、近年では新興国のぜい弱性をみるうえでたびたび注目された指標の1つである経常収支の対GDP比をみると、2015年はインドやインドネシア、ブラジル、トルコ、南アフリカの評価が低いのに対して、中国やマレーシア、フィリピン、タイ、ベトナム、ロシアの評価が高く、2005年との比較でみた場合は中国やフィリピン、タイ、ベトナム、メキシコのパフォーマンス改善がみてとれる。国ごとに各項目のパフォーマンスをみればその国の強みと弱みが分かるため、為替市場でこうした評価がどこまで織り込まれているのか、あるいはどこにリスクがあるのかを見つけるうえで参考となろう。

続いて、リスクやぜい弱性の判別手法と同様に、各国の投資や教育、インフラ、金融等に関する指標を用いて各国の将来的な成長基盤に関するスコアリングを行ってみた（図表5−15、5−17）。

成長基盤のスコアリングに用いた指標は、⑨総投資対ＧＤＰ比、⑩総貿易対ＧＤＰ比（総貿易は輸出額と輸入額の合計）、⑪人口の伸び、⑫教育、⑬インフラ、⑭都市化率、⑮ガバナンス、⑯株式時価総額対ＧＤＰ比の8項目。このうち⑫の教育と⑬のインフラは世界経済フォーラムが発表しているランキング、⑮のガバナンスは世銀が発表している世界ガバナンス指標を使用した。個別の項目は⑨と⑩がマクロ経済、⑪と⑫が人的資源、⑬と⑭が開発余地、⑮が社会制度、⑯が金融の深化度合いを表す。⑨～⑫は数字が大きければそのままプラス評価となるが、⑬と⑭は数字が低い（インフラが不十分で都市に住む人口が少ない）方が、今後の伸びしろ（ポテンシャル）があるとしてプラス評価とした。⑮のガバナンスは、「政治への参加と説明責任（公正な選挙や報道の自由等）」「政治的安定と暴力／テロの脅威（テロ等による政府転覆の可能性）」「政府の有効性（行政サービスの質や改革へのコミットメント）」「規制の質（民間セクターの開発を促進するような政策や政府の政策遂行能力の有無）」「汚職の抑制」の6つの指標について、各指標の数値を合計したものを用いた。数字が大きい方が高評価となる。⑯はしばしば株価の過熱感を測る目安とされるが、同時に経済の成長や発展にとって金融環境の発達という意味合いを持っており、数字が大きい方がプラス評価とした。

総合平均をみると、リスク耐性と同様にすべての国のスコアが2・00～2・99と3・00～3・99の間に位置した。細かく見ると、⑨と⑩のマクロ経済の評価が高いのは中国、マレーシア、タイ、ベトナム。⑪と⑫の人的資源はインド、インドネシア、マレーシア、フィリピン、ロシア、トルコ、南アフリカが有望視される。⑬と⑭の開発余地はインドやインドネシア、フィリピン、タイ、ベトナムが高い。⑮の社会制度（ガバナンス）はインドやブラジル、トルコや南アフリカが相対的に低い。ガバナンスの

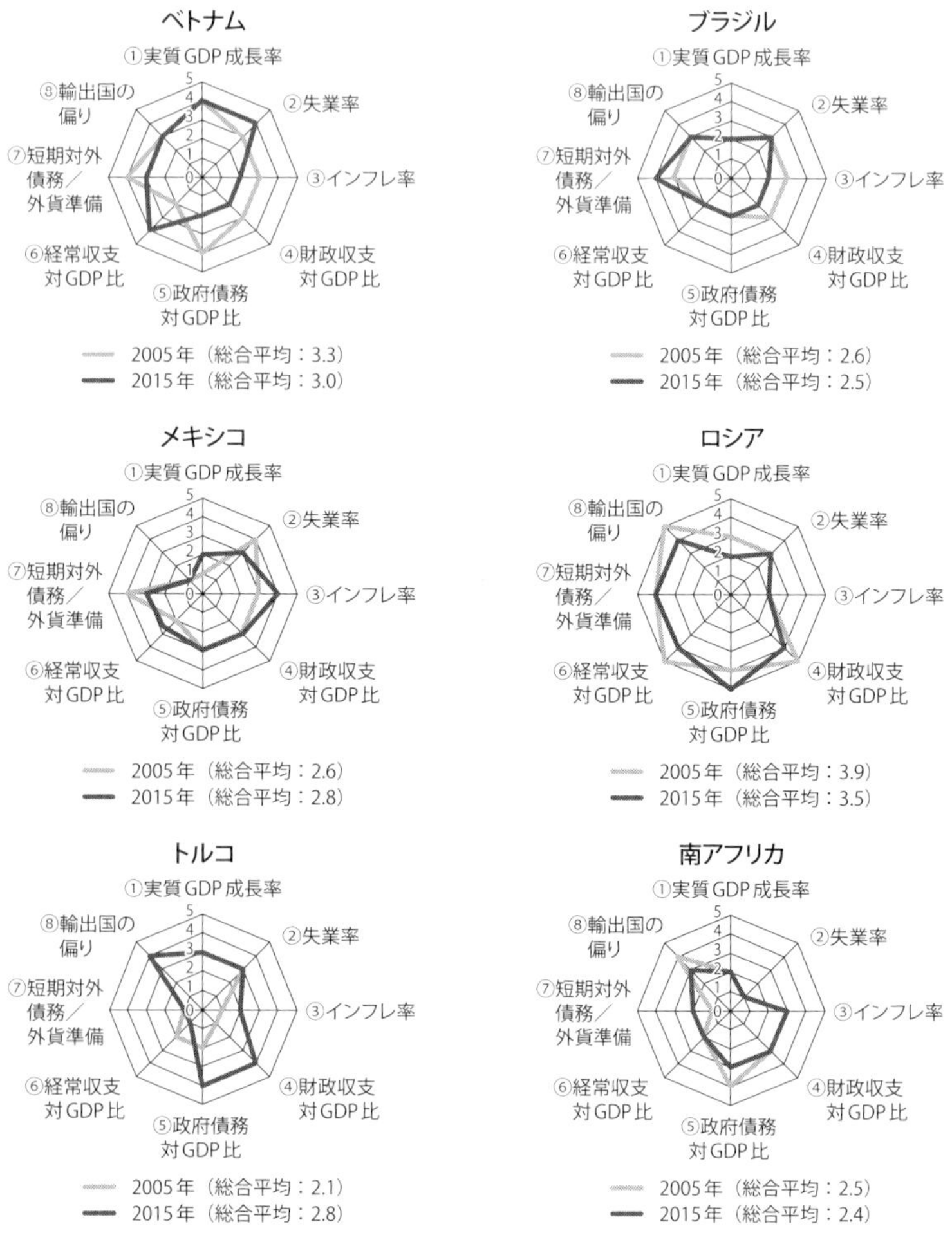

（注）2015年の短期対外債務/外貨準備は2014年の数値
（出所）IMF「World Economic Outlook April 2016」、ブルームバーグのデータ等よりみずほ証券作成

図表5-14　リスク耐性指標を用いた各国のレーダーチャート

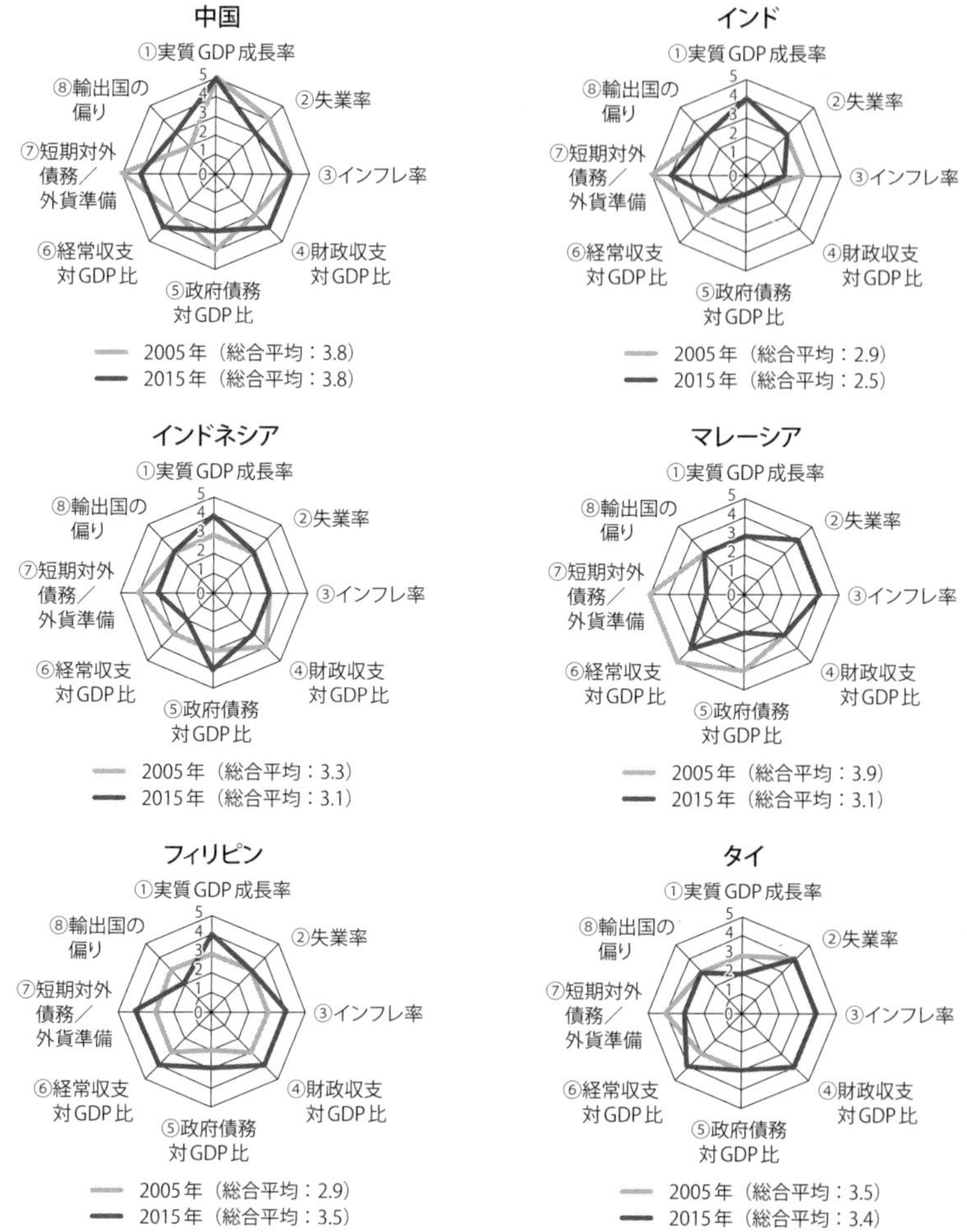

2015年の総合スコア（各評価項目の平均）	
2～2.99	3～3.99
インド、ブラジル、メキシコ、トルコ、南アフリカ	中国、インドネシア、マレーシア、フィリピン、タイ、ベトナム、ロシア

ベトナム

ブラジル

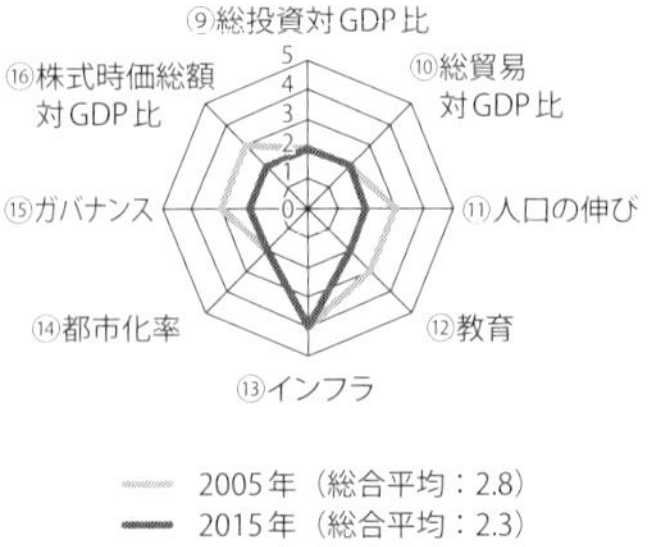

メキシコ

ロシア

トルコ

南アフリカ

（注1）2015年の教育、インフラ、ガバナンスは2014年の数値
（注2）ベトナムの2005年の時価総額対GDP比は2007年のデータ
（出所）IMF「World Economic Outlook April 2016」、世界経済フォーラム「国際競争力レポート」、世銀「世界ガバナンス指標」、ブルームバーグのデータ等よりみずほ証券作成

図表5-15　成長基盤となる指標を用いた各国のレーダーチャート

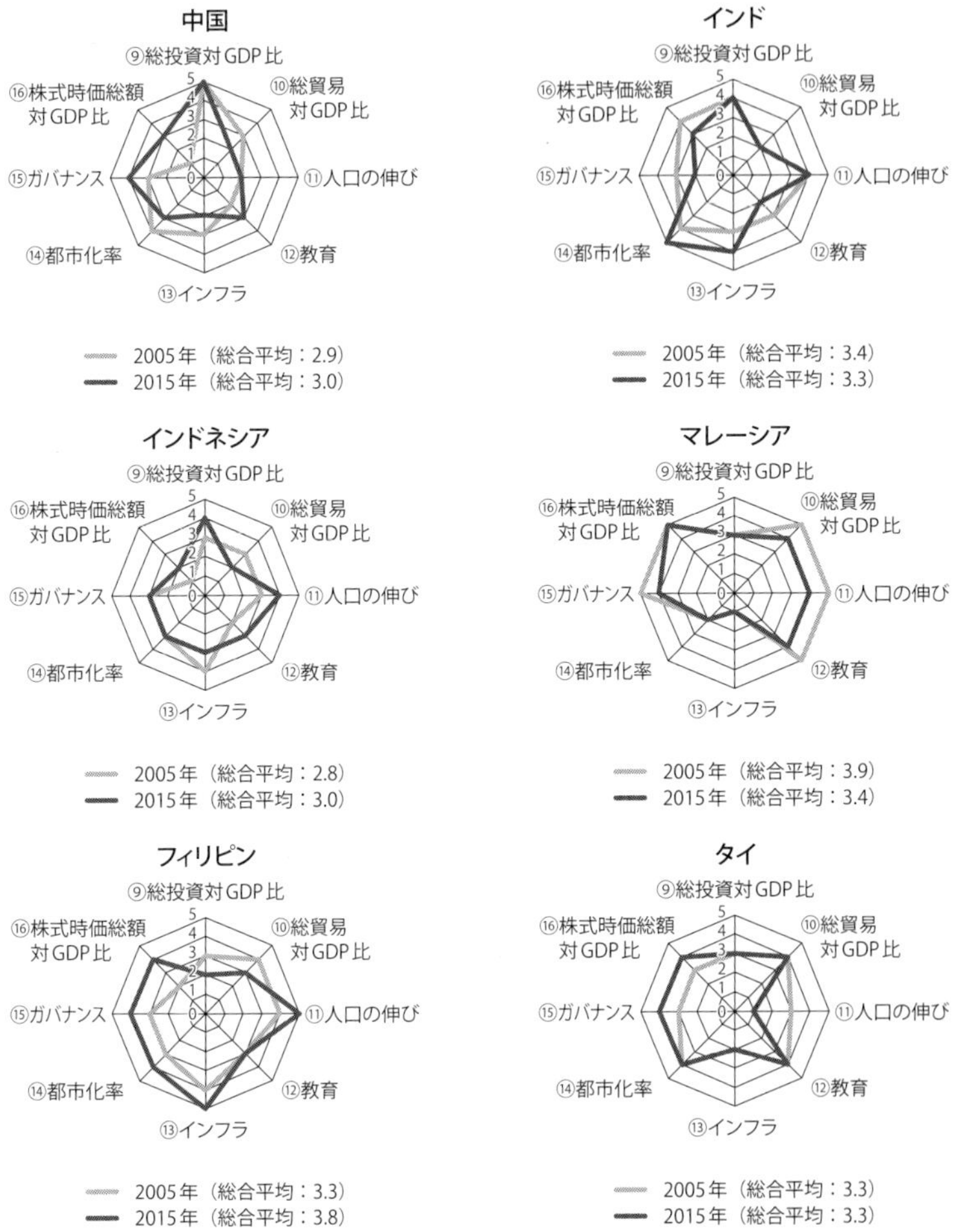

2015年の総合スコア（各評価項目の平均）	
2～2.99	3～3.99
ブラジル、メキシコ、ロシア、トルコ	中国、インド、インドネシア、マレーシア、フィリピン、タイ、ベトナム、南アフリカ

図表5-16　リスク耐性指標を用いたスコア（2005年・2015年）

リスク耐性指標を用いたスコア（2005年）

国名	実質GDP成長率	失業率	インフレ率	財政収支対GDP比	政府債務対GDP比	経常収支対GDP比	短期対外債務／外貨準備	輸出国の偏り	総合スコア
中国	5	4	4	3	4	3	5	2	3.8
インド	4	3	3	1	1	3	5	3	2.9
インドネシア	3	3	3	4	3	3	4	3	3.3
マレーシア	3	4	4	3	4	5	5	3	3.9
フィリピン	3	3	3	3	2	3	3	3	2.9
タイ	3	4	4	4	3	3	4	3	3.5
ベトナム	4	3	3	3	4	2	4	3	3.3
ブラジル	2	3	3	3	2	2	3	3	2.6
メキシコ	1	4	3	3	3	2	4	1	2.6
ロシア	3	3	2	5	4	5	4	5	3.9
トルコ	3	3	1	1	2	2	1	4	2.1
南アフリカ	2	1	3	3	4	2	1	4	2.5

リスク耐性指標を用いたスコア（2015年）

国名	実質GDP成長率	失業率	インフレ率	財政収支対GDP比	政府債務対GDP比	経常収支対GDP比	短期対外債務／外貨準備	輸出国の偏り	総合スコア
中国	5	3	4	4	3	4	4	3	3.8
インド	4	3	2	1	1	2	4	3	2.5
インドネシア	4	3	3	3	4	2	3	3	3.1
マレーシア	3	4	4	3	2	4	2	3	3.1
フィリピン	4	3	4	4	3	4	4	2	3.5
タイ	2	4	4	4	3	4	3	3	3.4
ベトナム	4	4	2	2	2	4	3	3	3.0
ブラジル	2	3	2	2	2	2	4	3	2.5
メキシコ	2	3	4	3	3	3	3	1	2.8
ロシア	2	3	2	4	5	4	4	4	3.5
トルコ	3	3	2	4	4	1	1	4	2.8
南アフリカ	2	1	3	3	3	2	2	3	2.4

図表5-17　成長基盤となる指標を用いたスコア（2005年・2015年）

成長基盤となる指標を用いたスコア（2005年）

国名	総投資対GDP比	総貿易対GDP比	人口の伸び	教育	インフラ	都市化率	ガバナンス	株式時価総額対GDP比	総合スコア
中国	5	3	2	2	3	4	3	1	2.9
インド	4	2	4	3	3	4	3	4	3.4
インドネシア	3	3	3	2	4	3	3	1	2.8
マレーシア	3	5	5	5	1	2	5	5	3.9
フィリピン	3	4	4	3	4	3	3	2	3.3
タイ	3	4	3	4	2	4	3	3	3.3
ベトナム	4	4	3	1	4	4	2	3	3.1
ブラジル	2	2	3	3	4	2	3	3	2.8
メキシコ	3	3	3	3	3	2	2	2	2.6
ロシア	2	2	1	4	3	2	5	4	2.9
トルコ	2	2	3	3	3	2	2	2	2.4
南アフリカ	2	2	3	3	2	3	2	5	2.8

成長基盤となる指標を用いたスコア（2015年）

国名	総投資対GDP比	総貿易対GDP比	人口の伸び	教育	インフラ	都市化率	ガバナンス	株式時価総額対GDP比	総合スコア
中国	5	2	2	3	2	3	4	3	3.0
インド	4	2	4	2	4	5	2	3	3.3
インドネシア	4	2	4	3	3	3	3	2	3.0
マレーシア	3	4	4	4	1	2	4	5	3.4
フィリピン	2	3	5	3	5	4	4	4	3.8
タイ	3	4	1	4	2	4	4	4	3.3
ベトナム	3	5	3	2	4	5	4	2	3.5
ブラジル	2	2	2	2	4	2	2	2	2.3
メキシコ	2	3	3	2	3	2	3	2	2.5
ロシア	2	2	2	4	2	2	4	2	2.5
トルコ	2	2	3	4	3	2	1	2	2.4
南アフリカ	2	3	4	4	3	3	2	4	3.1

データは２０１４年のため、政治情勢の混乱やテロの発生回数の増加等があれば、スコアがさらに低下する可能性が高くなる。⑯の金融の深化度合いはマレーシア、フィリピン、タイ、南アフリカが相対的にスコアが高く、特にタイやフィリピンについては前回から改善していることもあり、今後も注目されそうだ。

ＡＳＥＡＮやインド等に注目

２０１５年のデータに基づきリスク耐性と成長基盤の双方において比較的高いスコアを示した国は、中国、フィリピン、タイ、マレーシア、インドネシア、ベトナム等となった。

特に、リスク耐性指標と成長基盤指標で総合的にバランスの取れた中国や、前回（２００５年）からリスク耐性、成長基盤の双方でスコアを伸ばしたフィリピンが投資対象国として有望視されよう。そのほかの国は前回からリスク耐性と成長基盤のいずれかあるいは両方のスコアが低下している。

ただ、中国では成長基盤の面で人口やインフラにやや難を抱えている。一人っ子政策の廃止だけでは同国の高齢化の進展や少子化問題の解消は困難とみられるだけに、将来的に労働人口の減少がマクロ経済の見通しにも影響を及ぼす場面がみられそうだ。インフラについてはアジアインフラ投資銀行（ＡＩＩＢ）や現代版シルクロード構想ともいわれる「一帯一路」構想の進展が注目される。

中国とフィリピンを比較した場合、ポテンシャルの点からみればフィリピンに軍配が上がるかもしれないが、同国と中国の南シナ海を巡る問題や、強権的な治安対策、海外要人に対する問題発言等が報じられるドゥテルテ大統領の言動がガバナンス面やマクロ経済運営に及ぼす影響には留意が必要だろ

図表5-18　リスク耐性指標と成長基盤指標の散布図（2015年）

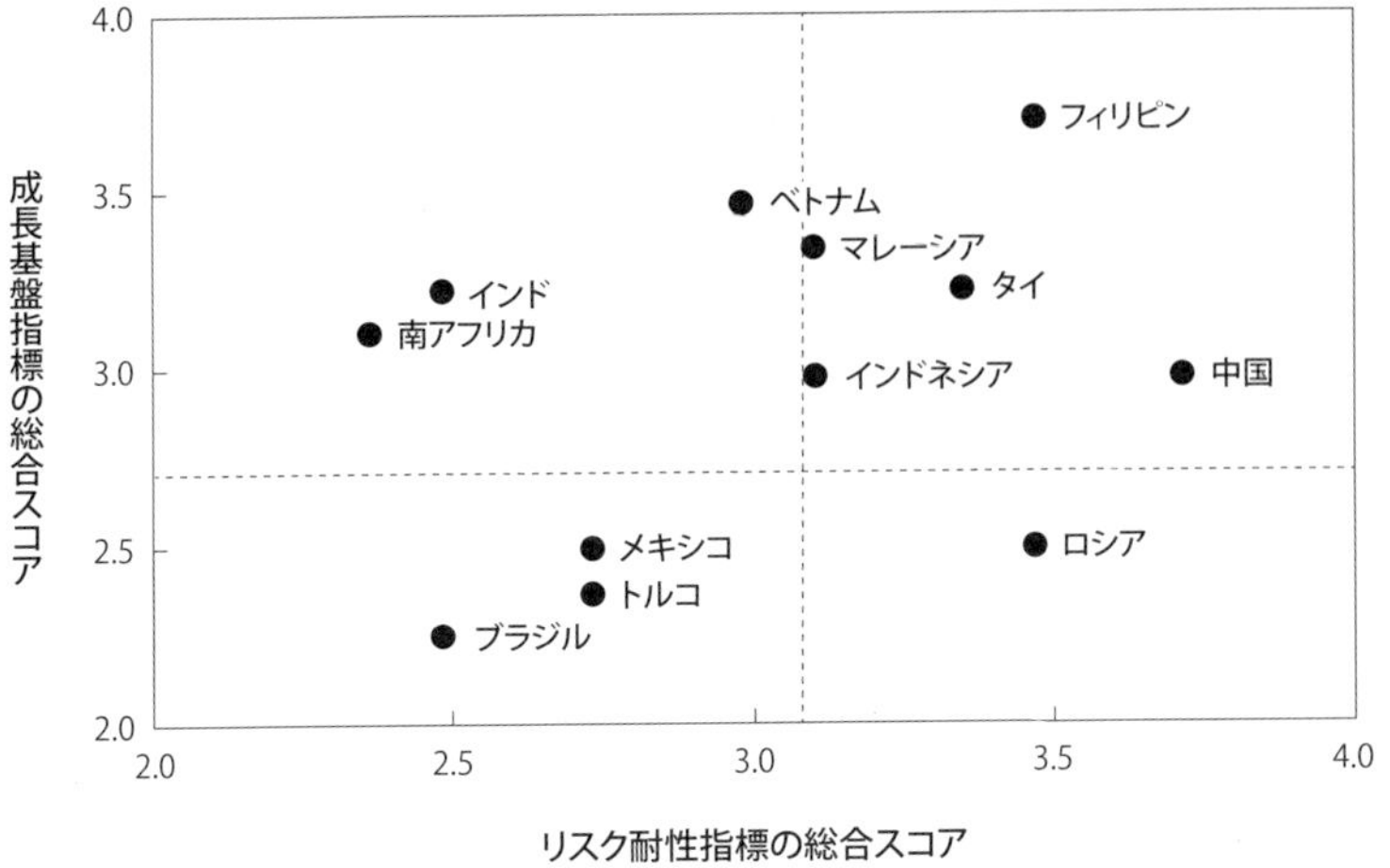

（注）点線は平均値

う。

ASEAN諸国については自由貿易の枠組み拡大を通じて段階的な発展を遂げつつあり、今後も地域経済協力の動きを通じて成長力の拡充につなげていくことができるかが投資判断を行う際のカギを握ることになろう。

また、リスク耐性や成長基盤が相対的に低いとされた国々についても、ある程度明確となった弱点部分の改善につながる動きを見出すことで有望な投資対象となり得るケースもある。例えばインドでは、リスク耐性の面で財政収支や経常収支の赤字、インフレが引き続き問題視されており、実際のスコアも低い。ただ、原油をはじめ商品市況の下落を背景にインフレは沈静化方向で推移、貿易・経常収支も改善の動きがみられる。ガバナンスの面でモディ政権が経済改革の推進姿勢を維持し続けることにより、リスク耐性と成長基盤が相互に関連する形でスコアの改善に結びついていく可能性は十分にあろう。ＡＳＥＡＮが貿易面を中心に地域経済協力の動きを強めていくのと同様に、インドもＲＣＥＰを手掛かりとして対外的な経済連携の動きを強めていけるか、経済の開放性の進展度合いも注目される。

ブラジルやロシアといった資源国では、コモディティ・サイクルの終了にともなう経済構造の転換を進めていくことができるのかがポイントとなろう。仮にそうした方向に進むのであれば、まずは内需の充実を図るうえで、政治の安定性がどこまで確保されるのかが注目される。ブラジルの場合は大統領罷免後の国内政治の安定を財政改革に結び付けていけるか、ロシアの場合はウクライナやシリア問題を手掛かりに外交関係の改善とともに貿易面を中心にマクロ経済の安定につなげていけるかが焦点となろう。

世界経済のけん引役となってきた米国や中国の成長に翳りがみられるようになるなか、貿易面での結びつきを中心とした経済・政治の連携の動きがみられる地域が米中に代わる成長けん引役としてクローズアップされる公算は大きく、ＡＳＥＡＮやインドを中心としたアジア地域がそうした期待に応えられるか、今後の動きが注目されよう。

第5章まとめ

新興国への理解を深めることで、国際分散投資はより身近なものに

新興国・資源国通貨は2011年以降に下落圧力が強まり、2016年初めにかけて軟調に推移した。中国の成長減速や欧州の債務問題、米金融緩和の縮小観測に原油価格の急落等、さまざまな材料に新興国・資源国通貨は振り回される形となったが、ファンダメンタルズが比較的堅調と評された国の通貨は相対的に底堅い推移となった。また、2008年秋のリーマンショック以降、アジア等の債券市場や株式市場では海外投資家による資金流入が拡大しており、為替市場に及ぼす影響も拡大している。背景には資源開発関連企業の資金調達ニーズの高まり等があったが、海外投資家のこうした行動は基本的には各国の政治や経済といったファンダメンタルズに基づいて行われている。金融市場は、成長率やインフレといった経済の基礎体温を表す指標に加え、資本フローの動向を表す資本収支や、金融政策の見通しに基づく内外金利差の動向等、さまざまな要素や市場心理も織り込みつつ動いている。

我々がグローバル投資において通貨を選別する際には、経済指標等を用いて新興国や資源国のリスク耐性や成長基盤を測定することで、各国の長所や短所がある程度明らかとなる点が参考となる。また、当局による政策の方向性の変化を織り込むことで、その国の短所が長所に転じる可能性も認められる等、投資家にとって好ましい方向にその国が進むのかをみるうえで経済指標の変化が重要であることが理解できる。

昨今の日米の経済・金融情勢をふまえれば、先進国の低金利状態が長期化する公算が大きい状況となっており、ここでも見方を変えれば成長期待の高い新興国を中心に外貨建て投資を始める好機が到来しているとも言える。今後はAECや2国間のFTA等を通じた貿易・投資拡大の動きを通じて成長力の促進を図るASEANや、モディ政権の経済改革を追い風としたインドが特に注目される。先進国にない成長のエネルギーやポテンシャルを今一度認識しつつ、リスク要因となるポイントへの理解を深めることで、国際分散投資の魅力は一段と増すことになろう。

〈第5章　参考文献〉
棚瀬順哉（2015）『グローバル通貨投資　新興国の魅力・リスクと先進国通貨』（日本経済新聞出版社）
藤田勉（2012）『グローバル通貨投資のすべて　先進国・資源国・新興国主要30通貨の展望』（東洋経済新報社）
小川英治　日本経済研究センター編（2015）『激流アジアマネー　新興金融市場の発展と課題』（日本経済新聞出版社）
藤田勉　倉持靖彦著（2015）『世界市場を動かす5の歴史的視点』（東洋経済新報社）
三井住友信託銀行マーケット事業著、三井住友トラスト・キャリアパートナーズ（株）編（2013）『投資家のための金融マーケット予測ハンドブック』（NHK出版）
一億総活躍国民会議（2016）「ニッポン一億総活躍プラン」
経済産業省（2014）「通商白書」2014年版
Institute Of International Finance (2016) "Emerging Market Debt Monitor June 2016"

Institute Of International Finance (2016) "July 2016 Capital Flows to Emerging Markets"
International Monetary Fund (2016) "World Economic Outlook Reports, April 2016"
Bank For International Settlements (2013) "Triennial Central Bank Survey : Foreign Exchange Turnover in April 2013: Preliminary Global Results"
The Global Competitiveness Index Historical Dataset (2005–2014) World Economic Forum
The Global Competitiveness Report (2015–2016) World Economic Forum

あとがき

一般的には先進国に比べ、政治・経済の発展段階から、リスクが高いと考えられる新興国の資産ではあるが、今後、先進国と新興国の格差はさらに縮まっていく可能性がある。中国、インド、ＡＳＥＡＮ等、構造的な課題に着実に対応していけば、総合的な国力は日本をしのぐ可能性もあろう。人口減少社会の日本において、キャッチアップされることを悲観的に捉えている暇はない。

振り返って、我が国はアベノミクスにより好循環を構築しようとしているが、円高是正も一巡し、王道である成長戦略によって成長力の底上げを図っていく必要がある。しかし、これは時間のかかる取り組みであり、当面、潜在成長率程度のごく緩やかな成長と低めの金利が並存するだろう。したがって、円ベースでの資産運用環境は引き続き厳しいものが予想される。我が国の今後の政策として、ダイミナミックな発展をみせているアジアを中心に、新興国の成長を企業ビジネスとして、個人の証券投資先として、いかに生かしていくかが重要である。

我が国の家計金融資産は、主要な内外マーケットの好調を背景に、投資信託や株式の伸びがけん引し、2015年末には1700兆円台に乗せ、過去最高を更新した。一方、ここ数年、外国債券、外国株、外国REIT等へのニーズは高まっているものの、外貨建て資産の残高は全体の3％以下であり、なかでも新興国投資の比率はわずかにとどまる。国際分散投資のなかで、新興国投資をどう位置付けていくかは今後の課題であろう。

2014年1月からNISA（少額貯蓄非課税制度）が始まり、2016年4月からはジュニアNISAが開始された。また、NISAの投資金額や非課税期間についても、若年層家計の現状等をふまえ、さらに適正な制度設計が行われていく方向である。また、海外において投資教育の啓蒙や投資信託の拡大、長期投資の定着につながった確定拠出年金の使い勝手も、その進展プロセスを参考に日本でも再設計されていく可能性もある。

こうしたなか、若年層や証券投資未経験者だけでなく、資産形成における金融知識の必要性への認識はなお低い水準にとどまっている。今後、さらに高齢化が進み、社会保障財政が厳しくなっていくことが見込まれるなか、若年層を中心に、長期化する老後を見据え、自らの金融資産の運用を自らの責任において行っていく必要性は極めて高くなっている。企業や金融機関、運用機関は彼等を十分にサポートしていくことが求められており、金融リテラシーの向上に資するべく投資教育が特に重要となってくる。同時に、外貨建て投資の重要性はますます増大することが見込まれ、情報の非対称性の強い海外金融資産の商品について、顧客本位の業務運営（フィデューシャリー・デューティ）の徹底は、商品開発や販売等に係る金融機関の喫緊の課題である。

本書は、こうした問題意識もふまえ、今まで新興国に投資してきた方、また、これから新興国投資や国際分散投資を始めようとしている方、どちらにも有益となるような内容となるように心がけた。読者の皆様の外貨建て投資、国際分散投資のリテラシーを高める基礎的なガイドブックとなれば幸いである。

倉持靖彦

五十嵐　聡（いがらし さとる）【第４章（ロシア、豪州）担当】
みずほ証券投資情報部シニアFXストラテジスト
中央大学経済学部卒業後、和光証券（現みずほ証券）入社。債券営業部ボンドトレーダー業務、国内金利市場リサーチ業務等を経て現職。主に新興国の為替市場動向の分析を担当。

由井　謙二（よしい けんじ）【第４章（メキシコ）担当】
みずほ証券投資情報部シニアFXストラテジスト
千葉大学法経学部卒業後、みずほインベスターズ証券（現みずほ証券）に入社。個人顧客を対象とした証券・資産運用コンサルティング、株券オプション等のデリバティブ業務、国内株式のレポート業務等に従事。主に新興国の為替市場動向の分析を担当。

〈文章校正・編集〉
投資情報部　佐野貴子、劉玉静、渡辺抄子

筆者略歴

倉持　靖彦（くらもち のぶひこ）**【まえがき、序章、第１章、あとがき担当】**

みずほ証券投資情報部部長

早稲田大学社会科学部卒業後、和光証券（現みずほ証券）に入社。（財）郵貯資金研究協会投資分析部、新光総合研究所投資調査部出向を経て、エクイティ情報部に復帰。定量分析や日本経済エコミスト、日本株ストラテジスト業務に従事、2009年、投資情報部長。2003年以降、6年連続で「週刊エコノミスト」や「日経アナリストランキング」にランクイン（エコノミスト部門、ストラテジスト部門)。2004年〜2005年「ESPフォーキャスト調査」のフォーキャスター。著書に『グローバル投資のための地政学入門』(共著、東洋経済新報社、2016年）他。

吉川　健治（よしかわ けんじ）**【第２章担当】**

みずほ証券投資情報部シニアエコノミスト

北京外国語学院、北京大学（政治経済学部）の２年間留学を経て創価大学経済学部卒業後、日本勧業角丸証券に入社（現みずほ証券)。勧業角丸経済研究所を経て朝日投信委託（合併後の第一勧業アセットマネジメント。現アセットマネジメントOne）に出向。第一勧業アセットマネジメントに転籍後、投信国際運用部調査役、企業調査部長を経て退職。新光総合研究所（現みずほ証券リサーチ&コンサルティング）投資調査部に入社後、みずほ証券に出向し現職。中国経済を主体とする大中華圏の経済金融動向の調査分析を担当。

折原　豊水（おりはら ほうすい）**【第３章・第４章（インド、ブラジル）・第５章①担当】**

みずほ証券投資情報部シニアエコノミスト

慶応義塾大学経済学部卒業後、新光証券（現みずほ証券入社)。新光総合研究所（現みずほ証券リサーチ&コンサルティング）投資調査部を経て現職。新興国経済・金融市場の調査を長く担当。

金岡　直一（かなおか なおいち）**【第４章（ASEAN）・第５章②担当】**

みずほ証券投資情報部シニアFXストラテジスト

早稲田大学商学部卒業後、山一證券入社。山一證券経済研究所に配属後、山一證券の自主廃業にともない勧角証券（みずほインベスターズ証券、後年合併を経て現みずほ証券）に入社。海外経済や主要国の金融政策の動向および金利・為替市場動向の分析を担当。

【著者紹介】
みずほ証券投資情報部（みずほしょうけんとうしじょうほうぶ）
みずほ証券は、〈みずほ〉が目指す「総合金融コンサルティンググループ」の唯一の総合証券会社。銀行・信託・証券の共同店舗化など一体運営を推進している。投資情報部は主にリテール・ミドルビジネスのお客さま向けに株式、為替、金利等に関する投資戦略資料や、国内外の企業情報（各種レポート）を提供している。また、全国の支店で開催される投資セミナーや勉強会に講師を派遣しているほか、株式や為替見通しを中心に新聞やテレビ等のマスメディアにも定期的に情報提供を行っている。

新興国投資戦略
中国リスクとアジアの潜在成長力を読むヒント

2017年3月23日発行

著　者——みずほ証券投資情報部
発行者——山縣裕一郎
発行所——東洋経済新報社
〒103-8345　東京都中央区日本橋本石町 1-2-1
電話＝東洋経済コールセンター　03(5605)7021
http://toyokeizai.net/

装　丁…………冨澤　崇
ＤＴＰ…………アイランドコレクション
印刷・製本……藤原印刷
編集担当………中村　実

Printed in Japan　ISBN 978-4-492-96120-9